中国社会科学院创新工程学术出版资助项目

国家社科基金重大特别委托项目
西南边疆历史与现状综合研究项目 · 档案文献系列

民国时期西南边疆档案资料汇编

广西卷目录总集 · 图文精粹

广西壮族自治区档案馆◎编

社会科学文献出版社
SOCIAL SCIENCES ACADEMIC PRESS (CHINA)

图书在版编目（CIP）数据

民国时期西南边疆档案资料汇编．广西卷目录总集·图文精粹／广西壮族自治区档案馆编．—北京：社会科学文献出版社，2014.4
（西南边疆历史与现状综合研究项目·档案文献系列）
ISBN 978-7-5097-5725-3

Ⅰ.①民…　Ⅱ.①广…　Ⅲ.①边疆地区-历史档案-档案资料-汇编-广西-民国　Ⅳ.①K297

中国版本图书馆CIP数据核字（2014）第039980号

西南边疆历史与现状综合研究项目·档案文献系列
民国时期西南边疆档案资料汇编　广西卷目录总集·图文精粹

编　　者／广西壮族自治区档案馆

出 版 人／谢寿光
出 版 者／社会科学文献出版社
地　　址／北京市西城区北三环中路甲29号院3号楼华龙大厦
邮政编码／100029

责任部门／人文分社（010）59367215
电子信箱／renwen@ssap.cn
项目统筹／宋月华
经　　销／社会科学文献出版社市场营销中心（010）59367081　59367089
读者服务／读者服务中心（010）59367028
责任编辑／李建廷　孙以年
责任印制／岳　阳

印　　装／北京京华虎彩印刷有限公司
开　　本／787mm×1092mm　1/16
印　　张／32.25
幅　　数／516
版　　次／2014年4月第1版
印　　次／2014年4月第1次印刷
书　　号／ISBN 978-7-5097-5725-3
定　　价／880.00元

『西南边疆历史与现状综合研究项目·档案文献系列』

编委会

广西卷编委会

总序

『西南边疆历史与现状综合研究项目』（以下简称『西南边疆项目』）为国家社科基金重大特别委托项目，由全国哲学社会科学规划办公室委托中国社会科学院科研局组织管理。『西南边疆项目』设『西南边疆历史与现状综合研究项目·研究系列』和『西南边疆历史与现状综合研究项目·档案文献系列』（以下简称『西南边疆档案文献系列』），对课题中优秀者分别列入上述系列予以出版。

档案文献是学术研究赖以进行、得以深化的基础，研究工作如无包括档案文献在内的资料的支撑就如无源之水，如无新资料的发现和补充，学术研究想要有所创新也将可遇而不可求。因此，包括档案文献在内的新资料的系统发掘与整理，实乃深化研究的第一要务。诚如当代著名历史学家戴逸教授所言：『编史要务，首在采集史料，广搜确证，以为依据，必借此史料，乃能窥见历史陈迹。故史料为历史研究之基础，研究者必须积累大量史料，勤于梳理，善于分析，去粗取精，去伪存真，由此及彼，由表及里，进行科学之抽象，上升为理性之认识，才能洞察过去，认识历史规律。史料之于历史研究，犹如水之于鱼，空气之于鸟，水涸则鱼逝，气盈则鸟飞。历史科学之辉煌殿堂必须岿然耸立于丰富、确凿、可靠之史料基础上，不能构建于虚无缥缈之中。』

西南边疆研究课题涵盖面很广，其中包括从古至今历代政府对西南边疆治理、西南区域地方史与民族史等内容，也包括西南边疆地区与内地、与境外区域的政治、经济、文化关系史研究，还涉及古代中国疆域理论、中国边疆学等研究领域，同时与当代西南边疆面临的理论和实践问题密切相关。面对如此众多的研究内容，而西南边疆有关的档案文献尚存在多与散，疏于整理的现状，收集整理任务十分繁重。『西南边疆项目』专家委员会在项目启动之始即决定着手组织对云南、广西两省区民国时期的档案进行整理，同时又对云南、广西历代文献进行有选择的整理、汇编，以及口述史料的收集，形成了一批具有较高学术质量的档案文献资料整理成果，并成为『西南边疆档案文献系列』的选题。我们期待

『西南边疆档案文献系列』成果的面世，能为西南边疆学术研究深化提供新的、有价值的第一手资料。

自二〇〇八年正式启动以来，中国社会科学院党组高度重视『西南边疆项目』的组织工作，中国社会科学院原副院长、『西南边疆项目』领导小组组长江蓝生同志对项目的有序开展一直给予悉心指导。项目实施过程中，还得到中共中央宣传部、全国哲学社会科学规划办公室、云南省委宣传部、广西壮族自治区党委宣传部、云南省哲学社会科学规划办公室、广西壮族自治区哲学社会科学规划办公室，以及云南、广西两省区档案局（馆）、高校和科研机构领导、专家学者的大力支持与参与，在此一并深表敬意和谢意。

『西南边疆档案文献系列』由社会科学文献出版社出版，社会科学文献出版社领导对社会科学研究事业的大力支持，编辑人员严谨求实的工作作风，一贯为学人称道，值此『西南边疆档案文献系列』付梓面世之际，谨致以由衷的谢意。

『西南边疆档案文献系列』编委会

二〇一三年五月

出版说明

《民国时期西南边疆档案资料汇编·广西卷》（以下称《广西卷》），是国家社科基金重大特别委托项目『西南边疆历史与现状综合研究项目·档案文献系列』的成果之一。《广西卷》共辑录民国时期广西省政府、民政厅、建设厅、教育厅以及广西工业试验所、中国植物油料厂梧州厂、梧州关等机构的档案文献一千余份，分政治、经济、交通、军事、民政、水电、海关七个部分，每部分下按类或机构编辑成卷，共三十卷。

为方便读者总览全书，专门编辑一卷《民国时期西南边疆档案资料汇编·广西卷目录总集·图文精粹》，把三十卷各卷档案文献目录集成，集中展示全书的内容特征，为读者提供索引；同时萃取部分档案文献，为读者了解全书及从形式特征方面鉴赏历史文献原貌，提供管窥之便。

目录

目录总集

图文精粹

目录总集

第一卷至第三十卷目录

第一卷

第二卷

第三卷

八　广西省政府社会处组织规程草案

九　修正广西省政府社会处组织规程（1946.12.13）

一〇　广西省政府关于社会处组织规程的代电（1946.10.28）

一一　广西省政府社会处关于组织规程意见的报告（1947.6.16）

一二　梧州市政工程处组织规程（1944.5）

一三　柳州市政工程处组织规程

一四　南宁市政工程处组织规程（1945.7.25）

一五　广西各县市政务督导团组织规程（1948.5）

一六　戡乱时期广西省各县政府组织规程、实施要点（1949.9）

一七　戡乱时期广西省各区行政督察专员兼保安司令公署组织规程

一八　广西省政府抄发省县公职候选人考试法的代电（1943.6）

一九　广西省设置县长养廉金办法（1943.9.18）

二〇　广西省政府职雇员平时考核办法（1944.10）

二一　广西省县长考绩条例（1944.12.26）

二二　广西省县长考绩实施办法（1945）

二三　广西省政府及所属各机关办理民国三十四年度公务员考绩注意事项（1945）

二四　广西省各县市乡镇村街长交代监盘规则（1945.7.21）

二五　广西省各县县长交代监盘办法（1945.9）

二六　广西省政府订定省训团第十九期财政组结业学员任用标准及派县实习的办法（1945.9）

第四卷

第五卷

第六卷

第七卷

第八卷

第九卷

第十卷

第十一卷

第十二卷

第十三卷

第十四卷

第十五卷

第十六卷

一五　广西省政府关于广西机械铁工厂归并中国农业机械公司有关问题的代电（1948.7.7）

一六　广西省政府关于柳州中国农业机械公司董监事对广西机械铁工厂资产估价表意见的复电（1948.7.26）

一七　广西省政府关于广西机械铁工厂拨归柳州中国农业机械公司接办有关问题的代电（1948.8.17）

一八　广西省政府关于广西机械铁工厂于八月七日起停工办理结束准予备案的代电（1948.8.18）

一九　广西机械铁工厂关于本厂已搬柳河南驾鹤东路151号办理的电报（1948.8.25）

二〇　广西机械铁工厂、柳州中国农业机械公司厂内机器设备及财产交接清册（1948.10.2）

二一　输出入管理委员会华南分会梧州办事处入口商及工厂（矿场）资格审查委员会第十一至十三次会议录（1948.3.5）

二二　输出入管理委员会华南分会梧州办事处入口商及工厂（矿场）资格审查委员会第十四次会议录（1948.3.9）

二三　输出入管理委员会华南分会梧州办事处入口商及工厂（矿场）资格审查委员会第十五次会议录（1948.3.30）

二四　输出入管理委员会华南分会梧州办事处入口商及工厂（矿场）资格审查委员会第十六至十七次会议录（1948.4.14）

二五　输出入管理委员会华南分会梧州办事处入口商及工厂（矿场）资格审查委员会第十八至十九次会议录（1948.5.10）

二六　输出入管理委员会华南分会梧州办事处入口商及工厂（矿场）资格审查委员会第二十一次会议录（1948.6.26）

第十七卷

第十八卷

第十九卷

四 广西省政府印发民国三十二年度粮食增产成绩总报告表式样的代电（1943.12）

五 广西省民国三十二年度防止储粮虫害鼠耗计划及实施办法（1943）

六 广西省民国三十二年度粮食增产实施计划纲要（1943）

七 广西省实施粮食管制限价暂行办法（1944.1）

八 广西省民国三十三年度粮食增产实施计划纲要（1944.2）

九 广西省民国三十三年度稻作增产实施办法（1944.2）

一〇 广西省县农业推广所设置办事处办法（1944.3）

一一 广西省筹设县农业推广所须知（1944.5）

一二 广西省政府承办善后救济总署广西分署耕牛救济款实施办法（1946.6）

一三 广西省民国三十五年度各县扩大冬耕实施办法（1946.9）

一四 广西省农业管理处及所属农场民国三十五年度下半年所需经费预算表（1946）

一五 广西省政府抄发省农地管理会议研讨问题总结论的代电（1947.6）

一六 广西省政府农林处民国三十六年四月至十一月施政报告（1947）

一七 善后事业委员会机械农垦管理处广西分处代办机垦业务暂行办法（1949.3）

第二十卷

一 广西兴筑公路征用民工条例（1934.11）

二 广西省政府关于修正广西公路管理局组织章程及办事细则的代电（1939.8.17）

三六　广西省政府关于车辆行驶市区管理给梧州警察局的复电（1946.8.14）

三七　广西省政府关于柳北站以载运农产品之人力兽力车应否豁免养路费问题给省公路局的复电（1946.9.20）

三八　广西省政府关于战前公路专营权处理办法给交通部公路总局的复电（1946.9.18）

三九　广西省政府抄发梧州市各种车辆行驶市区管理规则的代电（1946.9.30）

四〇　广西省政府关于永淳县三十五年度修筑乡（镇）村道路网实施办法准予备案的代电（1946.10.4）

四一　广西汽车肇祸处理办法（1946.10）

四二　广西省政府关于同正县修筑公路实施办法准予备案的代电（1946.12.23）

四三　广西省公路管理局民国三十五年度工作计划书（1946）

第二十一卷

一　广西省政府建设厅施政报告（民国三十六年十一月在省参会第一届第三次大会报告）（1947.11）

二　广西省政府关于调整人力兽力车养路过渡等费实行日期准备案的代电（1947.11.26）

三　广西省第二、四、五、六、七、九区水陆交通联合维护办法（1947.12.19）

四　广西省政府关于广西省公路管理局办理修建及抢修工程程序准备案的代电（1947.12.5）

五　广西省公路管理局业务督导团组织规程（1947.12.31）

六　广西省各县乡（镇）村（街）甲协护公路办法（1948.1.26）

七　广西省公路管理局租车合约（1948.2.13）

第二十二卷

二七　广西省政府关于民船鬃号每船准收工本费三百元的拍电（1946.4.24）

二八　广西省政府关于废止贺县民船轮值公约准予备案的代电（1946.4.26）

二九　广西省政府关于准予取缔各地军警机关制发船舶航行日记簿的代电（1946.5.9）

三〇　广西省政府关于广西各线轮渡水道交通管理运价等问题的代电（1946.5.25）

三一　广西省政府关于贺县民船军公运输公约仍准予照办的代电（1946.5.31）

三二　广西省政府拆卸俘船机器出租办法及租船合约（1947.6.6）

三三　广西省政府关于改收民船丈量检验等费的代电（1946.6.10）

三四　广西省政府关于轮船出入口应向船舶管理机关登记的代电（1946.6.20）

三五　广西省政府关于出租桂兴汽船及俘船情况的拍电（1946.11.8）

三六　广西省政府颁发广西省民船遇难预防及援救须知的代电（1946.7.12）

三七　广西省政府关于船舶湾泊证制发问题的代电（1946.7.22）

三八　广西省政府关于贺县民船商运轮值公约不再照行的代电（1946.7.3）

三九　广西省政府关于梧州船舶管理处出租俘船问题的复电（1946.8.23）

四〇　广西省政府关于梧州专署租赁桂兴汽船及俘船组织公司的复电（1946.7.30）

四一　广西省政府关于非有特殊情形不得封用非原航线船舶的代电（1946.10）

四二　广西省各江民船客货运价表（1946.11.2）

第二十三卷

四三　广西省民众防缉汉奸间谍办法（1944.5）

四四　修正广西省战时国民兵召集训练实施办法（1944.4）

四五　广西省政府关于对全体国民进行爱国奉公教育的代电（1944.6）

四六　广西省政府及所属各级机关暨各个职员实行国民精神总动员检讨方案（1944.7）

四七　广西省政府关于动员民众抗日的布告（1945.5）

四八　广西省政府报克复南宁后善后情形给行政院、军委会的拍电（1945.5）

四九　广西省第八区行政督察专员兼保安司令公署收复沦陷县份办理善后暂行办法（1945）

五〇　广西省政府委员陈良佐拟定本省抗战损失调查计划的提案（1945.8.21）

五一　广西省民国三十三、三十四年度各县自卫团队及民众抗敌战绩概况（1945）

五二　广西省出征军人家属优待费征收办法（1945.9）

五三　广西省政府、广西省军管区司令部关于修正出征军人家属优待费征收办法的代电（1945.12）

五四　广西省各实施军训学校军事教育实施计划大纲（1946.3）

五五　广西省政府转发第二方面军司令部收容失业军官佐暂行办法的代电（1946.2）

五六　广西省政府秘书处关于搜集敌人在桂罪行证据及损失情形有关问题的通知（1946.5.20）

五七　广西省政府转饬检送战时损失照片及填送教育人员伤亡表的代电（1946.12）

第二十四卷

一五　广西省政府关于送地方自治法意见的代电（1944.3.23）

一六　广西省参议会组织条例（1944.12.5）

一七　广西省参议员选举条例（1944.12.5）

一八　广西省现阶段施政要点警政部分实施办法（1945.3.19）

一九　广西省现阶段县建设纲领（1945.5）

二〇　广西省政府关于修改民国三十二年公布村街长副村街长选举规程请内政部核示的代电（1945.7.14）

二一　广西省政府委员陈良佐关于乡镇长副罢免规程及其施行细则的签呈（1946.11.26）

二二　广西省政府关于颁发副乡镇村街长或候补人选补正（副）乡镇村街长证书式样的代电（1946.7.25）

二三　广西省政府关于切实注意保甲长人选的代电（1946.9）

二四　广西省政府关于颁布广西省甲长选举暂行办法的代电（1946.11）

二五　广西省政府委员陈良佐关于广西省乡镇长副乡镇长罢免规程的提案（1946.12）

二六　广西省政府关于公布广西省乡镇长副乡镇长罢免规程及广西省乡镇长副乡镇长罢免规程施行细则暨广西省户长会议规则的代电（1947.1）

二七　广西省政府关于修正乡镇村街长选举规程及施行细则各条文的代电（1948.3.4）

二八　广西省村街长副村街长选举规程

二九　广西省各区县推进地方自治工作纲要草案

三〇　广西省县自治通则草案（甲案）

第二十五卷

二　广西省民政厅施政报告（1945.4–11）

三　广西省民政厅施政报告（1946）

四　广西省政府民政厅政绩交代比较表（1948.10）

五　广西省政府民政厅革新政风实施办法

六　民政厅视察员赴各县视察时请代督促办理各事项

七　广西省政府关于民政厅视察员及视导工作的代电（1941.7.17）

八　视察柳州经过情形报告书（1949.6.9）

九　广西省政府颁发广西各行政督察专员公署第一科职员视导政务规程的代电（1940.11.14）

一〇　广西省政府社会处施政报告（1947.4–11）

一一　广西省政府社会处民国三十一年度社会建设计划（1942.5）

一二　雷平县民政视察报告表（1943.9.6）

一三　上金县民政视察报告表（1943.9.9）

一四　上思县民政视察报告表（1943.9.9）

一五　龙津县民政视察报告表（1943.9.15）

一六　永淳县民政视察报告表（1943.9.18）

一七　凭祥县民政视察报告表（1943.9.21）

一八　宁明县民政视察报告表（1943.9.23）

一九　蒙山县民政视察报告表（1943.7.29）

二〇　荔浦县民政视察报告表（1943.7.23）

二一　武宣县民政视察报告表（1943.7.31）

二二　贵县民政视察报告表（1943.7.31）

二三　灌阳县民政视察报告表（1943.7.26）

二四　万承县民政视察报告表（1943）

二五　左县民政视察报告表（1943.8.2）

二六　修仁县民政视察报告表（1943.8.7）

二七　平乐县民政视察报告表（1943.8.14）

二八　昭平县民政视察报告表（1943.8.20）

二九　邕宁县民政视察报告表（1943.8.1）

三〇　武鸣县民政视察报告表（1943.8.2）

三一　宾阳县民政视察报告表（1943.8.11）

三二　隆山县民政视察报告表（1943.8.25）

三三　上林县民政视察报告表（1943.8.19）

三四　全县民政视察报告表（1943.8.3）

三五　兴安县民政视察报告表（1943.8.18）

三六　博白县民政视察报告表（1943.8.20）

三七　陆川县民政视察报告表（1943.8.23）

三八　扶南县民政视察报告表（1943.8.20）

三九　同正县民政视察报告表（1943.8.10）

四〇　绥渌县民政视察报告表（1943.8.25）

四一　隆安县民政视察报告表（1943.8.7）

第二十六卷

一　广西省政府关于广西省电表水表校验规则及广西省政府附设电表水表校验室简章的代电（1936.5）

二　广西省政府呈行政院本省水力发电勘测计划书及概算书的代电

三四　中国农村水力实业特种股份有限公司桂林阳江水力发电工程计划书（1946.11.18）

三五　广西省政府建设厅关于阳江水力发电厂工程合同意见的函（1946.11.27）

三六　广西省政府建设厅关于同意改变桂林阳江水力发电工程复工计划原则的函（1947.2.22）

三七　广西省政府建设厅关于阳江水力发电厂工程复工问题的函（1947.1.8）

三八　广西省政府委员会关于同意各地水电厂提高电价的议案通知书（1947.3.7）

三九　阳江水力发电工程监审委员会第二次会议纪录（1947.4.24）

四〇　阳江水力发电工程监审委员会第三次会议纪录（1947.5.12）

四一　广西水电公司桂林水电厂现目收支亏损表（1947.5）

四二　广西省政府建设厅关于广西水电公司要求增加水电费的会议报告（1947.6.14）

四三　广西省政府关于查明各县河流能否开发水力发电的代电（1947.7）

四四　广西省政府建设厅关于阳江水力发电工程进展缓慢原因的签呈（1947.10）

四五　柳州电力有限公司章程草案（1947.11.7）

四六　广西省政府关于柳州自来水厂征收用户按押金新订办法准予备案的代电（1947.12.22）

四七　广西水电公司申请美援计划书

四八　广西省政府关于柳州电厂拟改为公司组织一案给资源委员会翁文灏的函（1948.1.26）

四九　广西省政府关于广西水电公司请补发执照一案的代电（1948.2.9）

第二十七卷

一三　广西水电事业管理委员会章程（1948.12）

一四　广西省政府关于柳州自来水厂民国三十八年元月份上半月水价调整等备案的代电（1949.1.21）

一五　广西水电事业管理委员会修正发还梧州水电厂组织规程的代电（1949.1.8）

一六　广西水电事业管理委员会修正发还南宁水电厂组织规程的代电（1949.1.8）

一七　广西水电事业管理委员会修正发还柳州水电厂组织规程的代电（1949.1.10）

一八　广西水电事业管理委员会附发修正桂平电力厂组织规程的代电（1949.2.8）

一九　广西水电事业管理委员会所属各厂经理处理厂务准则（1949.2.11）

二〇　广西水电事业管理委员会附发修正柳州、南宁水电厂办事细则的代电（1949.2.11）

二一　广西省政府同意阳江水坝暂不蓄水的代电（1949.3.23）

二二　南宁水电厂民国三十八年一月份水电供需调查表（1949.3.2）

二三　南宁水电厂民国三十八年二月份水电供需调查表（1949.3）

二四　南宁水电厂民国三十八年三月份水电供需调查表（1949.4.9）

二五　南宁水电厂民国三十八年度业务计划（1949.4）

二六　南宁水电厂民国三十八年四月份水电供需调查表（1949.5）

二七　南宁水电厂民国三十七年十一月至三十八年一月份水电事业月报表（1949.5.27）

二八　南宁水电厂呈民国三十八年六月份水电供需调查表请察核的代电（1949.7）

二九　桂林水电厂民国三十八年三至五月份水电事业月报表（1949.8.4）

三〇　梧州水电厂民国三十八年二月二十一日至二十五日现金出纳结存日报表（1949.3.1）

三一　梧州水电厂民国三十八年度业务计划（1949.3.16）

三二　梧州水电厂民国三十八年五月份水电事业月报表（1949.7.12）

三三　梧州水电厂民国三十八年七月份水电事业月报表（1949.8.26）

三四　梧州水电厂办事细则（1949.5.27）

三五　柳州自来水厂民国三十七年十一月份事业月报表（1949.1.31）

三六　柳州自来水厂民国三十七年十二月份事业月报表（1949.2.14）

三七　柳州自来水厂民国三十七年度工作报告书（1949.3.23）

三八　柳州自来水厂民国三十八年一月份自来水供需调查表（1949.2.13）

三九　柳州自来水厂民国三十八年一月份自来水事业月报表（1949.4.8）

四〇　柳州自来水厂民国三十八年四月份事业月报表（1949.7.8）

四一　柳州自来水厂民国三十八年五月份自来水事业月报表（1949.7.26）

四二　柳州自来水厂民国三十八年七月份自来水事业月报表（1949.9.2）

四三　柳州自来水厂民国三十八年七月份自来水供需调查表（1949.8.30）

四四　桂平电力厂民国三十七年十二月份上下半月发电数量报告表（1949.2.4）

第二十八卷

一四　梧州关监督署咨第三〇七号（1937.7.19）

一五　梧州关监督署咨第三〇八号（1937.7.21）

一六　梧州关监督署咨第三一三号（1937.7.26）

一七　梧州关监督署咨第三一五号（1937.7.27）

一八　梧州关监督署咨第三一六号（1937.7.30）

一九　梧州关监督署咨第三一八号（1937.7.31）

二〇　梧州关监督公函第七五〇号（1938.9.1）

二一　梧州关监督公函第七五一号（1938.9.2）

二二　财政部致梧州关监督税务司快邮代电渝字第931号（1938.8.1）

二三　财政部致梧州关监督税务司快邮代电渝字第944号（1938.8.2）

二四　财政部致梧州关监督税务司快邮代电渝字第九六九号（1938.8.4）

二五　财政部致梧州关监督税务司快邮代电渝字第984号（1938.8.4）

二六　财政部致梧州关监督税务司快邮代电渝字第988号（1938.8.4）

二七　财政部致梧州关监督税务司快邮代电渝字第1049号（1938.8.8）

二八　财政部致梧州关监督税务司快邮代电渝字第1055号（1938.8.8）

二九　财政部致梧州关监督税务司快邮代电渝字第1123号（1938.8.11）

三〇　财政部致梧州关监督税务司快邮代电渝字第1136号（1938.8.12）

三一　财政部致梧州关监督税务司快邮代电渝字第1160号（1938.8.13）

三二　财政部致梧州关监督税务司快邮代电渝字第1163号（1938.8.13）

三三　财政部致梧州关监督税务司快邮代电渝字第1178号（1938.8.15）

三四　财政部致梧州关监督税务司快邮代电渝字第1180号（1938.8.15）

三五　交通部致梧州关监督税务司代电（1938.8.30）

三六　禁烟督察处广东分处为派管理员仪仲铭赴梧州接运特货的函（1938.9.2）

三七　梧州关税务司署布告梧字第一号（1945.9.1）

三八　梧州关税务司公署布告第二九号（1946.1.14）

三九　梧州关税务司公署布告第三七号（1946.3.20）

四〇　梧州关税务司公署布告第四二号（1946.4.9）

四一　梧州关税务司公署布告第四三号（1946.4.13）

四二　梧州关税务司公署布告第四四号（1946.4.13）

四三　梧州关税务司公署布告第四六号（1946.4.17）

四四　梧州关税务司公署布告第四八号（1946.4.24）

四五　梧州关税务司公署布告第四九号（1946.4.25）

四六　梧州关税务司公署布告第五〇号（1946.4.30）

四七　梧州关税务司公署布告第五一号（1946.5.1）

四八　梧州关税务司公署布告第五二号（1946.5.4）

四九　梧州关税务司公署布告第五三号（1946.5.13）

五〇　梧州关税务司公署布告第五四号（1946.5.18）

五一　梧州关税务司公署布告第五五号（1946.5.24）
五二　梧州关税务司公署布告第五六号（1946.5.27）
五三　梧州关税务司公署布告第五七号（1946.5.29）
五四　梧州关税务司公署布告第五八号（1946.6.19）
五五　梧州关税务司公署布告第五九号（1946.6.20）
五六　梧州关税务司公署布告第六〇号（1946.6.24）
五七　梧州关税务司公署布告第六一号（1946.6.25）
五八　梧州关税务司公署布告第六二号（1946.6.26）
五九　梧州关税务司公署布告第六三号（1946.7.8）
六〇　梧州关税务司公署布告第六四号（1946.7.9）
六一　梧州关税务司公署布告第六五号（1946.7.29）
六二　梧州关税务司公署布告第六六号（1946.7.31）
六三　梧州关税务司公署布告第六七号（1946.8.1）
六四　梧州关税务司公署布告第六八号（1946.8.6）
六五　梧州关税务司公署布告第七〇号（1946.8.14）
六六　梧州关税务司公署布告第七一号（1946.8.16）
六七　梧州关税务司公署布告第七二号（1946.8.19）
六八　梧州关税务司公署布告第七三号（1946.8.22）
六九　梧州关税务司公署布告第七四号（1946.8.24）
七〇　梧州关税务司公署布告第七五号（1946.8.28）
七一　梧州关税务司公署布告第七六号（1946.8.29）
七二　梧州关税务司公署布告第七七号（1946.9.2）
七三　梧州关税务司公署布告第七八号（1946.9.5）
七四　梧州关税务司公署布告第七九号（1946.9.7）

七五 梧州关税务司公署布告第八〇号（1946.9.7）
七六 梧州关税务司公署布告第八一号（1946.9.11）
七七 梧州关税务司公署布告第八二号（1946.9.13）
七八 梧州关税务司公署布告第八三号（1946.9.20）
七九 梧州关税务司公署布告第八四号（1946.9.30）
八〇 梧州关税务司公署布告第八五号（1946.9.30）
八一 梧州关税务司公署布告第八六号（1946.9.30）
八二 梧州关税务司公署布告第八七号（1946.10.3）
八三 梧州关税务司公署布告第八八号（1946.10.16）
八四 梧州关税务司公署布告第八九号（1946.10.21）
八五 梧州关税务司公署布告第九〇号（1946.10.22）
八六 梧州关税务司公署布告第九一号（1946.9.22）
八七 梧州关税务司公署布告第九二号（1946.10.23）
八八 梧州关税务司公署布告第九三号（1946.10.28）
八九 梧州关税务司公署布告第九四号（1946.10.30）
九〇 梧州关税务司公署布告第九五号（1946.10.31）
九一 梧州关税务司公署布告第九六号（1946.10.31）
九二 梧州关税务司公署布告第九七号（1946.11.6）
九三 梧州关税务司公署布告第九八号（1946.11.7）
九四 梧州关税务司公署布告第九九号（1946.11.19）
九五 梧州关税务司公署布告第一〇〇号（1946.11.23）
九六 梧州关税务司公署布告第一〇二号（1946.11.27）

一一九　梧州关税务司代电去文第 369 号（1946.3.19）

一二〇　梧州关税务司代电去文第 370 号（1946.3.20）

一二一　梧州关税务司代电去文第 371 号（1946.3.22）

一二二　梧州关税务司代电去文第 372 号（1946.3.23）

一二三　梧州关税务司代电去文第 373 号（1946.3.23）

一二四　梧州关税务司代电去文第 374 号（1946.3.25）

一二五　梧州关税务司代电去文第 375 号（1946.3.25）

一二六　梧州关税务司代电去文第 376 号（1946.3.25）

一二七　梧州关税务司代电去文第 377 号（1946.3.25）

一二八　梧州关税务司代电去文第 378 号（1946.3.25）

一二九　梧州关税务司代电去文第 379 号（1946.3.25）

一三〇　梧州关税务司代电去文第 380 号（1946.3.25）

一三一　梧州关税务司代电去文第 381 号（1946.3.25）

一三二　梧州关税务司代电去文第 382 号（1946.3.25）

一三三　梧州关税务司代电去文第 383 号（1946.3.26）

一三四　梧州关税务司代电去文第 384 号（1946.3.27）

一三五　梧州关税务司代电去文第 385 号（1946.3.27）

一三六　梧州关税务司代电去文第 473 号（1946.6.1）

一三七　梧州关税务司代电去文第 474 号（1946.6.1）

一三八　梧州关税务司代电去文第 475 号（1946.6.3）

一三九　梧州关税务司代电去文第 476 号（1946.6.4）

一四〇　梧州关税务司代电去文第 477 号（1946.6.4）

一四一　梧州关税务司代电去文第 478 号（1946.6.4）

一四二　梧州关税务司代电去文第 479 号（1946.6.4）

一四三　梧州关税务司代电去文第480号（1946.6.10）

一四四　梧州关税务司代电去文第481号（1946.6.11）

一四五　梧州关税务司代电去文第482号（1946.6.12）

一四六　梧州关税务司代电去文第483号（1946.6.13）

一四七　梧州关税务司代电去文第485号（1946.6.14）

一四八　梧州关税务司代电去文第486号（1946.6.15）

一四九　梧州关税务司代电去文第四八七号（1946.6.15）

一五〇　梧州关税务司代电去文第四八八号（1946.6.17）

一五一　梧州关税务司代电去文第四八九号（1946.6.17）

一五二　梧州关税务司代电去文第四九〇号（1946.6.18）

一五三　梧州关税务司代电去文第四九一号（1946.6.20）

一五四　梧州关税务司代电去文第492号（1946.6.22）

一五五　梧州关税务司代电去文第493号（1946.6.24）

一五六　梧州关税务司代电去文第494号（1946.6.24）

一五七　梧州关税务司代电去文第四九五号（1946.6.24）

一五八　梧州关税务司代电去文第497号（1946.6.25）

一五九　梧州关税务司代电去文第498号（1946.6.26）

一六〇　梧州关税务司代电去文第499号（1946.6.26）

一六一　梧州关税务司代电去文第500号（1946.6.26）

一六二　梧州关税务司代电去文第501号（1946.6.27）

一六三　梧州关税务司代电去文第502号（1946.6.27）

一六四　梧州关税务司代电去文第507号（1946.6.28）

一六五　梧州关税务司代电去文第508号（1946.6.28）

一六六　雷州关台山段总办事处函字第十一号（1940.9.22）

一六七　雷州关台山段总办事处函字第十二号（1940.9.25）

一六八　雷州关台山段总办事处总字第16号（1941.1.20）

一六九　雷州关台山段总办事处函字第27号（1940.11.14）

一七〇　雷州关台山段总办事处总字第28号（1941.1.31）

一七一　雷州关台山段总办事处总字第29号（1941.2.10）

一七二　雷州关台山段总办事处函字第32号（1940.12.2）

一七三　雷州关台山段总办事处财字第38号（1941.1.14）

一七四　雷州关台山段总办事处函字第40号（1940.12.8）

一七五　雷州关台山段总办事处总字第46号（1941.4.3）

一七六　雷州关台山段总办事处总字第47号（1941.4.3）

一七七　雷州关台山段总办事处总字第三号（1940.12.5）

一七八　雷州关台山段总办事处总字第四号（1940.12.8）

第二十九卷

第三十卷

四　梧州关民国三十二年三月份敌伪财政动态报告（1943.4.15）

五　梧州关民国三十二年四月份敌伪财政动态报告（1943.5.24）

六　梧州关民国三十二年五月份关于敌伪财政动态资料报告书（1943.6.21）

七　梧州关民国三十二年六月份关于敌伪财政动态资料报告书

八　梧州关民国三十二年九月份关于敌伪财政动态资料报告书（1943.10.27）

九　梧州关民国三十二年十月份关于敌伪财政动态资料报告书（1943.12.8）

一〇　梧州关民国三十二年十一月份关于敌伪财政动态资料报告书（1944.1.17）

一一　梧州关民国三十二年十一月份关于敌伪财政动态资料调查报告书

一二　梧州关民国三十二年十二月份关于敌伪财政动态资料报告书（1944.2.5）

一三　梧州关民国三十三年三月份关于敌伪财政动态资料报告书（1944.5.15）

一四　梧州关民国三十三年四月份调查伪海关业务近况报告书（1944.4.26）

一五　梧州关民国三十三年四月份关于敌伪财政动态资料报告书（1944.6.14）

一六　梧州关民国三十三年五月份关于敌伪财政动态资料报告书（1944.6.30）

一七　梧州关民国三十三年六月份敌伪财政动态资料报告书（1944.7.28）

一八　梧州关民国三十三年七月份敌伪财政动态资料报告书

一九　梧州关台山支关民国三十三年四月份关于敌伪财政动态资料调查报告书

图文精粹

一

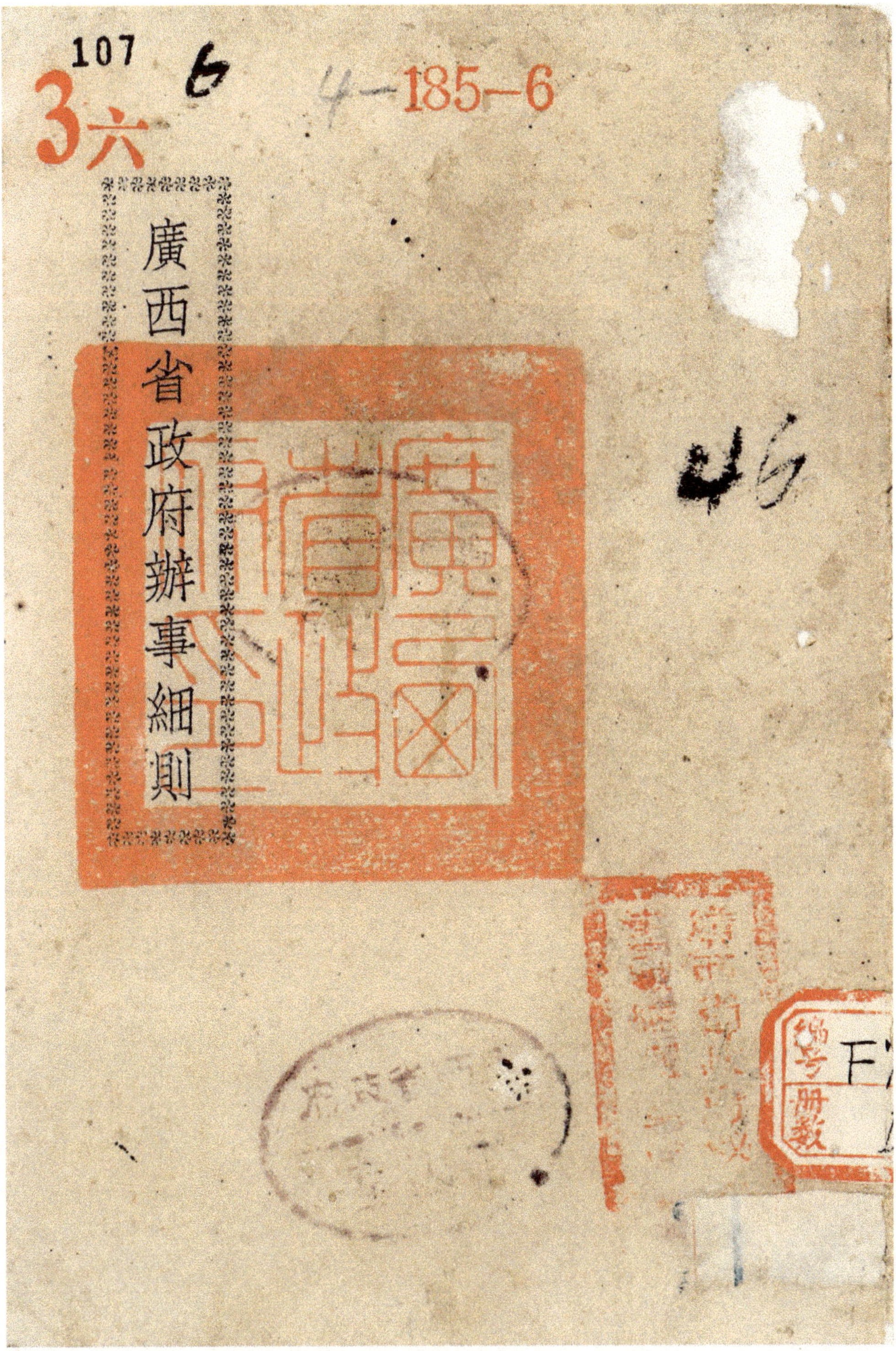

廣西省政府辦事細則總目

109

38

廣西省政府辦事細則

廿四年二月六日廣西省政府委員會第一六七次會議決議修正通過仝日公佈

第一章 總綱

第一條 本細則依廣西省政府組織大綱第三十條之規定制定之

第二條 本府職員悉依本細則執行職務

第三條 本府各級職員依組織大綱及本細則所規定分掌職務但長官特別指定或委任者不在此限

第四條 本府職員應依法律命令所定忠心努力執行職務

第五條 本府職員須誠實廉潔謹愼勤勉不得有驕縱貪惰及不名譽行爲

第六條 本府職員不得假借權力圖利及利用職務上之機會以加害於人

第七條　本府職員處理事務應服從長官之命令但遇事實上發生困難時得陳述意見請長官核辦

第八條　本府職員對於兩級長官同時所發之命令以上級長官之命令爲準

第九條　本府職員對於承辦或預聞事件除公開發表者外應負嚴守秘密之責

第十條　本府職員於執行職務時遇有涉及本身及其家屬之利害應行迴避

第二章　職務分掌

第十一條　總務處置左列四科

第一科掌理事務如左

一、公務員之任免及銓叙事項

二、公務員之訓練及資格審查事項
三、公務員之考勤請假出勤及其動態登記事項
四、公務員之獎懲及撫卹事項
五、各機關印鈐之刊發事項
六、關於褒獎及考試事項
第二科掌理事務如左
一、機要文件及各種章則之撰擬事項
二、各縣地方各稅收機關及各獲緝隊武器之領發及考核事項
三、交際及中外來賓之招待事項
四、來往電報之繙譯事項
五、文件之收發登記事項
六、文件之繕寫印刷裝釘校對事項

七、文件之編號釘卷歸擋事項
八、印信之保管及鈐用事項
九、圖書之收集編類登記陳列及保管事項
十、不屬於各廳科事項

第三科掌理事務如左
一、關於省政府委員會會議事項
二、公佈法令事項
三、密電碼及印電紙之編發及核銷事項
四、關於行政訴願事項
五、關於控告官吏及其他與司法有關事項
六、關於外交案件及外人遊歷事項
七、關於取締反動刊物事項

第四科掌理事務如左

一、本府預決算之編造及金錢之出納與財產之保管項事
項
二、全府員役衛士薪俸工餉之支發事項
三、本府收支賬籍之登記及傳票之塡送事項
四、本府公用物品之保管出納登記及統計事項
五、公用物品之購置事項
六、伕役及車輛之管理事項
七、本府屋宇園林之整理及清潔事項
八、各種票照花証公債劵之保管印製及其出納登記事項

第十二條　民政廳置左列五科

第一科掌理事務如左

一、他方行政區域之劃定及變更事項
二、對於各縣行政之監督事項

三、縣區鄉鎮村街工作之考核事項
四、各縣工作月報會議錄及其他表册之審核事項
五、鄉鎮村街長副之考核及資格審查事項
六、各縣概況之編輯事項
七、各縣地名及戶口數目之審核改正事項
八、關於鄉村禁約轉發事項
九、關於省界糾紛事項
十、關於地政及土地陳報事項

第二科掌理事務如左
一、公用事業之督察事項
二、名勝古跡之保管事項
三、各縣匪案及匪患之調查報告事項
四、民團哨卡建築碉堡及繳獲匪槍之考核及批飭事項

115

五、縣區鄉鎮村街征兵工作之考核事項
六、關於防剿治安事項
七、關於市政事項
八、警政設計各公安局成績暨各種設備工作之審核及指飭事項

第三科掌理事務如左
一、區鄉鎮村街之組織及整理事項
二、關于戶籍人事登記事項
三、關于國籍僑務事項
四、各公安局戶籍變動統計登記事項

第四科掌理事務如左
一、禁熬放賭事項
二、禁烟禁娼禁賭事項

三、醫藥研究所報告之審核及工作之指導事項
四、各縣醫院醫務所月報及工作進行之審核事項
五、各縣醫院醫務所章則之審核及呈報之批答事項
六、省立醫院及製藥廠修建設備之督促及其報告之審核暨工作之指導等事項
七、關于慈善事業及種痘防疫暨一切醫藥衛生事項
八、關于禮俗宗教及禁止早婚暨其他改良風俗事項

第五科掌理事務如左
一、農村經濟之調查及救濟事項
二、各縣農倉農村倉庫農民借貸所之籌設及監督事項
三、冬耕之督促及推行事項

第十三條　財政廳置左列五科
第一科掌理事務如左

一、鹽稅鹽捐鑛產稅之核算登記及各鹽稅機關交代之審核事項

二、食鹽公賣之整理考核事項

三、菸酒公賣費菸酒營業牌照稅之核算登記及各兼辦菸酒機關交代之審核事項

四、普通印花洋酒汽水各特種印花稅之核算登記及各兼辦印花機關交代之審核事項

第二科掌理事務如左

一、田賦官產公產之核算登記及各縣省稅交代之審核事項

二、餉捐米穀出口捐之核算登記及餉捐局卡交代之審核事項

三、營業稅當稅煤油特稅油糖榨捐之核算登記及營業稅

局交代之審核事項

四、契稅捲菸督銷費防務經費之核算登記及捲菸督銷局交代之審核事項

五、司法教育航政收入菸酒附加錫鑛提煉金及其他各項雜收之核算登記事項

六、縣地方財政監督考察及其稅捐收支之整理及審核事項

七、稅警編制考核及交代事項

第三科掌理事務如左

一、黨務經臨費支出之核發事項

二、軍務國防經臨費支出事項

三、行政各機關經臨費支出之核發事項

四、司法各機關經臨費支出之核發事項

五、公安各機關經臨費支出之核發事項
六、財務各機關經臨費支出之核發事項
七、教育文化衞生各機關經臨費支出之核發事項
八、實業交通各機關經臨費支出之核算事項
九、各機關協助費及支出之核發事項
十、地方營業資本支出之核發事項
十一、撫卹費支出之核發事項
十二、債務費支出之核發事項
十三、國省庫支出總帳分戶帳之結算登記及支付命令之塡發事項
十四、各機關公務員役儲蓄金之核扣事項

第四科掌理事務如左

一、省內金融之調劑金庫之監督事項

二、銀行股欵之招募及省負債務之整理事項
三、省營業機關之監督考核事項
四、省縣公債庫劵之監督事項
五、國省市縣各機關歲入歲出預決算之編審事項
六、國省歲入歲出之主計簿登記事項
七、各金庫逐日收支之審核及傳票之統計事項
八、國省稅收入之統計事項

第五科掌理事務如左

一、禁菸行政之改良實施事項
二、禁菸緝私案件之處斷事項
三、禁菸罰金及各種証照費之審核登記事項
四、私藥及私案罰金之核算登記事項
五、藥料附加路捐之審核登記事項

六、藥料出入口及內銷囤積之稽核登記事項
七、禁烟印花証照之核發核銷及登記事項
八、禁烟統計事項
九、禁烟局所及獲緝隊交代事項
第十四條　財政廳設會計主任一人掌理事務如左
一、黨務軍事司法機關計算書表之審核事項
二、各行政財政教育建設機關各金庫計算書表之審核事項
三、各機關收支計算書表單據審核証明書之塡發事項
四、對於各機關不合法收支之行查及剔駁事項
五、各縣地方欵收支之事後審計事項
六、國省縣各財政機關會計檢查指導事項
七、各機關建築購置投標之監督考核事項

八、審計年度報告之彙編事項

九、審計收支之登記事項

第十五條　教育廳置左列三科

第一科掌理事務如左

一、各種集會之籌備事項

二、關於高等教育事項

三、關於國外省外留學事項

四、關於教育學術團體事項

五、科學及其他文化之獎進事項

六、教育之調查及統計事項

第二科掌理事務如左

一、關於中學師範會考事項

二、各中學師範課程進度預定及實施之審核事項

三、各中學入學甄別試卷之審核事項

四、關於學校軍訓及童子軍訓練事項

五、關於職業教育事項

第三科職掌事務如左

一、關於縣地方教育行政事項

二、關於各區國民基礎教育事項

三、關於義務教育社會教育事項

四、各教育行政機關表册之審核事項

第十六條　技術室掌理事務如左

一、水利及建築工程計劃之設計或審核事項

二、道路工程計劃之審核事項

三、電政電力建設或發展計劃之審核事項

四、農鑛建設或發展計劃之審核事項

五、其他有關技術之事項

第十七條 編輯室掌理事務如左

一、本府公報之編輯事項

二、本府各處廳刊物之編輯事項

三、各種刊物材料之審查事項

第三章 職責劃分

第十八條 主席綜理全府事務行使省政府職權監督指揮全府職員及所屬機關召集省政府委員會議開會時爲主席

第十九條 秘書長承主席之命辦理左列事務並列席省政府委員會議

一、全府文稿之綜核

二、各處廳糾紛之調處

三、行政計劃之撰擬或彙編

四、辦理主席特交事務

第二十條　處廳長室主任承主席之命辦理左列事務並監督指揮所屬職員

一、所屬職員工作之分配

二、所屬職員成績之考核及其奬懲之擬定

三、所屬職員請假之核定

四、所屬科股糾紛之解決

五、所屬科股文稿之核正

六、主管事務應興應革計劃之擬定

七、主管事務行政計劃之擬定

八、辦理主席特交事務

第二十一條　處廳秘書承長官之命辦理機要及指定事務其奉派核閱文稿者並負審核全處廳稿件之責

第二十二條　科長承長官之命辦理左列事務並監督指揮本科職員
一、本科重要文稿之擬撰
二、本科職員日常工作之支配
三、本科文稿之審核

第二十三條　股主任承長官之命督率所屬人員辦理本股事務并擬辦及核閱本股文稿

第二十四條　秘書科長股主任審核文稿應注意左列各點
一、文字是否通暢洽切
二、程式及標點是否適合
三、援用檔案先例是否得宜
四、引用法規條文有無錯誤

第二十五條　科員及辦事員承長官之命擬辦文稿及指派事務

第二十六條　雇員承長官之命辦理繕寫及各項指派事務

第二十七條　技術員承長官之命辦理技術上之設計及審核事項

第四章　文書處理

第二十八條　凡文件遞到統交收發股拆閱摘由編號登入總收文簿並照各處廳職掌加蓋木戳分送各處廳長官核閱每日分送二次但電報及急要者並須隨到隨送不得延擱前項收文如有關涉處廳或兩廳以上者應按其事件性質送由關係較重之機關承辦

第二十九條　凡密電由電務股譯妥後逕送秘書長核閱轉呈主席分派各處廳擬辦

第三十條　收發分送文件應以文內所敘事實之性質爲標準不得以來文機關屬何處廳卽送何處廳辦理前項文件如分配錯誤時得由接受文件之科按其性質分別

改送主管處廳科核辦

第三十一條　收到文電信件封面有密件或親啓字樣者應送主席或主管處廳長官親拆以昭縝密

第三十二條　附有現幣鈔票証劵之文書應將現幣鈔票証劵送會計股取據粘附原件或在原件內簽字蓋章負責

第三十三條　各處廳長官核閱文件除須請示或提出會報商决者外如關係較爲重大應即批示大意交主管科辦理

第三十四條　文件到科即登入本科收文簿併於文面加蓋到科日期再由科長分交科員或辦事員擬辦

第三十五條　各員承辦往來文電須隨到隨辦隨核隨送以期迅捷遇有緊急者尤應提前辦理如有特殊情形不能即辦經各處廳長官許可者不在此限

第三十六條　各員承辦文件遇有性質重大者如有成案須先查案簽送主

129

管科長轉送主管長官核請主席核示其無成案及有疑難或與他處廳有關聯者則請科長簽擬意見送由主管長官核轉主席或提出會報商決然後辦稿

第三十七條　各員承辦重要文電如與他處廳科有關而未經提出會報商決者主辦員應商同有關處廳主管員會簽意見送由雙方科長審核如不能解決則送處廳長官商定如意見不同再送主席核奪然後擬辦

第三十八條　各處廳稿件由擬稿員擬畢送由股主任科長核明轉送核稿秘書加核送請主管長官復核再送主席辦公室由秘書長轉呈主席判行如所擬稿件與他處廳科股有關者在未送長官核閱之前應送該處廳科股會章如有應行修改之處會章者並得述明意見請求修改

第三十九條　本府各項文件凡擬稿會稿核稿各員均須署名或蓋章負責

第四十條　文件到科後有不須擬辦應予存查者須按日由科長核明登入存查簿彙送主管長官核閱蓋章發交收發股銷號歸檔如有應送主席核閱時仍應送閱

第四十一條　本府文電經主席判行後即發繕校繙譯連同原稿編號登簿彙送監印股鈐蓋府印交由收發股摘由登入總發文簿封發

第四十二條　本府對外往來文電信件未經主席判行簽章不得繕印發行

及歸檔

第四十三條　文件封發後收發員應在到文簿該號文件內註明已辦字樣以備查考並將文稿送圖籍股歸檔

第四十四條　公文有應登公報經主管科長在稿面註明編登公報字樣並經各處廳長官核准者收發股應於封發後將稿送編輯室編登編報規則另定之

第四十五條　監印股鈐用府印應立簿記明件數

第四十六條　各職員因辦理案件須檢閱擋卷時應開條向圖籍股調取辦畢送還時再將原條退回
調閱前項擋案非經處廳長官核准不得攜出府外

第五章　會計

第四十七條　本府會計分金錢會計物品會計兩種
一、金錢會計

第四十八條　本府年度概算由會計股主任按照現有職雇員人數及上年度支出辦公費決算情況分別科目交主管員製表送股主任暨科長審核蓋章呈由處長核轉主席核定發交財政廳審核彙編公佈

第四十九條　本府經常費支出數目每屆月終由主管員編造支出决算表收支對照表附屬表單據粘存簿送股主任暨科長審核蓋章

呈由處長核轉主席核發財政廳審計核銷

第五十條　收發股將所收現金匯票連同文件送到會計股時由主管員在來文蓋章簽收並由股主任加蓋股章登記再送科長核辦呈處長核閱

第五十一條　本府支出欵項不滿五元者由庶務股支付其餘一切支出須製成支付傳票經股主任科長審核蓋章送總務處長核准蓋章後方准支付

第五十二條　各種現金收支數目單據由股主任簽明科目交製表員塡造傳票送股主任科長審核蓋章呈由處長簽章發還交記賬員分別登記帳簿（分現金出納帳收入支出分類帳）

第五十三條　本府職雇員俸薪每月分兩期由會計股發給其日期由主席隨時指定之

二、物品會計

第五十四條　本府一切物品由主管人員負責注意保管不得遺失或任意損壞

第五十五條　職員因公需要物品須開具領物証由主管科長核准蓋章向保管股領用但不得浪費公物及以公物作私用

第五十六條　物品保管股每日收發物品種類數量應分別塡表記明月終彙報總務處長核閱

第五十七條　因公領用貴重物品或其數量巨大者須由主管股簽明送科長轉呈處長核准始得發給

第五十八條　票照印刷數量由財政廳核定送由主管科交庶務股發印印就送票照股主任點收登記並塡領物証交保管股然後將票照編印號碼送監印股蓋印印畢送由主任督飭員役驗明號碼印信有無錯漏再由主任科長簽章與監印股然後裝釘加貼小封由股主任負責保管如收發股送發票照文件到科提

22

22

887

府八艺代電 總字第一七六七號

南寧省黨部總司令部勛鑒高等法院鑒本府所屬各機關均覽本府委員會第一八五次會議本主席提議擬訂廣西省禁吸鴉片實施章程一案當經决議修正通過紀錄在案所有本府前頒之廣西省禁吸鴉片辦法及限期購用藥膏章程應即廢止除公佈外合將前項實施章程分别送發希即查照仰各知照并由縣佈告週知旭初叩省政府主席黃支總印

附廣西省禁吸鴉片實施章程一份

中華民國二十四年七月　日

廣西省禁吸鴉片實施章程目錄（二十四年七月三日廣西省政府委員會第八五次會議議決修正通過仝日公佈）

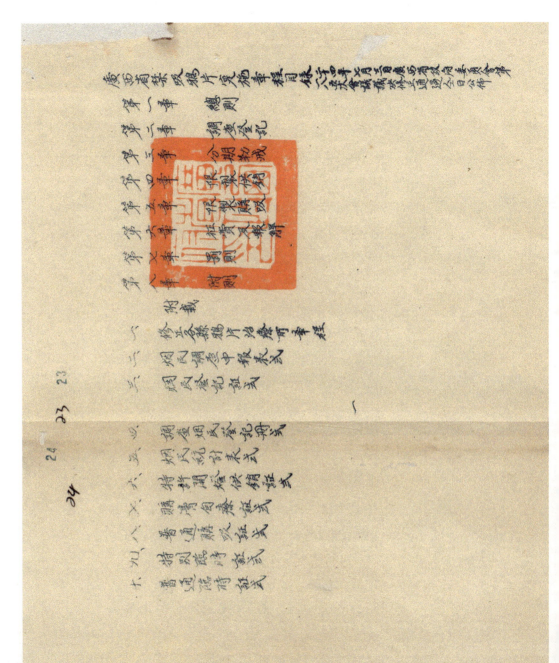

廣西省禁吸鴉片實施章程

第一章　總則

第一條　本省禁吸鴉片適用本章程之規定

第二條　本章程規定事項以各縣政府為主辦機關禁烟機關駐在地方關於藥膏供銷店領証及烟民領証續發各事項仍由禁烟機關負責執行各縣政府須隨時協助之

第三條　各負責主辦機關每六個月應將辦理經過情形呈報省政府考核成績分別獎懲考核章程另定之

第二章　調查登記

第四條　辦理烟民調查登記應由各縣政府在本章程頒佈後三個月內依式製就烟民調查申報表發由所屬公安局或區鄉（鎮）長負責飭由村（街）甲長發給該管區域內各住戶商店據實填報

二

第五條　各商店住戶填報烟民姓名年籍須與戶口調查表所報相同不准改易統限在二十四年九月底以前送交該管村甲長轉報如該戶店無吸烟之人亦須於表內烟民人數欄填（無字）倘有填報不實或逾限匿不申報除照規定處罰外仍即勒令補報

第六條　前條補報登記期間限至二十四年十二月底截止逾限不再補登如截止之後仍有匿不申報者照規定罰辦

第七條　各鄉鎮長接到村街甲長彙繳烟民調查申報表應親自會同村街甲長將該管區域內吸食鴉片之人詳細查明確鑿轉報公安局或區公所彙繳縣政府查核辦理

第八條　各縣政府接到公安局或區鄉公所彙繳烟民調查申報表應即分別區鄉逐一登記存案一面依式造具烟民

27

27

統計表限在二十四年十月一五日以前呈報省政府查核並抄送所在地禁烟機關辦理具在十月起至十二月底止補行登記之烟民仍按月造表分別補送

第九條　各縣政府辦理烟民調查登記完竣後即以最後登記截止之人數為總數一律由縣依式製發登記証以為分期勒戒標準

第十條　各縣政府製發烟民調查申報表所需費用得覈實請領惟發出烟民登記証應每張收回工本費國幣二分不另由省給發

第十一條　各鄉（鎮）村（街）甲長及公所職員執行調查時如有虛偽報告或營私舞弊情事者按情節之輕重嚴予懲處直屬長官知情而不檢舉者連坐

第三章　分期勒戒

三

28

28

第十二條　分期勒戒以六個月為一期由二十五年一月一日起按烟民年齡依次逐月遞減其吸食數量務使每期減少烟民人數如左

第一期二十五年六月底終止減少烟民五分之一

第二期二十五年十二月底終止減少烟民四分之一

第三期二十六年六月底終止減少烟民三分之一

第四期二十六年十二月底終止減少烟民二分之一

第五期二十七年六月底終止完全戒絕

第十三條　每期斷瘾烟民應飭將登記証繳由村街甲長轉繳公安局或區鄉鎮公所彙繳縣政府註銷截至期滿日由縣統計如不足前條規定減少數額即按原登記冊最低年齡之烟民以次調驗擇其身体強健輕瘾者勒令來補登記証送治療所切實施戒

第十四條　每期減少之烟民人數應由縣政府分別區鄉造具統計

30 30 29 29

表呈送省政府查考

第十五條 截至第五期完全戒斷終止日應由各縣政府舉行總檢查，如尚有未經斷瘾一律送治療所限日戒斷，但年齡在六十歲以上因身体衰弱必需吸食經醫生證明者得特許展期繼續領証購膏

第十六條 治療所之設置及管理辦法另定之

第四章 限制供銷

第十七條 凡烟民所需之藥膏由省政府查定數量特准商人依照原締結藥膏章程請領轉售或設店銷售熟膏，并准由禁烟機關或縣政府就所管範圍酌許商人開設供銷店專供貧乏烟民開燈吸食，但仍須按期限制其家數及遞減其銷額

第十八條 城鎮供銷店在劃有特區地方應指定在特區以內開設，在未劃有特區地方應由當地主管機關指定僻靜地點開設

四

第十九條 供銷店應由當地主管機關按日派員檢查，對於未經領有普通証之烟民人等一律不准售吸

第二十條 供銷店應設備商業簿記，將每日製膏及銷售各數目分別登記，以備當地主管機關抽查

第二十一條 供銷店售吸藥膏應按照發烟民普通証內所列日需數量遞次批銷，以杜濫發重吸

第五章 限制購吸

第二十二條 凡在本省居住除公務員及學校員生絕對禁止吸食外，如有瘾犯另照適行專案規定辦理外，其餘患有烟瘾人等不分性別須一律向當地主管機關按月繳費請領購膏自療證方准開燈吸烟，如無力請領自療證

33 32. 31 31

准改領普通購吸証赴指定之供銷店就吸

第二十三條 凡來往過客患有烟疾必須購膏治療者應請領特別臨時証外籍來往苦力無力請領特別臨時証者准領普通臨時証赴當地供銷店就吸

第二十四條 購膏自療証及普通購吸証在截止烟民登記後應限於領有登記証者領用其未經登記或已登記而繳銷登記証者一律不准領証再吸

第二十五條 各項購膏自療証普通購吸証均限於領証本人自用不得塗改或轉借他人

第二十六條 各領証烟民均須按照証內所列需用數量購吸不得私自增加

第二十七條 各出登發証機關如有不遵本章任意給証以舞弊論

第六章 徵費及報解

五

第二十八條 供銷店除應照取締銷售戒烟藥膏章程繳費請領散銷藥膏牌照外應另繳費加領特許開燈供銷証在城鎮開設者按每燈一盞繳納証費國幣六元在鄉村地方開設者每燈繳納証費國幣叁元均以一個月為一期期滿另行繳費換領新証

第二十九條 購膏自療証每張繳費國幣壹元普通購吸証每張繳費國幣壹角均以一個月為一期期滿另行繳費換領新証

第三十條 特別臨時証每張繳費國幣壹元普通臨時証每張繳費國幣五分均限用一天越宿無效

第三十一條 各種証費除照章征收外不得附加任何捐費及另收其他手續費

第三十二條 特許開燈供銷証由省政府製發各禁烟局所縣政府

33 33

第三十三條　填用其餘各証由發証機關自行依式印製每屆月終均須將填發數目列表連同裁存報查聯呈報省政府查核各發証機關收入各種証費均准提扣三成作辦公費其餘悉解省庫

第七章　罰則

第三十四條　各商店住戶對於烟民調查表填報不實或逾限匿不申報登記者處以壹元以上五元以下之罰金

第三十五條　凡經登記之烟民而不領証私吸者一經查獲處以五元以上二十元以下之罰金或易處拘押仍責令照章領証方准吸食

第三十六條　在調查登記截止以後未經領有登記証之烟民永遠不准吸食倘有故違一經查獲即處以拾元以上壹百元以下之罰金并送治療所勒令戒斷再犯者處一百日以下之拘留併科

六

34 34

壹百元以上伍百元以下之罰金犯三次以上者處極刑

第三十七條　各領証烟民如有私自增加購吸數量或將証塗改或轉借別人私吸者一經查覺處以伍元以上壹百元以下之罰金借証私吸者照第三十五條或第三十六條分別罰辦

第三十八條　藥膏店供銷店如有私將藥膏售與未經領証之烟民人等吸食一經查覺處以拾元以上壹百元以下之罰金再犯者併取銷其照証

第三十九條　凡經稽查員或人民報告指引查獲違犯本章程規定事項之人犯經訊實處罰後所科罰金悉照禁烟緝私章程規定提賞

第八章　附則

第四十條　本章程頒佈後前頒廣西省禁吸鴉片辦法及限期購用藥膏章程應即廢止

第四十一條　本章程如有未盡事宜得隨時修改之

第四十二條　本章程自公佈日實行

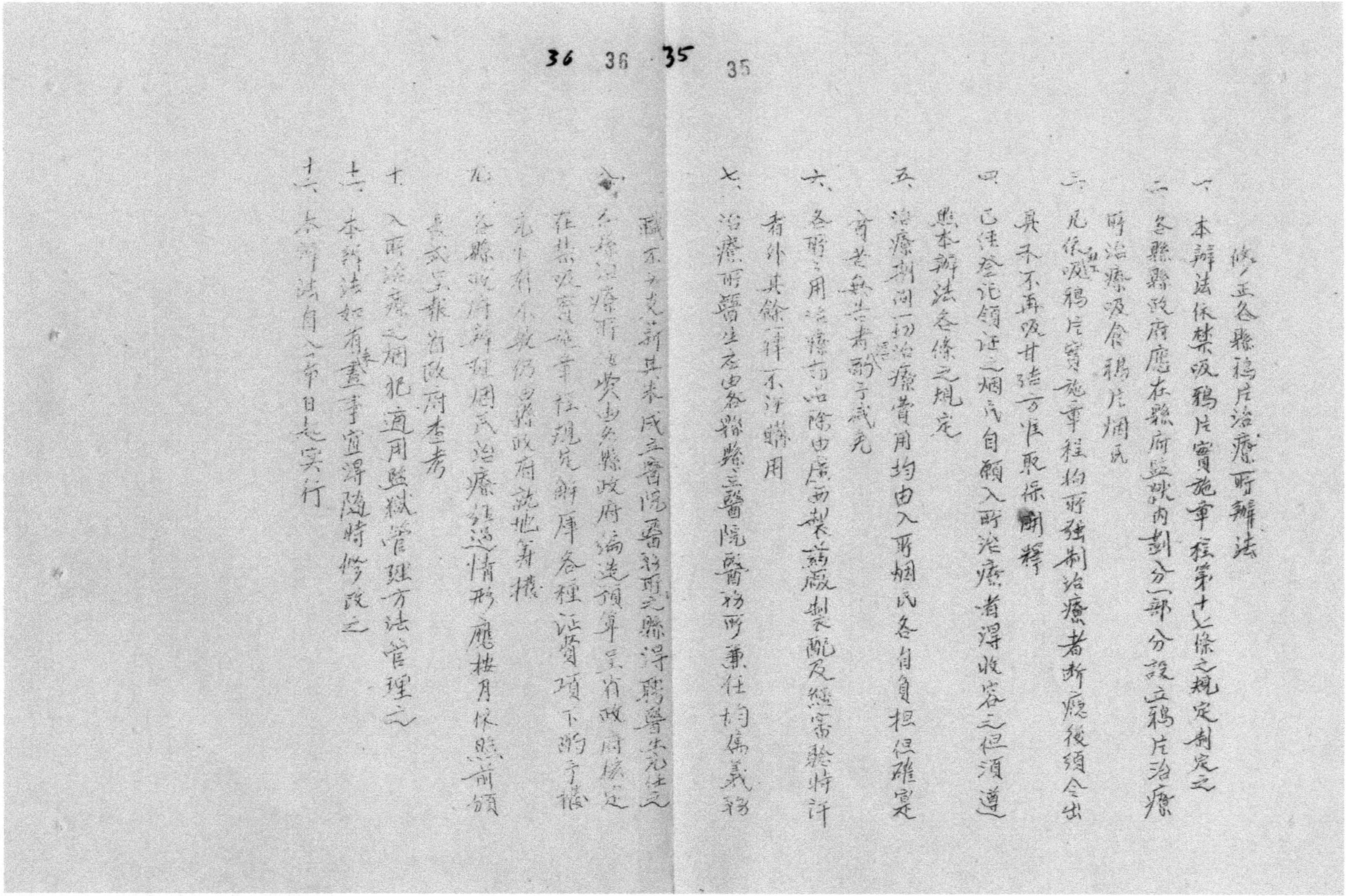

36　36　35　35

修正各县鸦片治疗所办法

一、本办法依禁吸鸦片实施章程第十七条之规定制定之

二、各县县政府应在县府监狱内划分一部分设立鸦片治疗所治疗吸食鸦片烟民

三、凡依禁吸鸦片实施章程拘所强制治疗者断瘾后须令出具不再吸甘结方准取保开释

四、已经登记领证之烟民自愿入所治疗者得收容之但须遵照本办法各条之规定

五、治疗期间一切治疗费用均由入所烟民各自负担但确实贫苦无力者酌予减免

六、各所之用治疗药品除由广西制药厂制配及经当局特许者外其余一律不许购用

七、治疗所医生应由各县县立医院医务所兼任均属义务职不另支薪其未成立医院医务所之县得聘医生充任之

八、各治疗所之开办费由各县政府编造预算呈省政府核定在禁吸实施章程规定解库各种证费项下酌予拨充不敷仍由县政府就地筹措

九、各县政府办理烟民治疗经过情形应按月依照前颁表式呈报省政府查考

十、入所治疗之烟犯适用监狱管理方法管理之

十一、本办法如有未尽事宜得随时修改之

十二、本办法自公布日起实行

37

38　37

廣西省　　縣　　區烟民調查申報表

民國二十四年　　月　　日　　　　　　　　第　　頁

			商店住户	吸烟人數			
烟民姓名	性别	年歲	籍貫	職業	現在住址	每日吸量	自戒或斷日期

聯街長　　蓋章　　第　　甲長　　蓋章

附例

1. 此表係每户吸烟人數共用一張自行填報其姓名年籍須與户口調查表所報相同
2. 凡經此次申請登記各烟民永遠不准吸烟違者處以十元以上壹百元以下之罰金并送治療所勒令戒斷再犯者處一百日以下之拘役併科一百元以上五百元以下之罰金犯三次以上者處極刑
3. 此表限在二十四年九月底以前填寫填報逾限不申報或報而不實者處以一元以上五元以下之罰金

區長（公安局長）　　蓋章　　鄉鎮長　　蓋章

九

39

400

烟民登記證	
姓名	
年歲	
籍貫	
職業	
現在住址	
每日吸量	
自定戒斷時期	
發證機關	
發證年月日	

附例

1、請領購買自療證或普通吸食證須將此證繳驗

2、斷瘾後須將此證繳由村街甲長轉繳區鄉公所彙繳縣政府註銷

字第　　號

（蓋用縣印）

38

39

烟民登記證存根	
姓名	
年歲	
籍貫	
職業	
現在住址	
每日吸量	
自定戒斷時期	
發證機關	
發證年月日	

40

41

縣政府調查所屬　區　鄉鎮　街　盐業記册

姓名	性別	年齡	職業	日煎數量	自定成斷時期	附記

42　41

縣烟民統計表

民國　　年　　月　　日

縣長　　　　造呈

區鄉(鎮)	男性烟民人數	女性烟民人數	合計人數	附記
統計				

43 42

44 43

特許開燈供銷証存根

茲照章發給特許開燈供銷証一張收証費國幣
元除報解外合留存根備查
計開
店名
經理人
月銷數量
營業地點
年籍
開燈盞數
民國 年 月 日
存查

字第 號收費國幣 元

特許開燈供銷証報查

茲據 商店開具左列事項請領開燈供銷証
并照章繳納証費國幣 元除驗收給証外合報
察核
計開
店名
經理人
月銷數量
營業地點
年籍
開燈盞數
民國 年 月 日
報查

字第 號收費國幣 元 十二

特許開燈供銷證

茲據該商店開具左列事項請領開燈供銷
証并照章繳納証費國幣 元除驗收
報解外合行填給此証
計開
店名
經理人
營業地點
年籍
月銷數量
開燈盞數
（注意）此證有效期間以一個月為限期滿繳費換領
民國 年 月 日
發給

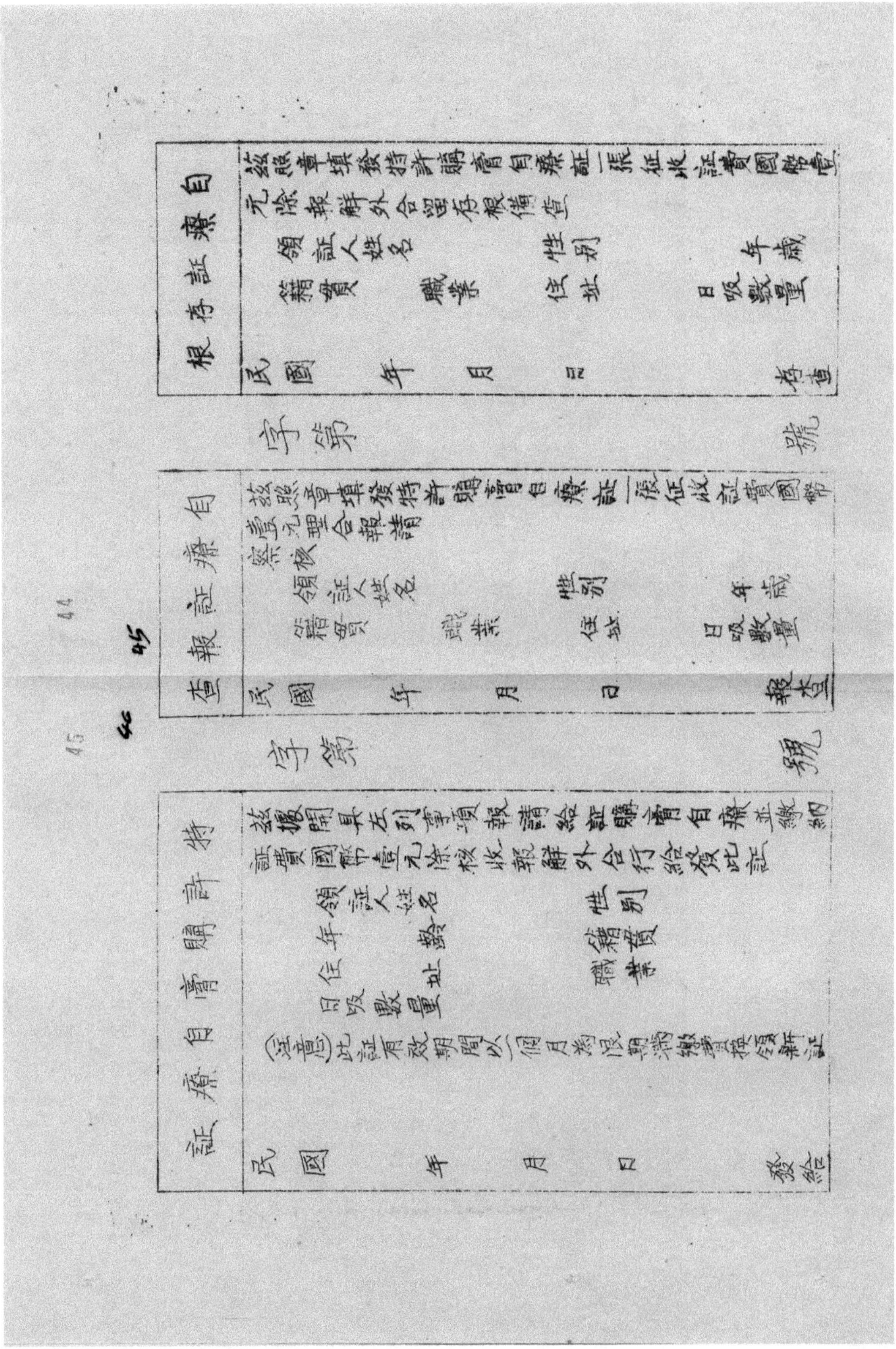

45 44

46 45

自療証存根

茲照章填發特許購膏自療証一張征收証費國幣壹元除報解外合留存根備查

領証人姓名　性別　年歲

籍貫　職業　住址　日吸數量

民國　年　月　日　存查

字第　號

自療証報查

茲照章填發特許購膏自療証一張征收証費國幣壹元理合報請察核

領証人姓名　性別　年歲

籍貫　職業　住址　日吸數量

民國　年　月　日　報查

字第　號

特許購膏自療証

茲據開具左列事項報請給証購膏自療並繳納証費國幣壹元除核收報解外合行給發此証

領証人姓名　性別

年齡　籍貫

住址　職業

日吸數量

（注意）此証有效期間以一個月為限期滿繳費換領新証

民國　年　月　日　發給

字第　　號

根存證吸購通普

茲照章發給普通購吸證一張徵收證費國幣壹角除繳解外合留存根備查

領證人姓名

日吸數量

中華民國　　年　　月　　日　存查

普通購吸證

茲照章發給普通購吸證一張徵收證費國幣壹角除繳解外仰該領證人依照核定數量備價向供銷店就吸不得多購此證

領證人姓名

日吸數量

注意

(一)此證限用一個月期滿繳費換領新證

(二)每次購吸應由供銷店按照數量於售吸時在各日欄加蓋售訖字樣戳記以杜頂替重吸

一日	二日	三日	四日	五日	六日	七日
八日	九日	十日	十一日	十二日	十三日	十四日
十五日	十六日	十七日	十八日	十九日	二十日	二十一日
二十二日	二十三日	二十四日	二十五日	二十六日	二十七日	二十八日
二十九日	三十日	三十一日				

中華民國　　年　　月　　日　發給

49 48

50 49

臨時特別証存根

茲據　　請領臨時購膏治療特別証一張繳
納証費國幣壹元除報解外合留存根備查

中華民國　年　月　日

存查

字第　　號

臨時特別証報查

茲據　　請領臨時購膏治療特別証一張
繳納証費國幣壹元除給証并報解外合留存根
備查

中華民國　年　月　日

報查

字第　　號

臨時購膏治療特別証

茲據　　請領臨時購膏治療特別証壹張繳納証
費國幣壹元除核收報解外合行填給此証
（註）此証限用一天越宿無效持証購[illegible]藥膏後應存
（意）放原報治療地方以便稽查

中華民國　年　月　日

給發

51 50

52 51

臨時購吸普通証存根

茲據　　　　請領臨時購吸普通証壹張繳
納証費國幣五分除核收給証報解外合留存根
備查

中華民國　　年　　月　　日　存查

字第　　　號

臨時購吸普通証

茲據　　　　請領臨時購吸普通証一張繳納証
費國幣五分除核收報解外合行填給此証

（注意）此証限用一天并限於來往過客領用者
供銷店舖吸

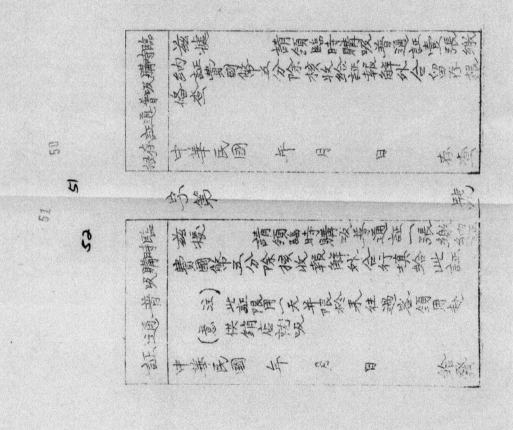

中華民國　　年　　月　　日　給發

52

54 53

專銷處銷存生葯日記簿

日期	舊存數		新購數		銷出數		實存數		附記
	件數	重量	件數	重量	件數	重量	件數	重量	

56 55

53

專銷處購入生葯月報表

民國　　年　　月份　　　　　　　　　　第　　頁

日期	葯別	購入葯料			內銷證				內銷執照		內銷運照		附記
		箱簍包數	件數	重量	張數	號碼			字	號碼	字	號碼	
						字	起	止					

54

字第　　號

戒烟葯料内銷運照存根

茲據　　　　報運後開內銷葯料前往　　　　銷售

除發給運照並呈報外合行留存根備查

葯別	件數	起運地點	內銷證數
箱算包數	淨重	執照號數	號碼起止
		字第　號	字第　號起止

中華民國　　年　　月　　日　　截存

戒烟藥料內銷運照報查

茲據　　　　報運後開內銷藥料前往　　　　銷售
除發給內銷運并截留存根外合行呈報
察核

藥別	件數	起運地點	內銷證數
箱簍包數	淨重	執照號數	起止號碼
		字第　　號	字第　　號起止

中華民國　　年　　月　　日　　局呈報

字第　　號

戒烟葯料内銷運照

茲據

報運後開戒烟内銷葯料前往

銷售合行給發内銷運照仰經過沿途局所騐明

放行不得留難該商亦不得夾運別準或中途拆

卸致干究罰此照

葯别	件數	起運地點	内銷證數
箱包數量	淨重	執照號數	號碼起止
		字第　號	字第　起　號止

中華民國　年　月　日

局填給

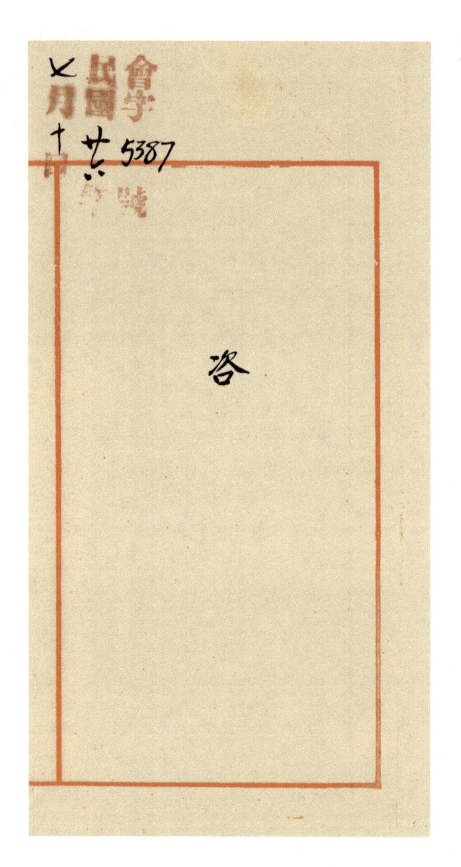
會字5387號
民國廿六年
七月十 日
咨

梧州關監督署咨第一九七號

為咨轉事案奉

財政部關字第三八六八六號令開查教育用品運輸進出口應由主管教育機關審核後函部轉飭

免稅放行茲有下開之電話機物理儀器等四批業經教育部審核確係教育用品應准照

章驗放除填發護照四紙外合行照錄所運物品及報運詳情令仰該監督遵照此令等

同附發表二批單表二批各一份奉此除照錄護照備案外相應備文將原發表二批單表二批各一份咨轉

貴稅務司查照辦理爲荷此咨

梧州關稅務司富

附原發表二批單表二批各一份

張任民

計開

用品			
洋土貨	名稱	數量	價值
洋貨	電話機 物理儀器 測樹儀器等	計四批	見表

起運者	仝前
接收者	廣西省立廣西大學
核准機關	教育部
護 發給機關	財政部
張數及每張所載數量	四紙

號數	6902至6905
照領照者	廣西省立廣西大學
取道	香港運梧州
經過各關局	梧州關
徵免辦法	免稅

中華民國二十六年七月十日

購運教育用品請領護照表

洋土貨	洋貨
名稱	林學系測樹儀器（附詳細貨品及價值表）
數重量	一箱
價值	港幣伍百零捌元四角六分
用途	用以教授
起運者	香港興華洋行
接收者	廣西大學農學院
取道	香港
經過關局	梧州海関
起運及到達之約計日期	三日

194

Against Contract [illegible].

1 case R.R. 2292. [illegible] Reichsmark

2	Messklupen aus Hartholz No.[illegible] 木製测径器	[illegible]
1	ditto, " " No.[illegible] 木製滑輪测径器	[illegible]
1	ditto, system Heuer Staudinger No.[illegible], geeicht 木夹金属测径器	21.--
2	ditto, aus Eisen No.6617 1/2 bF. 铁製测径器	23.80
1	Stockklupper Phoenix No.7562 金属杖式测径器	20.90
1	Kubierungsmesskluppe No.6614 a. 求積测径器	35.90
4	Durchmesserbaender No.2130, 2 m lang 2公尺直径卷尺	18.40
2	ditto, No.2129, 5 m lang 5公尺直径卷尺	15.60
2	Spiegelhypsometer Faustmann in Etui, No.2103 浮氏测高器	23.80
2	Verbesserte Baumhoehenmesser Weiss, No.2107 in Futteral 衛氏测高器	65.60
2	ditto, nach Christen in Holzfutteral No.7319 銅尺测高器	12.30
1	Phoenix Zuwachsbohrer No.6513, 250 mm Tiefe 250公厘攫生長錐	44.35
1	Kompensationsplanimeter No.2847 求積器	78.--
1	Rechenschieber fuer Foerster No.1147 林用算尺	13.--
1	Jagdstock No.7664 獵杖	17.--
1	Kartentasche No.5822 透明地图袋	2.80
1	Revolver-Numerierschlaegel No.2151 fB 迴轉印號机	37.90
		RM 467.35
	./. 5% discount	" 23.37
	cif Wuchow	RM 443.98
	arrived per S.S."Burgenland" on March 26, at exch. 79½	H$ 558.46

購運教育用品請領護照表

洋土貨	洋貨
名稱	瑞典普通電話掛機
數量重量	弍架
價值	港幣玖拾陸元
用途	研究用
起運者	華美電器行（交香港廣西貿易處代運）
接收者	廣西大學理工學院
取道	香港
經過關局	梧州海關
起運及到達之約計日期	三日

584

購運教育用品請領護照表

洋土貨	洋貨
名稱	電話機六架鷄嘜電池三打十八號膠線六札
數(重)量	一箱
價值	港幣弍百捌拾叁元陸角
用途	研究用
起運者	香港中原電器行(交香港廣西貿易處代運)
接收者	廣西大學理工學院
取道	香港
經過關局	梧州海關
起運及到達之約計日期	三日

4831

10

購運教育用品請領護照表

洋土貨	洋貨
名稱	物理儀器（附詳細貨品價值表）
數重量	十五箱
價值	港幣壹萬柒千伍百四拾壹元捌角壹分
用途	用以教授
起運者	德商興華洋行（香港）
接收者	廣西大學理工學院
取道	香港
經過關局	梧州海關
起運及到達之約計日期	三日

AGainst Contract No. 2470 A - 2470 G
according to attached specifications:

D.N.	6335 A	from	Adam Hilger	£ 107.17.11		
"	6335 B	"	Baird & Tatlock	£ 17. 1. 9		
"	6335 C	"	F.E.Becker & Co.	£ 131. 3. 7		
"	6335 G	"	Cambridge Instrument Co.	£ 23. 4. 1		
				£ 279. 7. 4		
	at exchange 1/2 7/8:					H$ 4.507.43
D.N.	6335 D	From	Koehler & Vockmar	RM	2.096.10	
"	6335 F	"	E.Leybold's Nachfolger	RM	5.797.42	
	at exchange 75					H$10.524.70
D.N.	6335 E	from	Central Scientific Co.,	US$	759.18	
	at exchange 30 1/4					H$ 2.509.68
					Total:	H$17.541.81

此頁乃貨價數目並非貨品名稱故未譯

115

Against Contract No. 2470 A.

From Adam Hilger, Ltd., London.

English £

1 case A.H.1542. Hongkong, containing:

E. 411	1	Hilger X-ray crystallograph 晶体X射線儀	72. -. -
E. 412	1	Extra Specimen holder for metallic strips 驗物置放器	6. -. -
F. 592	1	Shearer X-ray tube, for use with E. 411 X射線管	42. -. -
F. 251	5	doz. Kodak duplitized X-ray film X射線照相軟片五打	6.18. 9

English £ 126.18. 9
less 15% discount: 19. -.10

English £ 107.17.11

===================

1/28

Against Contract No. 2470 B.

From Baird & Tatlock, London.　　English £

1 case BTS & Co., No. 1, containing :

OP 1426	2	Sodium vapor Lamps for 220 volts s.c. 钠氣灯二個	15.12. -
OP 1426d	2	Resistances for 220 volts, A.C. 電阻式個	4.10. -
		English £	20. 2. -
		less 15% discount:	3. -. 3
		English £	17. 1. 9

5513

Against Contract No. 2470 C.

From F.E. Becker & Co., London. English £

3 cases, marked F.E.B. & Co., 1 - 3 ctg.:

9816	1	Tomson's Astatic Calvanometer 無定向電流計	13.13.--
100 32	3	Standard pattern post office Resistance Boxes. 郵局式電阻箱	48.15.--
10389	1	Four way plug key commutator 四插頭電鍵	1. 1.--
10053	1	Standard Megohm 標準電阻	12.13. 6
9806H	1	Galvanometer, 1000 ohms 電流計	8. 2. 6
8154	2	Reading microscopes with stands and with optical system. 小型顯微鏡二個	37.10.--
12224	1	Analytical balance new Nicic pattern 220 GM x 1/10 GM 537 分析天平	12.17.--
11361	1	Heliostat 追日鏡	14.19.--

1 case C T R 2470, containing:

11555j	2	Spare Lamps (A. C. 220 Volts) 電胆二個	4.15. 6
		English £	154. 6. 6
		less 15% discount	23. 2.11
		English £	131. 3. 7

[illegible]rom Koehler & Volckmar.

[illegible]nst Contract No. 2470 D. Reichsmark

[illegible].C.1545 No.3558, containing:

[illegible]	[illegible]	[illegible] model of Geiger's counting chamber 蓋氏計数器	37.50
[illegible]	[illegible]	[illegible] light lamps for 220 volts A.C. 点光灯胆二個	132.--
12434	2	Resistances for 220 volt A.C. 電阻二個	81.--
23134f	1	Reflecting Grating, 600 lines 反射光栅	65.--

1 case S.C.C.1546 No.3559, containing:

22395	1	Koenig-Martens-Gruenbaum's Spectrum Photometer incl. 光吸收強度儀	1.900.--
	1	Plano-parallel glass plate 平面玻璃板	52.50
22395a	1	Pair of tubes. 液体感管一对	75.--

in case CTR 2470 :

10548	2	Tubular lamps for Epidiascope, 500 watt, for 125 volts A.C. line 幻灯机用灯胆二個	63.--

Reichsmark 2.466.--
less 15% discount : 369.90

Reichsmark 2.906.10

51 85

Against Contract No. 2470 E:

From Contral Scientific Co.

U.S.A.$

1 case, SCHMIDT & CO Order No.1546, No.847:

[illegible]	[illegible]	[illegible]meter. 電位計	104.--
[illegible]	[illegible]	[illegible]lectroscope. 香氏驗電器	26.--
[illegible]	[illegible]	[illegible] Capsule 乙種射線包二個	13.--
[illegible]	[illegible]	[illegible]er advanced Laboratory double rod (rods packed in case 848) 光強度計支具	100.25
F-6857	1	Lummer-Brudhun Photometer Box 光強度箱	141.50
F-6977	1	Wallace Convace diffraction grating 光栅	
F-A		replices a grade. 光栅	13.65
F-6945	1	Diffraction Grating. 光栅	3.25
F-6899-B	1	Slit adjustable 光隙	7.80
F-2244	1	Vapor Pressure apparatus. 汽壓計	16.90
F-3351	1	Clement & Desormes apparatus 克抵二氏仪器	6.50
F-11191	3	Standard Carnotit ore 鈾鋇礦三瓶	3.90
F-11290	1	Alpha-Ray Track apparatus 甲種射線器	58.50
4861	1	Volt Box L N 伏特箱	65.--
80314	1	Transformer for use in converting 11290 To 220 Volts 50 CV A C 变壓器	4.55
5476-B	1	Filter Pump. 濾抽机	1.95

1 case, SCHMIDT & CO order No.1546, No.848:

Rods for Photometer F-6916(Price included in case No. 847) 光強度計所用長桿

1 case, SCHMIDT & CO order No.1546, No.849:

890-A	1	Barsmeter Mercurial 水銀氣壓計	32.50

1 case, SCHMIDT & CO order No.1546, No.850:

1 Glass mp parts f. Laboratory outfit (Price included in case No851) 玻璃附件

1 case, SCHMIDT & CO order No.1546, No.851:

11226	1	Complete Laboratory outfit for Solids 固体放射仪器	293.90

	US$ 893.15
less 15% discount:"	133.97
	US$ 759.18

Against Contract No. 3470 F.

From E. Leybold's Nachfolger.

S.C.S. 1547, con... German Reichsmark

...lf's Unifilar Ele...
Zeiss optics.单丝静電計

...ercury commutators汞换向器四個

3229	2	Sliding contact wire resistances, 0.3 amp. 1100 ohms電阻二個	31.50
3280	1	Sliding contact wire resistance, 5000 ohms.電阻一個	27.50
3885	4	Precision series Rheostats 1-5000 W 精密電阻四個	2,550.--
3882	2	Precision series Rheostats 0.1-50 W 精密電阻二個	1,050.--
3019	1	Precision series Rheostats 0.1-5000W 精密電阻一個	787.50
2894	1	Capillary Electrometer after Ostwald 毛細管静電計	126.--
2889	1	Cylindrical condenser after Wulf 圓柱容電器	337.50
2916	1	Slide condenser 滑動容電器	239.--
3886	1	Binant electrometer divised by Dolezalek, with amber insulation.必氏静電計	552.50
2913	1	Dolezalek's quadrant electrometer 象限静電計	300.--

Reichsmark 6,820.50
less 15% discount: 1,023.08

Reichsmark 5,797.42

217

gainst Contract N

Fr mbridge Instrume

 case S.& Co., 15

1	Campbell Vibration Galvanometer complete with coil for frequencies between 30 and 300 cycles. L.69198. Cat. 41521. 振動電流計	27. 6. -
	Less 15% discount:	4. 1.11
	English £	23. 4. 1

5818

5919

Desp. ~~Letter~~ No. 5,387. Date 10th July, 1937.

Date received 10.7.37

From the Superintendent.

Subject:

Transmitting Ts'ai-chêng Pu instructions to the effect that a consignment of telephones, etc. for the University of Kwangsi is to be passed free under Huchao.

Instruction:

P.O.

民國廿六年七月 日到

監督來函第5387號

事 財政部令廣西大學購運測樹儀器電話機物理儀器共四批經驗准免照章驗放附單表各一份

原呈號數297及 年 月 日

十八拟

四

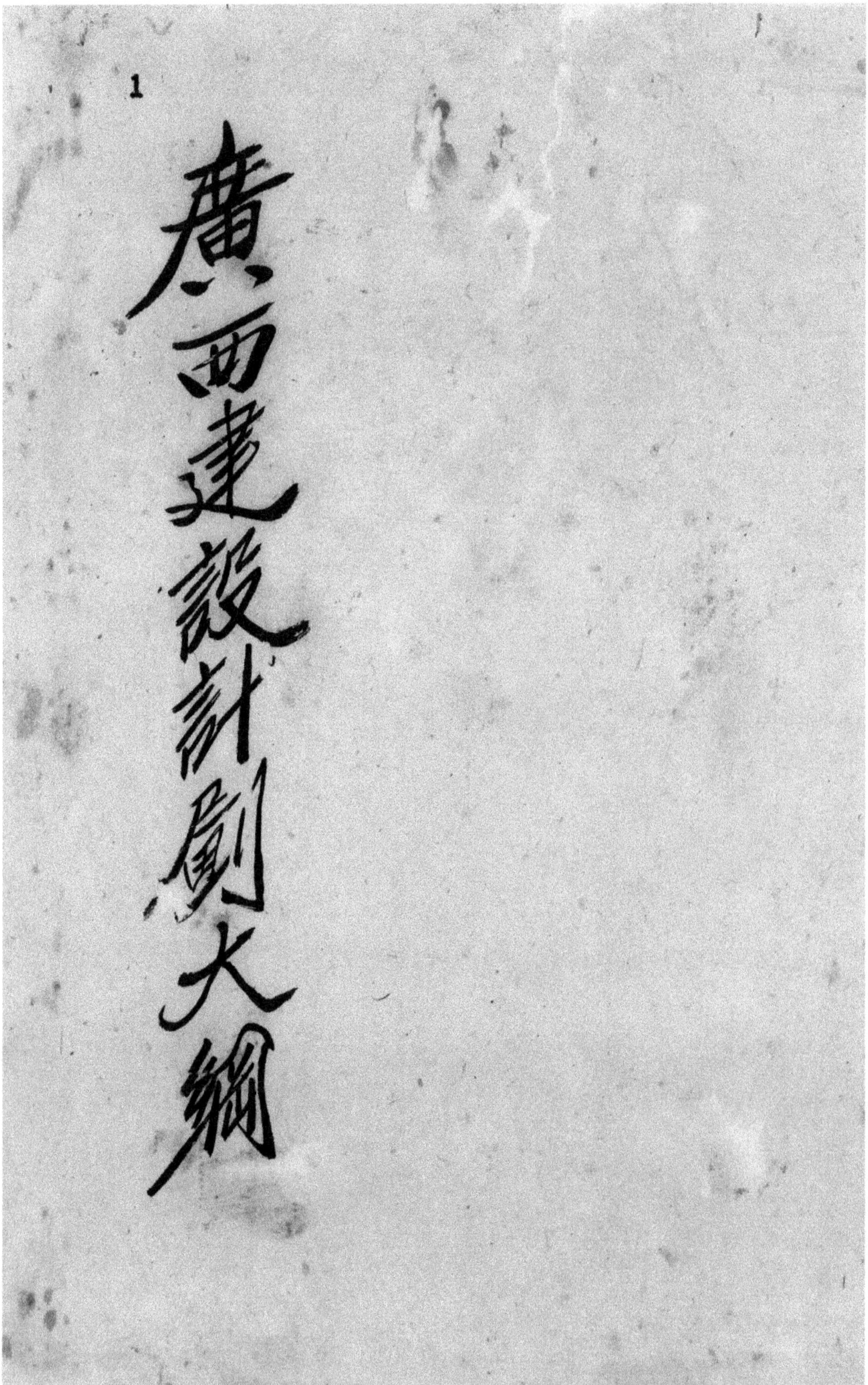
1

廣西建設計劃大綱

廣西省政府通行案卷代卷單（祇登公報不另行文）

公報名稱	廣西省政府公報
刊載期數	第一一四七期
文別字號	公佈令三十年八月一日字第號
附件名稱	
奉到日期	三十年八月十六日
事由	公佈廣西建設計劃大綱由
核辦要旨	
核閱蓋章	
承辦人蓋章	

廣西省政府公佈令（不另行文）

茲制定「廣西建設計劃大綱」公佈之，此令。

主席黃旭初

中華民國三十年八月一日

（註：廣西建設計劃大綱見本府公報第一一四七期）

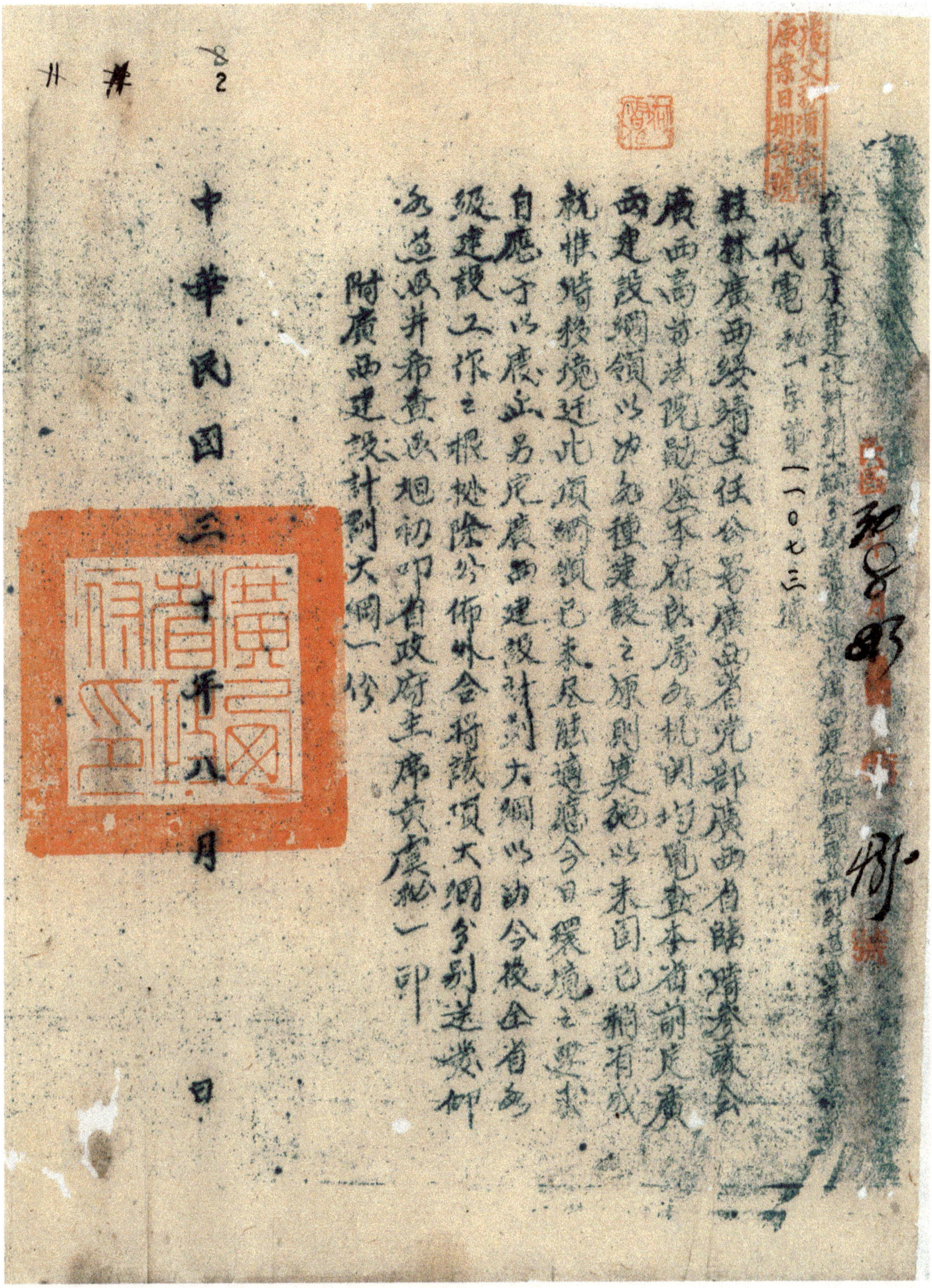

代電 秘一字第一一〇七三號

桂林廣西綏靖主任公署、廣西省党部、廣西省臨時參議會、廣西高等法院、監察本府民廳各機關均鑒：查本省前定廣西建設綱領，以為各種建設之準則，実施以來，固已稍有成就。惟時移境遷，此項綱領已未盡能適應今日環境之要求，自應予以廢止，另定廣西建設計劃大綱，以為今後全省各級建設工作之根據。除分飭外，合將該項大綱分別送發，即希遵照并希查照。旭初叩。省政府主席黃虞秘一印

附廣西建設計劃大綱一份

中華民國三十年八月 日

廣西省政府之印

3

廣西建設計畫大綱

廣西省政府頒布廣西建設計畫大綱宣言

本省依據　國父遺教，制定廣西建設綱領，推行三自政策，實施四大建設，行之數載，新政障礙，得以肅清，社會秩序，得以建立。　國父手定地方自治開始實行法所列之清戶口，立機關，定地價，修道路，墾荒地，設學校六事，亦皆能次第舉辦，旁及其他。成就雖有等差，基礎粗已樹立。以夙稱地瘠民貧之本省，而能於今日之抗戰建國大業有所效力，此皆由於遵奉　國父建國之最高指導原則，確定目標，繼之以適宜之計畫與方法，而按步就班以達成之者也。

本省過去建設之所成就，已於桂南光復之役發揮顯著之實效，取得光輝之勝利，本省建設時代，亦自此進入另一新階段。時移境遷，廣西建設綱領已未盡能適應今日環境之要求，今後對於三民主義之建國理想，應有更切合實際之實現計畫，各級建設之中心工作，亦應有分門別類之重新釐定，方能繼續邁進，計日程功，以期爭取抗戰勝利，達到建國完成。爰繼廣西建設綱領之後，特制頒廣西建設計畫大綱，以為今後全省各級建設工作之根據。

本省過去建設程序，因環境需要，注重民團之組訓，以為一切建設之推動力量，結果，軍事建設，成就較多，而政治經濟文化次之。但際此抗戰建國之歷史嚴重時期，增

73

5

廣西建設計畫大綱宣言

進國力，鞏固民生，實對於抗戰前途，有決定之意義。而經濟問題，已公認爲抗戰勝利與建國成功之重要因素，經濟建設不成功，則其他一切建設皆不免受其影響而落於空虛。故本建設計畫大綱，特定經濟建設爲首要。其次，文化爲復興民族實現三民主義之原動力，一切建設，皆賴其孵育，故文化建設，亦爲本省今後應特別致力之工作。至於政治建設，則爲繼續以往之實績，力謀充實，更求進步，加速完成地方自治，以促憲政之開始。軍事建設，則爲根據已成之基礎，發揚光大，以完成警衛與國防之必需。

本建設計畫大綱分爲三部，第一部，揭櫫建設之準據及建設之層次與部門，以確定建設之最高指導原則與目標；第二部，列舉省縣市與基層各級建設之要項，綱舉目張，俾各級工作幹部知所致力；第三部，爲計畫執行與考核之建設實施程序，務期計畫縝密，執行切實，考核認眞，俾斯三者得緊相配合，穩健進行，以求本建設計畫大綱之全部實現。我全省各級工作幹部及全體同胞，倘其懍然於世界局勢之變化方殷，國步之艱難未已，嚴厲矯正過去之缺點，繼續前此苦幹之精神，一致奮發，共同努力，以完成建設廣西之大業，達到復興中國之目的，實所厚望。

廣西建設計畫大綱目錄

75 7

第三部　建設實施程序

第七節　計畫

第八節　執行

第九節　考核

廣西建設計畫大綱

廣西省政府委員會第五四一次會議通過
廣西省臨時參議會第五次大會修正
中華民國三十年八月一日頒布

第一部 總綱

第一節 建設準據

第一條 廣西為中華民國之一省，廣西省政府為謀領導全省官民，共同努力於復興中國之任務，在整個建國計畫體系之內，積極從事於本省之建設。

第二條 中華民國建國之最高指導原理，為 國父手創之三民主義。依 遺教所示，三民主義之建設理想，分為二個階段逐步完成之。第一階段為中華民國之建設，以達到民有民治民享為鵠的，第二階段為世界和平之建設，以達到大同之治為鵠的。

第三條 本計畫大綱以前條所示第一階段之建設為限，而當前之使命，尤置重於訓政時期地方建設之完成及憲政開始時期應整備之工作。

第四條 根據國民政府建國大綱均權之原則，凡事務有全國一致之性質劃歸中央者，本省地方政府應於中央政府法令指導之下，努力奉行，加速完成之；其有因地制宜之性質劃歸地方者，由本省地方政府分擔建設之。

第二節 建設層次

第五條 廣西建設，縱分為省建設、縣(市)建設、基層建設三級。

第六條 省建設為工作之主導，縣(市)建設為工作之重心，基層建設為工作之基點。

第三節 建設部門

第七條 廣西建設，橫分為經濟建設、政治建設、軍事建設、文化建設四部門。

第八條 經濟建設之最高指導原則，為民生主義。抵制帝國主義之侵略，消滅封建社會之剝削，限制私有財產之發展，建立公有制度之基礎，改善勞動狀況，改進生產方法；調整分配制度，以完成平均地權、節制本資、生產社會化、分

10

配合理化之第一階段建設之理想。

第九條　政治建設之最高指導原則，為民權主義。訓練四權行使之能力，啓示國民應盡之義務，堅定革命主義之信仰，並確立自治制度，調整自治區域，灌輸自治智識，培植自治人才，以完成實施民主政治必具之基本條件。

第十條　軍事建設之最高指導原則，為民族主義。實施國民軍事訓練與兵役法，使武力民衆化，以備平時警衛，戰時國防之必需，完成民族自衛之要求。

第十一條　文化建設之最高指導原則，為三民主義。改進社會教育，發展學校教育，適應各部門建設之需要，培養人材，運用學校力量，協助建設之進行，使全體國民皆有接受完全教育，參與文化創造之均等機會，以達成在三民主義原則指導之下，發展學術研究，革新社會意識，造就能適應三民主義國家生活之健全國民之目的。

第二部　各級建設要項

第四節　省建設要項

第十二條　經濟建設

一　推進土地行政，實施土地測量，完成土地陳報，舉辦地價申報，實行按價征稅及自然增值歸公。

二　公地荒地，由人民租用，停止發賣，並規定私人面積之最高額。

三　私有荒地，逾限不墾者歸公。

四　私有土地出賣，儘先由公家承受。

五　獎勵耕地之合作經營。

六　重要及大規模企業，由政府及地方團體公營，但得獎勵有經營經驗之私人參加，并保障其利益，以促進公營企業之成功。

七　調查全省之資源，以爲工業建設之根據。

八　發展機械工業電氣事業，及鑛產之採查開發，使經濟建設逐漸趨向工業化。

70 12

九 發展糧食及衣用原料生產，并調整與衣食住行有關之工廠，使省內生產，漸能自給，趨向于生產社會化。

十 確立與經濟建設相適應之財政金融政策。

十一 建立全省金融網，貿易網、倉庫網、交通網，使經濟結構組織化，經濟建設計畫化。

十二 建立農業工業試驗機構及其指導推廣系統，以促進生產之發展。

十三 發展農田水利，改進林業行政。

十四 普遍合作組織，增高人民生產力與消費力，並使分配合理化，生產社會化。

十五 訓練經濟建設幹部，以充實其技術及組織智能。

第十二條 政治建設

一 頒布縣地方自治完成標準，限期完成地方自治。

二 健全各級民意機關之組織，促進人民行使四權之訓練，並於政治教育經濟諸方面民衆組織中，實施訓練，聯繫進行，以加強民衆使用民權之習慣。

三　按期舉行戶口普查，並厲行各級公務統計。

四　調整各級行政區域，健全各級行政機構。

五　提倡廉潔風尚，肅清貪污土劣。

六　厲行幹部政策，確立人事制度，以提高行政效率。

七　厲行歲計會計制度。

八　完成各級衛生行政機構，發展醫事保健事業。

九　培養衛生醫藥專門人才，適應公醫制度之需要。

第十四條　軍事建設

一　健全并充實國民軍事訓練之組織及內容，普及國民軍事訓練。

二　健全兵役行政之設施，使組訓徵調順利。

三　充實國民軍事組訓所需之武器，並設置必需之武器修理所。

四　調整保安機關及保安部隊，使負擔地方警衛之責，並成為戰時兵員之補充機關。

五　設置榮譽軍人治療救養機關，以安頓殘廢抗戰將士。

一六 充實優待出征軍人家屬基金。

一七 組織全省在鄉軍人，並指導其活動。

第十五條 文化建設

一 完成國民基礎教育。

二 擴充師範教育，以健全學校師資。

三 適應學生數量之需要，調整及增設中等學校，並獎勵私人設立。

四 改善國民中學制度，使成為縣文化之中心。

五 修訂學校教育改進計畫，充實學校設施，促進學生身心健康，改善教學訓育方法，實施學生升學職業指導，編印適宜課本，以增強教育效能。

六 職業教育，採取建教合一原則，儘量由事業機關場所舉辦之。

七 訂定運用學校力量協助地方建設事業進行辦法頒行。

八 訂定扶助貧苦優良之學生求學辦法頒行。

九 發展女子教育，提高女子服務社會能力，培養優良母性，並設計指導改善一般家庭教育。

十　成立全省書刊供應流通網，以利文化之傳播。

十一　改進新聞及廣播事業，以輔助政令及社會教育之推行。

十二　充實省立圖書館，成立博物館、藝術館，以供應自學工具，提倡自學風氣。

十三　適應國防需要，發展國民體育運動，以養成國民強健體格及使用戰鬥機械習慣。

十四　整理並保存本省歷史文獻，編印年鑑叢書，以發展地方文化。

十五　改善社會固有文化，對於流行民間之語言、宗教、藝術、禮俗等文化形態，研究其改善辦法，指導施行。

十六　設置學術獎金，以提倡科學技術之研究發明。

第五節　縣（市）建設要項

第十六條　經濟建設

一　依據省之指示，舉辦全縣土地測量、地價申報及完成荒地調查，并扶植自耕農。

二 按本縣需要及可能，舉辦農田水利及造林事業。

三 按本縣需要及可能，舉辦各種公營事業。

四 設置縣農場，以接受省農事場所之指導及推廣事項。

五 依據省之指示，改進手工業及舉辦輕工業。

六 依據省之指示，推進全縣合作事業。

七 修築縣道，開濬水道，並使之與鐵路省道及鄰縣縣道聯絡，以發展交通，便利運輸。

八 提倡農家副業，以充裕其生活。

九 採取量出為入原則，確立與經濟建設相適應之縣財政政策。

第十七條 政治建設

一 依據縣地方自治完成標準，參酌本縣情形，限期完成本縣地方自治工作。

二 調整基層行政區域，以便利行政及自治事業之發展。

三 健全執行機構及議事機構。

四 普遍訓練基層幹部，並改推其任用辦法。
五 依據省之指示，參酌本縣情形，成立衛生院，推行醫事保健事業。
六 厲行歲計會計制度。
七 舉辦老弱育嬰救濟事業。

第十八條 軍事建設
一 依據法令規定，實施全縣國民軍事訓練。
二 置備必需之武器及登記全縣公私武器，並施行檢查。
三 建置必需之兵舍。
四 組織全縣在鄉軍人，並指導其活動。

第十九條 文化建設
一 充實或設置縣立國民中學，使成為全縣文化之中心。
二 設置縣立圖書館及書刊流通機構。
三 倡導國民體育運動。

四　健全收音設備，以利政令及新聞之傳播。
五　增修縣志，並編印縣年鑑。

第六節　基層建設要項

第二十條　經濟建設

一　鄉鎮村街，均依照規定組織合作社，以負擔公共造產責任及便利私人生產消費，
二　利用公共田地或租用田地，設置鄉村農場，舉行公耕，並接受省縣農事場所之指導及推廣事項。
三　依照法令規定，充實鄉鎮倉村街倉，改善管理，樹立信用。
四　按可能及需要，舉辦農田水利事業。
五　切實施行隙地種樹及荒山造林。
六　提倡家庭工業及副業。
七　提倡適合生活水準之消費，以增加國民之健康。

18

27

19

八　按年征工修理鄉鎮村街道路及整理溝渠。

九　裝置鄉鎮電話，並逐漸推及村街。

第廿一條　政治建設

一　依照法令，厲行戶籍人事登記。

二　清理公產，增加收入，實行歲計會計制度，並使財政完全公開。

三　健全鄉鎮村街公所，按期舉行鄉鎮務會議及村街務會議。

四　按期舉行村街民大會及鄉鎮民代表大會，以訓練人民行使四權。

五　依照法令，成立各種民衆組織及民衆團體。

六　訂立村街自治公約。

七　依照縣之指示，成立鄉鎮衞生所，設置村街衞生員及置備簡易藥箱。

八　改善民居建築，以增進民族健康。

九　禁絕烟賭，取締游惰。

十　設立息訟組織，調解人民紛爭。

第廿二條　軍事建設

一　依照縣之指示，實施本鄉鎮國民軍事訓練。

二　依照法令規定，組織各種團隊，負擔地方警衛任務。

三　依照法令規定，登記本鄉鎮公私武器，並施行檢查。

四　設備集合廣場。

第廿三條　文化建設

一　充實中心國民基礎學校及國民基礎學校，使能盡量收容應受教育之兒童及成人，並力求逐漸達到完全免費教育。

二　中心學校及基礎學校，依照法令，實行社會服務，協助各種建設，使成為鄉鎮村街之文化中心。

三　公所、學校、合作社、農場等，應隨時介紹各處進步之日常生活用品方式及方法，灌輸於本地人民，使之仿傚，以改善其生活。

四　公所或學校，應購備必要之書報，以供大衆閱覽。

五　就地方節慶廟會社日歌墟等原有習俗，改善其內容，舉行適當之娛樂集會及舞獅打獵競渡等體育運動。

第三部　建設實施程序

第七節　計畫

第廿四條　本大綱頒布後，省政府、縣政府、鄉鎮公所及各該組織內之各部份，均即檢討過去建設之實績，根據本大綱第二部之規定，參照人、財、時、地、物各項情形，分别先後緩急，擬訂各該級各部門之建設實施計畫草案，呈由主管官彙集修正，以成爲各該級之整個建設實施計畫。

第廿五條　鄉鎮建設實施計畫，須提經鄉鎮民代表會通過，再呈縣政府核定。縣（市）建設實施計畫，須提經縣（市）參議會通過，再呈省政府核定。省建設實施計畫，須提經省參議會通過。

~~30~~ ~~18~~ 22

第廿六條　本大綱不規定實施完成年限，但各級各部門建設實施計畫，必須規定時日，明定進度，計日程功。

第廿七條　各項計畫實施時所需經費，均編入該級機關年度預算內，使計畫與預算完全配合。

第廿八條　各級主管官於各該級整個建設實施計畫起草之前及草案完成之後，均須召集有關人員會議，詳細研討，以期縝密，而免衝突重複之弊。

第八節　執行

第廿九條　已核定之計畫，由主管者切實按照執行，非遇意外事故，或實際情況變動與預定不合時，不得藉故停止或輕率修改。

第三十條　計畫執行時，如有與實況不甚恰合之處，得另訂補充調整辦法，力求貫徹，但不得違反原定計畫之目標。

第卅一條　計畫執行時，主管負責者須切實努力，上級須認真監督，且須隨時檢討，糾正錯誤。

第卅二條　需要民衆熱烈參加之建設工作，各級黨部應努力宣傳，發為運動，不可僅以命令行之。

第九節　考核

第卅三條　每項計畫或整個計畫之實施，負責執行者應隨時記錄，按期檢討其工作之成績。如實施與預定計畫有出入時，應尋求其原因，指出其缺點，以積累自己之經驗。

第卅四條　上級接到下級執行計畫結果之報告後，應即審定其成績，並據以獎懲，以資激勸。

第卅五條　同級各部門執行同類計畫時，上級應隨時將考核所得之各種優點缺點，宣佈週知，使彼此觀摩，互相競進，增加工作效率。

10

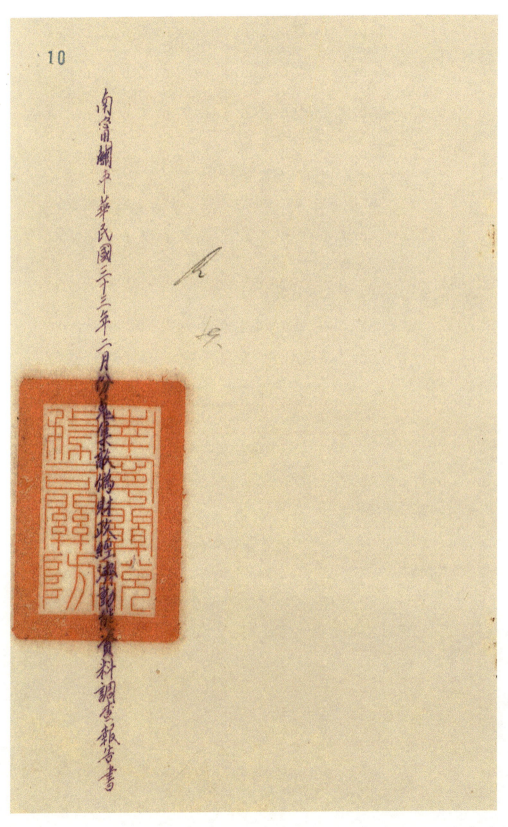

南寧關中華民國三十三年二月份蒐集敵偽財政經濟動態資料調查報告書

中华民国三十三年一月份[illegible]财政动[illegible]资料[illegible]书

（一）税制

（1）关于缅[illegible]地方税收之种类者

税收之种类[illegible]

[illegible]

[illegible]

（2）关于税率及征收方法者

[illegible]值百抽五[illegible]

[illegible]

[illegible]

11

[illegible]

[illegible]方法则不详

（3）关于征收机构者

[illegible]

[illegible]

[illegible]

[illegible]

（4）（5）[illegible]

12

13

（二）公債（儲蓄庫券附）

（1）關於發行種類數額日期基金及還本付息辦法

敵國歲入最大部份仍依靠公債，而公債之種類略分為救國公債與消費公債兩種，除公債之基金及還本付息辦法尚在偵察外，餘則略述之於左：

前年發行之救國公債為一百六十四億八千萬日元，而去年春所發行救國公債為六百億日元，今年所發行之救國公債尚無從探悉，至其所發消費公債數目亦無從偵悉，總之消費公債全恃儲蓄，前年敵國儲蓄之目標為貳佰叁拾億日元，但結果並未達到，去年敵國儲蓄之目標為四百億日元，聞亦未達到，雖曾於去年

14

紀元節舉行全國儲蓄運動，仍無良好成績表現，又聞儲蓄之所獲多半用於銷售公債之用途上，一部份則用於繳納稅租及擴充生產力

（6）其他有關公債設施之資料

日本股票證券業除經營公債證券外，大多出動於產業證券市場，斯足證明日本產業證券金融在其國家金融資本中所佔地位之重要，截至去年底止，日本有價證券之投資為九百九十萬萬日元，股票價格總數則達二百八十萬萬日元，內外債達四百萬萬日元，餘則為公司債

（2）（3）（4）（5）無情報

15

(四)物資

(5)關於淪陷區域間物資交流之限制或取締者

凡屬統制各物在淪陷區域間由甲地至乙地必須具有採辦證與運輸證否則一概視為走私

(6)關於敵偽物資禁運我方之種類方法及措施等

關於敵偽物資禁運我方之種類略分為五金五金器具油類油料藥品類米等類其禁運方法及措施多由保甲連鎖負責凡被緝獲上項物品即沒收充公並視其貨物是否重要而定懲罰重則處死輕則處以無期徒刑

(8)關於敵偽吸取我方物資之種類數量及方法者(如走私路線及私

16

貨交易方式等)

敵人吸取我方物資之種類略分為水銀鎢砂五金木油生油青麻豬鬃五倍子米鴨毛等類吸取方法多以高價收買

(9)關於征發淪陷區人民之財物者

敵人在淪陷區征發人民之財物可謂極端苛刻譬如上海敵人限令南市閘北區居民於每十日內每家獻鐵兩斤違者停止其戶口米配給

(10)其他有關物資設施之資料

敵人自演出交還租界(幕話劇)後又藉管制物資條例限價強迫收購以致上海全市商號銀號不堪壓榨因而倒閉破產

17

者比比皆是聞不久以前全市棉紗號共有二千六佰餘家而現被
敵偽壓榨破產倒閉者竟有一千餘家之多以致全市商店均
呈破產之象
(1)(2)(3)(4)(7)無情報

(六)金融

(1)關於敵偽幣券流通之數量範圍及信用者

戰爭以來日本銀行增發紙幣約六十億日元即日銀兌換券之流通額一九四一年十二月為七十四億四千七百萬日元此外台灣銀行與朝鮮銀行戰事影響亦膨脹不已去年杪三行流通總額為八十六億六千萬日元此種統計雖難置信然事實上三行流通額在一年前已達百億日元矣

(2)關於法幣在淪陷區流通之狀況者

敵偽為普徧暢銷軍票與中儲券計除鄉間外法幣之流行概予禁止而商民對於法幣仍爭先儲藏視敵偽紙幣為廢物以致軍票與中儲券日漸降低

(3)關於敵偽幣券對法幣之比值者

軍票一元可換國幣陸元伍角而偽幣一元值國幣一元六角

(8)其他有關金融設施之資料

偽華興銀行紙幣在華中流通數量兩年前為六百萬元聞資本係法幣五千萬元分五十萬股每股百元股東姓名股數如下表

出資者姓名	股　數
維新政府	二五〇,〇〇〇
日本興業銀行	五〇,〇〇〇

朝鲜银行	四0.000
台湾银行	四0.000
三井银行	四0.000
三菱银行	四0.000
住友银行	四0.000
共计	弍00.000

20

(七)主任業

(3)關於電訊電話等通訊事業之建設及經營情形

「日人新聞條例謂「要求緬甸」要求撣十江下游通訊由敵方協力合作」，此

成事實，上年中電氣通訊公司已經設立，其業務在統制經

營撣十江下游之電訊，詳情如左

第一方針

為使華中經濟之復興並充實國防上之要求，同時期於日

滿支一體通訊政策之實現起見，設立維新政府之特殊法人

華中電氣通信株式會社

第一要綱

21

一、名稱　華中電氣通訊株式會社

二、目的

1.華中電氣通訊事業之統制經營

2.電氣通訊設備之營作

3.對於前述各項之附帶業務及關係事業之投資

三、資本

1.資本總額一千五百萬元，維新政府現物出資五百萬

元，現金出資一千萬元

2.現物出資一次全數撥清，現金出資分期繳付，時撥繳半數

餘數隨時繳納

22

23

四.國籍及本店所在地

偽維新政府之特殊法人其本店設於上海

五.職員

社長副社長各一人董事三人以上監察二人以下

六.統制要綱

維新政府不承認於本會社以外新設電氣通訊事業且使固有以外之同類事業於會社設立後儘可能從速收買及其他方法置於本會社統制之下

七.特典

1.已繳股款二倍以下之公司債之發行及其本利支付之保證

24

2.對於維新政府以外之股東優先分利

3.對於會社之財產所得及營業會社之契約登記暨會社事業必要之物件免除租稅及其他一切公課

4.會社享有土地之收用電線路之建設道路河川橋樑堤防暨其他土地之使用用費之徵收以及關於通訊事業經營所必要之一切特權

八.特殊義務

維新政府對於本會社得發佈公益上必要之命令又得對其設備為公益上必要之處置倘因此所生之損失應由維新政府補償之

25

九、借款之處理

對於電政借款須期將來由維新政府與外國之間成立借款整理協定由本會社依別項之研究交納一定之金額於維新政府以處理之

(1)(2)(4)(5)(6)(7)無情報

綱目(三)(五)(八)(九)(十)均無情報

南甯關稅務司霍啟謀呈報

附註：上述資料來源係本關貴縣支關得自最近由漢內還之友人面述

遵

1686

33/5/26

382

事由：電發三十三年度粮增實施計劃綱要飭遵照由

廣西省政府代電　建農字第二三〇二號

廣西農事試驗場轉粮食增產副總督導馬保之稻作雜粮各作病害虫害土壤肥料倉儲各組廣西家畜保育所轉獸疫防治組本府農管處轉農田水利及墾務組農村經濟組各區行政督察專員兼保安司令公署各市縣政府鈞覽查本省卅三年度粮食增產實施計劃

[illegible]

呈建農

112

111

遵辦

綱要業經編訖除諭飭各飭肥料出產各部份之實施辦法續行頒發外茲將該項計劃綱要隨電檢發仰各遵照辦理主席黃旭初丑

建農印

附發廣西省卅三年度糧食增產實施計劃綱要一份

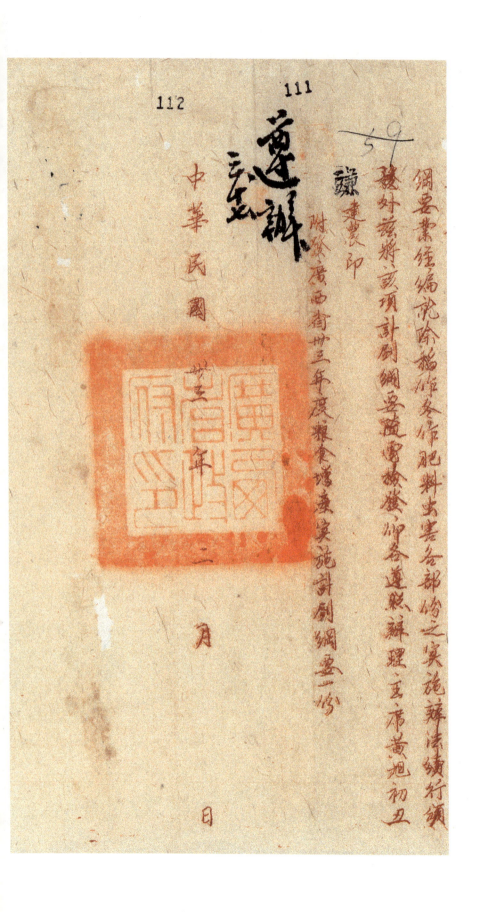

中華民國卅三年二月　日

113

~~168~~

382

廣西省三十三年度糧食增產實施計劃綱要目録

一、水稻

甲、推廣良種

乙、雙季稻示範試驗及擴大晚造栽培

丙、推廣陸稻

丁、推廣稻田中耕器

二、雜粮

甲、玉米

乙、甘藷

丙、木薯

三、冬作

（包括大小麥、蕎麥、甘藷、馬鈴薯、豌豆、蚕豆、肥田草、紅花草、芋

、菜油菜等）

目一

114

四、蟲病害防治

甲、防治稻苞蟲

乙、防治螟蟲

丙、防治其他害蟲

丁、防治雜糧害蟲

戊、防治蔬菜害蟲

己、防治水稻胡麻葉斑病及小麥散黑穗病

五、防治積穀損耗

六、肥料增給

（包括冬季基料綠肥、夏季綠肥作物、堆肥、人糞尿、骨肥骨粉等）

七、開墾荒地

八、農田水利

九、獸疫防治

115

64

382

十、農村經濟

甲、農情報告

乙、農產品市場調查

附表

(一)廣西省三十三年度粮食增產成果預計總表

(二)廣西省三十三年度粮食增產各項工作分配表

(三)廣西省三十三年度粮食增產工作按月進度表

62 382

廣西省三十三年度糧食增產實施計劃綱要

一、稻作

甲、推廣水稻良種

1、過去概況

本省各場育成及引入之水稻良種，於二十七年開始推廣，經數年來之推行推廣，區域計有臨桂等三十縣，三十二年增種面積計達二十餘萬畝，連歷年推廣面積共達五十餘萬畝，良種平均較土種增產百分之十至百分之二十五不等，為期擴大推廣起見，三十二年並繼續或新定在邕寧等二十五縣舉行良種試種，以觀察各良種在各該縣之適應性，以為本年度實施推廣之依據。

2、實施方法

子、良種推廣　本年度根據下列兩點，採用貸種及指導留種換種三種方式進行推廣：

〔1〕以三十二年度臨桂等三十縣推廣之良種，就原有之適宜區域，並另增新

中心區擴大栽培面積。

(乙)就三十二年大規模試種縣份試種之結果，擇定各良種之優適區作初步之推廣。

(三)良種試種 分區域適應試驗(即精密試種)及特約示範(即擴大試種)兩項，因經費及人員關係，本年僅在上年舉行之縣份繼續舉行，不再增加縣份，管理力求精密，結果務期正確，以便決定下年度推廣區域及材料。

(四)良種繁殖 由各試驗場繁殖原種，並在各縣推廣中心區域特約優秀農家大量繁殖推廣種子。

3、實施區域及面積

(1)良種推廣 在臨桂、陽朔、平樂、蒙山、荔浦、修仁、蒼梧、岑溪、藤縣、容縣、平南、柳城、雒容、柳江、中渡、桂平、貴縣、遷江、來賓、象縣、武宣、玉林、興業、北流、宜山、邕寧、永淳、橫縣、賓陽、賀縣…………等縣推廣，面積暫以三十萬餘畝為準。

3

(丑)良種試種 分左列兩部份

(1)區域適應試驗(即精密試種) 在邕寧、桂平、宜山、柳城、[illegible]江、玉林、容[illegible]、賓陽、興安、貴縣、平[illegible]樂賀縣等縣辦理。

(寅)特約示範(即擴大試種) 早繼在蒙山、修仁、來賓、武宣、[illegible]象縣、陽朔、[illegible]岑溪、江、荔浦(以上六縣係產量取樣)賓陽、遷江、賀縣、貴縣、容縣(以上五縣不取樣)等縣舉行,晚繼在永淳、橫縣、賓陽(以上三縣取樣)宜山、邕寧(以上二縣不取樣)等縣舉行。

(寅)良種繁殖 由廣西農事試驗場、廣西大學農院、農林部廣西推廣繁殖站及第一二三四區農場、橫縣、玉林、貴縣等縣農場繁殖原種及推廣種,並在邕寧、桂平、柳城、貴縣、玉林、蒼梧、宜山等縣特約農家大量繁殖推廣種子。

(卯)實施程序

(1)根據過去推廣及試種結果決定推廣品種及其推廣區域。

(2)採用口頭、文字或各開比賽會之方式，向農民宣傳良種之特性、優點、栽培方法及發放辦法，並登記願領良種農户於二月底以前統計填呈報。

(3)於播種前將良種運至適中地点及分發種子予各登記農户，並填列表格具報。

(4)指導栽培及抽查良種面積以防良種之流為別用。

(5)調查推廣成績，並舉行田間純度檢查以備收購或換種，如有混什，應指導農民依照留種淺說所述方法選留良種。

(6)收購下年推廣用良種。

(7)收回貸種或放種，並指導新農户向有檢查合格良種農户換種良種。

(8)登記下年願領種良種農户，於下年二月底以前呈寄。

5、預計成果

本年計在臨桂等一一縣預定擴大推廣貸種面積估為一十萬畝，指導留種換種面積估為二十萬畝，共估推廣良種面積三十萬畝，每畝平均收穫稻穀三担，良種較土種平均增收百分之二十，即增收六十斤，則本年推廣良種面積約為增產一十八萬担。

乙、雙季稻示範試驗及擴大晚稻栽培

1.過去概況

雙季稻亦稱間作稻，據各方研究結果，較單季稻每畝約可增收稻穀二佰斤，並有調節氣候、調劑人工之優點，本省平樂縣亦有栽培，若就氣候久稱適宜，惟因雨量分布及耕作習慣關係，桂北各縣仍種單季稻，並於收穫後種植泥豆或黃豆，為研究二者收益之優劣，曾於三十年在第一區農場作雙季稻栽培試驗，以探求其經濟價值及適當配合之早晚稻品種，並在臨桂、興安、陽朔等縣之單季稻區選户示範，或指導農户改種雙季稻，以探求其推廣價值與範圍，惟因推行伊始，成效容或未確，本年仍擬就上年區域繼續推行。

2.實施方法

(1)繼續在第一區農場作双季稻栽培試驗，以探求其經濟價值及適當配合之早晚稻品種。

(2)繼續在臨桂、興安二縣之水利充分之單季稻區選户示範。

(3)繼續在臨桂陽朔等縣指導農民利用水源充足之一季稻田改種兩造稻。

3、實施區域

双季稻示範試驗定在臨桂、興安二縣舉行，擴大晚造稻栽培面積定在臨桂、陽朔二縣各擴大一萬畝。

4、實施程序

(1)選擇水源充分之適宜區域及適宜配合之早晚造稻品種。

(2)特約農户從事示範。

(3)派員指導栽培方法。

(4)調查整理及報告試驗與示範結果。

5、預計成果

(1)試驗與示範工作，旨在探求栽培双季稻之利益與範圍，增産數量暫不計列。

(2)暫定在臨桂陽朔二縣擴大晚造稻栽培面積各一萬畝，預計每畝較植單季稻

382

65

7、增收稻穀一担半，二萬畝估可增收三萬担。

丙、推廣陸稻

1、過去概况

查本省中部各縣陸稻之分布甚廣，惟多利用畬地栽培，在生長期間，因雨量分布不均之影响，其產量不穩定，然因其為正粮作物，故栽培仍甚普遍，且在水源不足之高田改種產量豐優之陸稻，倘逢雨澤不失豐收，即遇乾旱，仍可得相當收獲，故三十二年曾列增種陸稻為粮食增產項目之一，定在修仁、蒙山等八縣平均各增種二千畝，預估增產稻穀二四，〇〇〇担，推行結果尚佳，成果超出預定數量。

2、實施方法

（1）利用畬地廣植陸稻。

（2）常受乾旱之高田勸導改種豐產之陸稻。

（3）指導農民提早陸稻播植以防秋旱。

3、實施區域

除上年實施增種之修仁、蒙山、賀縣、雒容、榴江、柳城、來賓、遷江等八縣外、本年增加宜山、武宣、田陽、信都、養利、象縣、河池七縣，共十五縣實施縣，其他本已栽種各縣，亦應廣為宣傳，勸導增種。

4、實施程序：

(1)於春耕開始前由各縣召集鄉鎮長，各鄉鎮長召集村街甲長，說明陸稻耐旱之特性，並按各村畬地情形指示其進行方法，並規定增種面積。

(2)各村甲長應照縣鄉所指示事項，切實勸導增種。

(3)各縣鄉鎮於推行增種後，應派員視察其生長情形，並估計實種面積。

(4)各縣鄉鎮應於陸稻收穫時，派員視察及估計收量，填表報核。

5、預計成果

平均指定各該縣各增種二千畝，十五縣估共增種三萬畝，每畝約可收穀一五〇斤，共計增產稻穀四五、〇〇〇担（未指定增種縣份未計列在內）。

丁、推廣稻田中耕器

66　　9　　382

1. 過去概況

查本省稻田中耕素多仍用足踩，費時費力甚多，但此抗戰期間人力缺乏之際，並為改善農民生活起見，亟應提倡利用簡便中耕器，以增效率。三十二年曾做造兩種水田中耕器各三十具，分發宜山、柳城、臨桂推廣，實驗縣試用，結果尚佳。本年仍擬做造推廣，以期達到間接增產之目的。

2. 實施方法及程序

(1)委託桂林君武機廠做製稻田中耕器一千具。

(2)擇定主要產稻縣二十縣，每縣分發五十具，轉發各鄉示範。

(3)各縣應於插秧後派員赴鄉指導農户使用，觀察其效能，並普遍勸導使用。

(4)各縣應將示範結果報核，並列舉優點或缺點，以供改進上之參攷。

3. 實施區域

暫定臨桂、柳城、宜山、貴縣、桂平、邕寧、蒼梧、玉林、賀縣、興安、全縣、靈川、陽朔、荔浦、平樂、恭城、永福、雒容、榴江、修仁等二十縣為示範區域。

4、預計成果

本年度預計推廣稻田中耕器一千架，連去年推廣六十架共一千零六十架，七架約較用足踩田節省人工十分之五，換言之即每人增加效能一倍。

二、雜糧

甲、玉米

1、過去概況

玉米增產工作自三十年度開始在融縣柳江兩河流以東新墟各級桐場間作，其他各縣利用墾地及隙地多量栽培，至三十一年度栽培面積已達三百九十六萬六千餘畝，增產量約達二十餘萬担，三十二年度繼續此項工作，據桂林市、龍勝等九十一市縣報告共計栽培面積三、七五四、四四六畝，其餘九縣尚待續報，預計能達到預定進度。本年度仍賡續推行。

2、實施方法

(1)提倡利用墾荒地多量栽培。

~~67~~ 11 382

(2)提倡利用村落田園隙地多量栽培。

(3)提倡利用山場開墾地多量栽培。

3、實施區域及面積

全省各縣均從事推行，其中中部東北西北西南各區荒地較多之縣份，應從各縣公墾及人民私墾各方面勸導利用隙地多種，面積暫不規定。

4、實施程序

(1)各縣政府應於春耕開始前，召集鄉鎮長說明增種玉米之重要，並按各鄉荒地多少，公墾私墾有無暨隙地多少，指示其進行方法。

(2)各鄉鎮長應於春耕前召集村街甲長鄉鎮民代表說明增種玉米之重要，並按各村土地概況指示其進行方法，暨得規定各村各户應種面積。

(3)各村街甲長鄉鎮民代表應照鄉鎮長所指示事項，切實勸導民眾種植，並得規定最低數額。

(4)各鄉鎮村街舉行公墾者，應規定比率種植玉米。

(5)各鄉鎮於宣示擴大種植後，應即舉行登記，將各級公墾及民眾原有種植量及增種量登記清楚，彙報省府。

(6)各縣鄉鎮於推行增種以後，應定期派員視察其增種實況及生長情形。

(7)各縣鄉鎮於玉米收穫時，應派員視察其收成狀況，並估計其收量，填表報核。

(8)各縣鄉鎮於各處玉米收穫以後，應繼續為下年擴大之準備。

5、預計成果

平均以每縣增種二千畝計，約可增種二十萬畝，每畝收量以一担計，可增產二十萬担。

乙、甘藷

1、過去概況

甘藷為本省農家普遍栽培之物，三十年度亦經擴充利用荒地種藷三萬五千畝，一季稻跡地三萬畝，花生烟草芝蔴等跡地三萬畝，三十一年全省栽培面積二百八十餘萬畝，三十二年預計增種十三萬畝，增產六十五萬担，成績尚在統計中，

13　382

本年仍繼續推行。

2、實施方法

(1)利用一季稻田跡地擴大栽培，

(2)利用花生芝蔴等跡地擴大栽培，

(3)利用其他空餘荒地擴大栽培，

3、實施區域及面積

1)利用一季稻跡地栽培面積者，指定融縣、百壽、義寧、永福、灌陽、資源、中渡、陽朔、平樂、遷江十縣至少增加二千畝，其餘未指定各縣仍按照情形儘量推行，

2)利用烟草花生芝蔴等跡地栽培者，指定柳江、柳城、雒容、榴江、修仁、宜山、龍津、明江、寧明、上思、上金、憑祥、雷平、左縣、同正、養利、萬承、隆安、崇善、思樂二十縣，每縣至少須增加二千畝，其餘未指定各縣仍按照情形儘量推行，

4、實施程序

1)各縣政府須於秋種開始前召集鄉鎮長說明增種甘藷之重要並指示其實施

方法，並得指定實施區域及面積。

2)各鄉鎮長應於秋種前召集村街甲長鄉鎮民代表說明增種甘薯之重要，並指示其實施方法，並得規定各村各户應種面積。

3)各村街甲長鄉鎮民代表應於鄉鎮長召集開會之後，照鄉鎮長所指示事項，切實勸導民衆栽培，並得規定最低數額。

4)各縣鄉鎮於宣示擴大栽培後，應即舉行登記，將各鄉鎮各村各户原有栽培量及增種登記清楚，分別彙報省府。

(5)各縣鄉鎮於推行增種後，應定期派員視察其增種實況及生長情形。

6)各縣鄉鎮於甘薯收穫時，應派員視察其收成狀況，並估計其收量，填表報核。

7)各縣鄉鎮於甘薯收穫後，應繼續為下年擴大之準備。

5、預計成果

指定縣份三十縣每縣最低限二千畝，共六萬畝，每畝產量以五担計，可增產三〇〇〇〇担，其餘未指定各縣，平均每縣增種一千畝，計共七萬畝，每畝產量五担，可增三五〇、

○○○担，二者合計可增六五○，○○○担。

丙、木薯

1、過去概況

木薯耐乾旱，為本省特產之雜糧作物，除北部及西北各縣少有種植外，其餘各縣栽種頗廣，為開墾荒地時最安全之作物，若能因勢利導，加以推廣，對於糧食增產固有補益，即開墾事業上亦一重要之步驟，故自三十二年起，木薯推廣列為糧食增產工作之一項目，據永福、興業等七十五縣報告，栽培面積共達六七九，八三九畝，較三十一年度七十七縣報告已增加十三萬餘畝，本年仍繼續推廣。

2、實施方法

利用開墾地擴大栽培，

3、實施區域及面積

全省除全縣、興安、龍勝、義寧、靈川、灌陽、資源、桂林、臨桂、宜北、天河、思恩、南丹、河池、宜山、西隆、西林、田西、凌雲、天峨、樂業、鳳山、東蘭、三江等二十四縣外，其餘各

縣均從事推廣，對於各級公營及人民私營方面，勸導種植，增種五萬畝為目的，

2、實施程序

參照玉米實施程序進行。

3、預計成果

指定縣份七十六縣，每縣平均增種六五〇畝，約共增五萬畝，每畝產量以七担計

共增產三十五萬畝。

三、冬作

1、過去概況

本省為提倡栽培冬季作物，增加生產，充實民食及工藝原料起見，自二十七年冬實施增產計劃後，栽培面積年有增加，是年小麥栽培面積比原有增加至二十五萬四千餘畝，油菜、豌豆、蚕豆、泥豆、紅花草等，增加面積約九萬畝，二十八年加以擴大冬作總面積達一百二十萬畝，二十九年復規定各種冬作，應達耕地總面積百分之二十至三十，結果總面積達三百六十萬畝，三十年更積極提倡，所有全省各鄉村均普遍實

~~70~~ 17 382

施，計三十年總面積達七百五十萬畝，三十一年總面積達一千一百萬畝，三十二年預計增種二百萬畝，連前共為一千三百萬畝，本年仍根據過去成案繼續推行。

乙、實施方法

利用冬季或秋冬兩季休閑田地，栽培大小麥、蕎麥、甘藷、馬鈴薯、豌豆、蠶豆、等糧食作物，及苕菜肥田草、紅花草等綠肥作物為主，由農民按地方狀況及習慣，自由選擇栽培，此外油菜、蔬菜及其他有食用價值或工藝用途之一切冬季作物，亦按需要及地方適宜栽培之。

丙、實施區域及數量

全省各縣均一律推行，凡一季稻多之縣份則注重大小麥、蕎麥等之栽培，二季稻多之縣份則特別注重豌豆、蠶豆、馬鈴薯等之栽培，其面積較上年酌予提高，以達到田地總面積百分之四十至六十，其原日未達此標準者，應力圖達到，其已達到或超過者，仍應儘量擴大。

四、實施程序

(1)各縣市應就轄境內可能擴充地區種類面積，擬定縣市實施計劃，並呈省備案。

(2)各縣市於擬具計劃之前，應先查明何區適宜栽培何物，原種者何物數量若干，能增種多少，並召集鄉鎮長開會作一總決定，並即席將各鄉鎮應種數量種類分配清楚，交由各鄉鎮長負責推行。

(3)各鄉鎮長於縣市集會後，應即召集村街甲長及鄉鎮民代表開會，議定各戶應種面積種類，並指示其方法。

(4)各村街甲長及鄉鎮民代表於鄉鎮集會後，應即根據決議案督促民眾實行，並舉行登記報經鄉鎮公所彙呈縣府，再由縣府彙轉省府查核。

(5)各縣鄉村擴大冬作所需種子概以就地自籌為主，其不足者應先就鄰近各縣購之，如鄰近各縣無法採購，再由縣報請省府購發。

(6)各縣市鄉鎮於冬作下種前，應督促各村街民眾開始整地，準備下種。

(7)各縣市鄉鎮於冬作下種時，應派員視察其狀況，並指導其實行。

(8)各縣市鄉鎮於冬作下種後，調查其實種種類數量，並視察其生長情形填表報核。

(9)各縣市鄉鎮於冬作將收穫時，應派員視察成熟情形，並估計產量，填表報核，並指導農民於收穫時注意多留種子，以備作次期栽培之用。

5、預計成果

本省提倡冬作增產，為求切實及普遍推行起見，三十年至三十二年均以達到耕地面積百分之三十至五十為最低標準，迄至上年度各縣市大多數均已達到規定標準，冬作總面積達一千三百萬畝，此係人民對於糧食增產較前認識更深，而政加以政府之督促協助，及食糧之需要，遂樂於擴充冬作。本年栽培數量自應分別酌予提高，以達到耕地總面積百分之四十至六十為標準，由各縣鄉村據實規定督導增種，努力達到標準，並於可能範圍內，指導農民對於冬作適當施用肥料，選擇冬作種類，並注意其栽培方法，預計取得成果最低不難較上年增種百分之二十，本年以增加二百萬畝，則連上年栽培面積共有一千五百萬畝，每畝以平均增產一担計，可增產一千五百萬担。

20

382

四、蟲病害防治

甲、防治稻苞蟲

1、過去概況

本省防治稻苞蟲工作肇始於民國二十七年由省令飭委派員至柳江等十六縣分別製發船梳以為治蟲之標準設備惟能實際遵令購置者僅柳江等九縣共製船梳二三四具是年春季亢旱八九月間該蟲盛發猖獗異常當時報災者達四十五縣之多因乏船梳而未及防治者有三三七〇〇〇畝稻田損失谷量約十三萬担及至民國二十八年鑒於去歲災害之廣乃擴大推廣範圍令飭修仁等四十五縣添置防治工具同時以船梳工之構造雖簡作用兼之亦耗料費又須於田水深及五六寸時始可發揮效能乃准各縣自行酌量改變式樣改稱為梳蟲器是年實際製備梳蟲器者有四十八縣共置二九二六具至

21

八九月稻苞虫发生甚少，为害亦微，故虽准备继续，事实无须
应用。十月间嵩明、沾益、陆良、曲靖等县计划驯养寄生蜂，九年秋虫害发
生尚轻微，于柳城八县发生甚剧，计防治稻田四四〇九八余亩，挽回损
失六成半。是年冬于滇南城后，然能按原计划继续推行。三
十年春本省西北部元谋异常，秋季虫害大发，会计柳、沾等
十县防治四五八六四亩，挽回稻谷损失达三万五千零七十四担。廿
八年稻苞虫发生甚少，除少数县份外，实无须防治，会计全
县等九县，共防治七五九九亩，挽回损失达七九八担。

又、实施方法

利用稻虫最防治三龄以上之幼虫，盖此项稻虫最系白天入土
停，入夜前晚间入夜后特稻，逐日前往稻田，于夜间防治有效
期间约为十日（由三龄至五龄）

子、实施区域

22

~~73~~ 382

全省各縣均須備足梳虫器六千具以資防治總也已備足而有損壞者應修理之如未備足者應補足之其尚未備者應依數制製備之

4、實施程序

1、各縣梳虫器未製備或備而不足者應於四月底以前一律備足其已備而有損壞者亦應於同期修理完好

2、在五六月間各縣政府於鄉鎮長集会時應提示注意防除各鄉鎮長於村街甲長及鄉鎮民代表集会時亦同

3、自六月至九月底止各縣農林技術人員各鄉鎮經濟幹事應隨時隨地觀察有無稻苞虫害發生並負責收取縣鄉同類事件之情報

4、於遇該虫盛發猖獗各縣農林人員應酌量分配梳虫器至發生地方指導防治並將情形報省查核

六、預計成果

如依廿七年發生情況，則全省損失不下四五十萬，如能盡行驅除，則所得成果殊甚可觀，惟各年情形不同，所有撲滅工作亦惟期不致發生意外，故成果暫不計列

乙、防治稻螟虫

1、過去概況

本省水稻逐年受螟害頗鉅，尤以三十年全縣、興安、灌陽、富川、宜山、都安、上林、天保等八縣最為猖獗，以全縣八縣言，受災面積達三八六六五畝，平均損失為百分之四十九，故水稻螟虫之防治實有積極推行之必要

2、實施方法

(1)當三化螟第三四代發生時期，利用政治教育力量發動各地分區域採擷卵塊

(2)水稻收割時應行齊泥割稻使螟虫斃死於茎之內
(3)水稻收割後應行冬犁取締不犁之湖田

3、实施區域

本年治螟區域須視稻螟稀密程度縣方人力財力而定

4、实施程序

(1)元旦節或以前發現有此等災害縣份縣府應於鄉鎮長會議時指示其防治方法
(2)各鄉鎮長於縣府指示後應負責召集村街甲長及鄉鎮民代表依法指示並督飭其指導民眾實行
(3)村街甲長及鄉鎮民代表於鄉鎮長指示後應即依照宣示村民注意並依時督飭指導实行
(4)縣府農林技術人員應利用各級学校發動治螟教育組織治螟團體

25

（六）各縣縣府中螟害發生如何防治工作進行及所得成果如何應隨時呈報省政府並於年終編造總報告呈核 三

七、預計成果

該害發生各縣情況不同成果暫不計列

丙、防治其他稻害

1、過去概況

本省糧食作物害蟲除水稻三化螟稻苞蟲外其他水稻長椿象、角肩椿象、黑尾葉蟬、稻薊馬等過去均爲害甚烈經由省府及所屬機關指導防除爲減少損失起見仍宜繼續進行

2、實施方法

（1）水稻長腳椿象、用布網驅除或火光誘殺之

（2）水稻角肩椿象用鴨啄法驅除之

26

~~75~~ 382

(三)水稻黑尾浮塵子用網兜驅除或滴油驅除之

(四)水稻刺枝虫用鴨啄驅除或用淹遮斷之

五、實施區域

上述各虫發生或不一定或限於某縣或限於某鄉某村或數年一發故實施區域暫不指定惟各縣農林人員對於以上各虫之發生及情報應隨時隨地予以注意俾於害虫發生時動員發生區域內之民衆切實防治

六、實施程序

(一)各縣農林工作人員應隨時注意各鄉村有無此項害虫發生如有即依法舉行驅除並報告省府

(二)各縣政府應隨時詢問各鄉鎮有無此項害虫發生如有即須督飭依法舉行驅除並報告省府

(三)各鄉鎮應隨時視察管內各村街有無此項害虫發生

如有須督飭依法舉行驅除或撲滅者省府

(4)各縣對於境內害虫之發生被害之面積及防治之結果應於事後列表呈省政府核

(5)各縣如遇不明之害虫可將標本寄至廣西農事試驗場或邕農場代為鑑定及善後防治之方法

六、預計成果

各項害虫發生無定，防治成果暫不計列

七、防治秋糧害虫

1、實施方法

(1)玉米鐵甲虫蟲　用箕盛水滴油撈捉掃落成虫於其中或剪除有卵塊或幼虫之葉於火燒之

(2)玉米螟虫　於收穫之後六月以前徹底收拾田間之殘株集而燒燬之或提早播種期於柳州附近避免於五月播種為

28

382

月播種螟害較少而收量較高五月以後播種螟害雖漸減少但因雨量及氣候甚大致收穫豐歉不定

(3)對諸象鼻蟲用輪作防治或於收穫之後將田間之莖葉遺株及一切旋花科植物均集而燒燬之

乙、實施區域

笕施區域須視各地猖獗程度而定由縣斟酌辦理

丙、實施程序

(1)本通令發佈後此項蟲害縣份縣府應於鄉鎮長會議時指示其防治方法各鄉鎮長於村街甲長及鄉鎮民代表集會時亦同

(2)村街甲長及鄉鎮民代表於鄉鎮長指示後即依法負示農民法令各要依時督飭實行

(3)各縣農業技術人員應隨時隨地設法查各鄉村有無此項蟲害

29

害發生如有即依法懇請豁免稅賦省政府

(4)實施防治時應以鄉村全鄉為對象故需全体農民參加合作否則難期有效

4 預計成果

以上各害蟲發生不定防治成果暫不計列

戊、防治蔬菜害蟲

1.過去概況

本省防治蔬菜害蟲始於民國卅二年本省蔬菜類年受害蟲侵蝕損失至鉅其中尤以十字花科菜類豆類茄子瓜類等次蘿菜等害蟲尤重年來城市人口激增菜地大批集中致菜蟲、猖獗經營者多以缺乏藥械缺常識束手無策徒增蔬菜之成本間接影响物價實有繼續擴行之必要

2、實施方法

五

30

38.2

77

(1)用中農砒酸鈣或砒酸鉛防治黃條跳甲大減葉菜害蟲之
不少蟲數

(2)用苦葛種子粉、毛魚藤根粉或茶油乳劑防治黃條跳甲與
菜蚜繁殖甚著與毛魚藤又係由廣西農事試驗場進行繁殖
費另列

(3)用砒酸鈣波爾多液防治金龜子小綠象鼻蟲

(4)用膠箱防治黃條跳甲

三、實施區域

實施區域無論何縣均可進行

四、實施程序

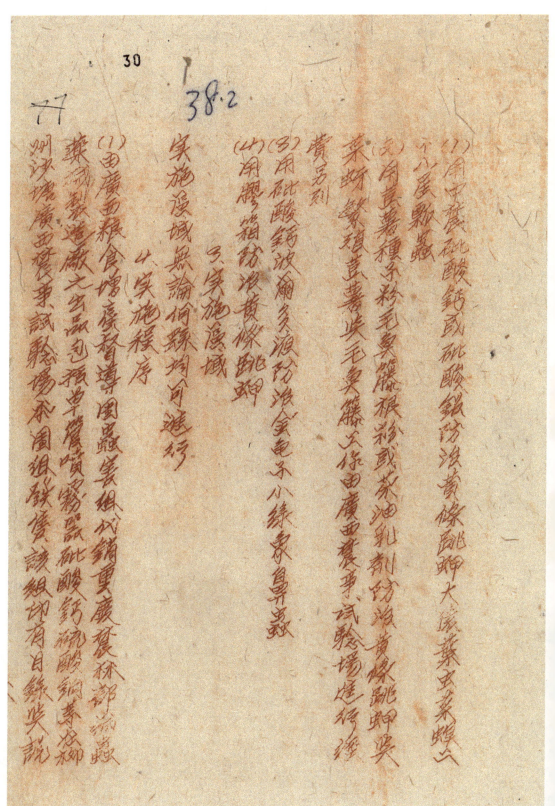

(1)由廣西糧食增產督導團蟲害組代銷重慶農林部病蟲
藥械製造廠之出品包括手搖噴霧器砒酸鈣硫酸銅等存柳
州沙塘廣西農事試驗場承團組發賣該組印有目錄與說

31

明書，以供參閱

(2)其他藥械如蒐集種子與購蟲箱，由廣西農事試驗場俟便

(3)由本團組織巡行防治蝗蟲宣傳工作，包括張貼、報紙刊登消息與廣徵告

(4)編印圖說，以備一般指導之用

(5)各縣之防治蝗蟲指導工作，係由各該縣農業技術人員担任，但視需要而定，城鄉得由本團組織督導員担任

(6)蒐集所需之藥械，均須由各人自己負担費用，但本團或各縣如需進行示範工作而需要藥械時，得由本團或各縣自備款向特鋪約代為購買

(7)各縣如遇有不明之農害或關於治蟲問題，可將標本或問題寄交柳州沙塘廣西農事試驗場或區農場代為鑑定及答復防治之方法

32

七、預計成果

上述各害蟲發生及猖獗程度無定防治成效暫不計列

已防治水稻胡麻葉斑病及小麥散黑穗病

八、實施方法

(1)調查本省水稻胡麻葉斑病及小麥散黑穗病害為程度

(2)推廣抗病品種

(3)推導農民改良育秧法

(4)施用溫湯浸種法防治小麥散黑穗病

九、實施區域

以本省產水稻及小麥各區為限

十、實施程序

三月至四月調查小麥散黑穗病之分佈區域及為害程度五月至六月分發水稻產區觀察各產區水稻胡麻葉斑病程度并

33

督導以切實預防方法八月至九月調查晚稻水稻螟蟲為害分率及施行八處溫湯浸種工作十一月至十二月調查蚜蟲擾小麥之生長情形

六、預期效果

因該病蟲之發生及整個無定故預期防治成果暫不計列

五、防止積穀損耗

1. 過去概況

本省防止積谷損耗於民國二十七年開始倉儲調查及防止損耗示範二十八年訓練積谷技術管理指導人員五十五人頒發防治積谷害虫實施辦法劃定綦江等四十八縣為實施區域並派倉庫害虫專業督導員分赴各縣實地督導是年建修及清潔倉庫凡六三四所積谷之推陳換新者九五

382

79/11

六八三〇、八六六市担，人工處理者九八〇八六〇三、六三市担，藥劑熏蒸者九八〇三七六、〇七市担，共挽回積穀損失八三五〇四、〇九市担。二十九年繼續訓練積穀技術管理指導人員九六十八人，頒發廿九年度糧食保管倉儲實施辦法後，因南寧淪陷影響縮小範圍，遂臨桂等二十七縣為倉儲區域，並於倉庫區域專業督導員，分赴各縣實地督導，並於廿九年籌建修及清潔倉庫九八六四〇所，積穀之損壞損耗者九五七八九三六、六六市担，人工處理者九四四九三九八、八六市担，藥劑熏蒸者五五〇八、〇〇市担，共挽回積穀損失七五六八七、八四市担。三十年又繼續訓練積穀技術管理指導人員九六十五人，頒發三十年度糧食保管倉儲及積穀損耗防止實施辦法及三十年度建築修繕鄉鎮倉廒注意事項，及有關補助費補助辦法，又為配合糧食增產工作起見，劃定第八、二、三、四、五、六、七、八、九等行政區為集糧區域，並派倉

35

庫害蟲等業務督導員分赴各縣實地督導是年度修繕標準 八
鄉鎮倉〩〢〥所建修及清潔倉庫〩〩〨所捕殺鼠類〩
〨〩〣〥頭積谷經撥陳換新者〩〨〧〇〨〤〣、〥〢市担人工覆
理者〩〣〇〤〦〦〦、〡〣市担新谷經入倉檢驗者〩〨〩〣〥〦〩〣
〦市担共挽回積谷損失〧〨〩〩〥、〦〦市担卅八年指導指導建
修倉庫〩〨〇〤〤所積谷經人工覆理者〩〢〦〦〣〣〨〣〤〥市担
積谷經撥陳換新者〩〨〇〦〧〇、〨〣市担捕殺鼠類〥〧〥〨〣頭
新谷入倉檢驗者〩〢〢〨〦〥、〇〥市担積谷經藥末防治者〩〨
〦〩〤、〨〇市担三十八年至係與三十八年仿照特別法重者要適去
建修之倉庫實施藥末防治及撥廣新式通鼠及落藥捕鼠器
與捕殺鼠類等項目

又、實施方法

依照省頒卅八年度防止儲糧害蟲鼠耗實施辦法與省府

農管處刊印之「儲糧損耗防止方法」摘錄

(1)建修各級倉庫

各縣市今後不論建築新倉及修葺舊倉務須根據防熱防濕防鼠通風密閉等主要條件並參酌六十八年省頒標準整倉圖說合理建修

(2)倉儲合法管理

如倉庫之整潔內窗之啟閉新谷之檢定乾燥劑及通氣竹簍之使用等均須切實合法執行

(3)推陳換新

積谷及時推陳換新減少蟲害為害之機會

(4)藥劑燻蒸

積谷內若有虫發生得於倉庫構造具有密閉條件實施人工處理

37

（5）人工處理

未經堆陳積新或藥劑燻蒸之積谷須一律全部徹底實施人工處理

（6）粉末防治

凡充分乾燥純潔之新谷及已經燻蒸或人工處理之陳穀一律使用草木灰石灰或以上二種混合粉末防激止害虫之發生蕃殖

（7）捕殺鼠類

除倉庫構造必具防鼠設施外並須終年使用捕鼠器及毒餌捕殺鼠類

五、實施區域

全省普遍實施並特別注重第一二三四等四行政區所屬各縣

六、實施程序

九

382

(1)印發各種應用表冊及設置捕鼠器
(2)六月開始貸放保糧同時計劃建修倉庫
(3)五月開始實施藥劑燻蒸及處理殘糧來防治
(4)十月開始新谷入倉檢驗共徵殘糧米
(5)結束各項工作統計彙編彙報

六、預計成果
(1)建修倉庫 1540所
(2)清潔倉庫 1500所
(3)推廣新式捕鼠器 1000架
(4)處理積谷 6000、000市担減免食粮損耗18、0000市担
(5)捕殺鼠類 600、000頭減免食糧損耗10、0000市担

六、肥料增殖
1、過去概況

39

本省自廿七年起即已為肥料增給之推行，其中重要者為冬季綠肥作物之提倡，其種類包括油菜、豌豆、蠶豆、紫花草、肥田草、苜蓿，面積年有增加，此外並提倡夏季綠肥作物之苦羅、猪桂、利豇，大量製造堆肥，各縣施行均經遵照規定，逐年推行，卅八年度復通飭本省西部未慣施用人糞尿之卅餘縣，一律按照規定施用人糞尿，又為增加磷肥供給，與農林部合辦之柳州蒸製骨粉廠及農林西南骨粉廠訂購骨粉推廣，同時指導農民自行製用骨肥，至卅八年各種肥料之自給，較前顯有增加，栽培冬季綠肥已達三、000、000畝，試種紫花草肥田草三五00畝，栽培夏季綠肥七0、000畝，製造堆肥約八、八00、000担，推廣骨粉八、000担，提倡施用人糞尿五四0、000担，惟本省各地需要肥料數量尚大，今後仍當照原定計劃繼續推廣，同時提高貸款，並擬推行肥料之共同購買與實物貸放等，以鼓勵農民購

貫徹施用以期糧食產量之增加

(四)實施方法

1.提倡栽培冬季綠肥作物：凡已栽培一切冬季綠肥作物而尚未普及之區域，倡導農民多種，不作冬閒，利用冬季休閒之耕地栽培之，以增加綠肥之產量

2.試種及推廣冬季豆科綠肥作物：(1)凡尚未栽培冬季豆科綠肥作物之區域，實行試種，以確定那種冬季豆科綠肥作物之地方適應性；(2)在過去試種結果優良之區域，實行推廣，擴大其栽培面積

3.提倡夏季綠肥作物：提倡利用農村附近之各種荒地隙地種植苦蘿、塘荻、利惠等夏季綠肥作物，刈割其莖葉充作肥料

4.提倡堆肥：提倡利用作物之莖稈、莢葉、莢殼及野草、落葉、嫩葉等植物質原料，或垃圾等廢物，與人畜糞尿等混和堆積

41

製造堆肥以增加肥料之生產，凡原料缺乏之區域，自應於冬[illegible]區域開墾荒地，廣種苜蓿，利用冬季綠肥作物以補充原料之不足。

六、提倡施用人糞尿，提倡建造改良廁所，貯蓄人糞尿並施用為肥料。

七、提倡農家自製骨肥，提倡用簡易方法由各農家自製骨肥。

八、推廣骨粉，由骨粉工廠經營出貸以供推廣。

此外尚提倡蓄養糞尿與人畜糞之保量利用及改良家畜糞尿與草木灰之貯藏方法等有關肥料增給之事項，亦可由各縣根據本省農貸辦法與金融機關商洽辦理之，不另設實施辦法。

（三）實施區域及數量

42

382

本年度規定各縣市辦理之事項及最低限度應達到之數量如左

一、推廣栽培冬季綠肥作物，全省各縣市均為實施區域，預計全省可達到三七五〇〇〇畝（比卅六年度增加六五%）

又試種紫雲英、擴廣苕子等豆科綠肥作物，規定臨桂、龍勝、資源、全縣、灌陽、興安、靈川、義寧、永福、陽朔、平樂、賀縣、鍾山、富川、懷集、昭平、蒙山、荔浦、修仁、恭城、蒼梧、岑溪、容縣、藤縣、平南、柳江、融縣、柳城、雒容、桂平、貴縣、來賓、武宣、鬱林、興業、博白、陸川、北流、宜山、忻城、東蘭、南丹、思恩、河池、武鳴、那馬、上林、賓陽、隆山、果德、都安、平治、邕寧、同正、扶南、橫縣、百色、田東、天保、鎮結、龍津等六十八縣為實施縣份，共計試種及擴廣之面積可達七〇〇〇〇畝（較卅六年度增加六〇〇%）

二、種植夏季綠肥作物，規定臨桂、資源、灌陽、興安、義寧、平

43

桑、賀縣、鍾山、富川、信都、蒙山、荔浦、修仁、蒼梧、岑溪、藤縣、容 十三
縣、平南、柳江、融縣、羅城、柳城、三江、雒容、榴江、百壽、桂平、貴縣、
來賓、遷江、象縣、武宣、玉林、興業、博白、陸川、北流、宜山、忻城、東蘭、
河池、思恩、天河、武鳴、那馬、上林、賓陽、果德、都安、平治、邕寧、百
色、扶南、西林、樂業、田東、靖西、天保、向都、鎮結、萬承、龍茗、崇善、
寧明、憑祥、思樂、上金等大小七十七縣，為換施縣份共計栽培面積計
達九〇〇〇畝（較廿六年度增加六〇%）
4、推廣桂肥，規定桂林、臨桂、龍勝、資源、全縣、灌陽、興安、靈川、
義寧、永福、陽朔、平樂、賀縣、鍾山、富川、信都、懷集、昭平、蒙山、荔浦、
修仁、恭城、蒼梧、岑溪、藤縣、容縣、平南、柳江、融縣、羅城、柳城、
三江、雒容、榴江、百壽、中渡、桂平、貴縣、來賓、遷江、象縣、武宣、玉
林、宜山、忻城、東蘭、南丹、宜北、天河、思恩、河池、武鳴、那馬、上林、賓
陽、隆山、果德、都安、平治、邕寧、扶南、上思、永淳、橫縣、綏淥、萬岡、百

色、鳳山、田陽、田西、凌雲、西林、西隆、天峨、樂業、田東、靖西、天保、向都、鎮結、龍津、萬承、龍茗、寧明、養利、恩樂、雷平、上金等二十九縣市共計自製堆肥八、六五0、000担（較卅三年度增加五0%）

3、提倡施用人糞尿，規定雒容、修仁、百壽、靈川、武宣、賓山、柳城、東蘭、天峨、南丹、宜北、天河、思恩、河池、武鳴、邕寧、隆安、同正、扶南、上思、橫縣、綏淥、萬岡、百色、鳳山、田陽、田西、凌雲、西林、西隆、樂業、田東、靖西、天保、向都、鎮結、敬德、鎮邊、龍津、萬承、龍茗、左縣、崇善、寧明、憑祥、養利、恩樂、雷平、上金、明江等五十縣共計施用數目增八、二五0、000担（較卅三年度增加八五0%）

4、提倡農家自製骨肥，規定臨桂、蒼梧、平南、柳城、貴縣、鬱林、興業、博白、陸川、北流、宜山、河池、武鳴、賓陽、邕寧、永淳、橫縣、果德、靖西、天保、鎮結、龍津、雷平、容縣等二十三縣共製造骨肥四、五00担（較卅三年度增加五0%）

丁、推廣骨粉，規定臨桂、全縣、興安、灵川、永福、陽朔、平樂、昭平、柳州、柳城、宜山、河池、融縣、桂平、貴縣、邕寧、永淳、横縣、平南、藤縣、蒼梧、象縣、武宣、來賓、雒容、榴江、中渡、恭城、富川、鍾山、賀縣、荔浦、蒙山、三江、遷江、賓陽、忻城、興業、天保、北流、容縣等四十八縣共計推廣骨粉八〇、〇〇〇担（較廿三年度增加八五%）

（4）實施程序

八、省府須發肥料增給之實施辦法並規定各項業務之實施縣份與其最低限度應達到之數量或標準

又、各縣根據省頒肥料增給實施辦法所規定之標準決定肥料增給實施辦法及預期達到之數量並分配負責指導之人員及經費等項，詳訂該縣之肥料增給計劃填寫於規定格式之糧食增產計劃綱要表內，於廿三年八月底以前呈專員公署初核後轉呈省府複核

46

55 382

三、各縣如有特殊情形預期不能達到省府規定之標準者應另案申述詳細情由呈請核減

四、各縣應於計劃確定後按照各項實施辦法內所規定之步驟派員下鄉負責指導並督促推行之

五、各縣應按照本規定之糧食增產目標表內增種肥料增殖工作之進度情形分呈省府及專員公署備核

六、由省府及專員公署隨時派員分赴各縣之肥料增殖實施狀況實地視察或派查其實際成績與所報是否符合並督促各縣推行之

七、各縣於年底或某種工作完竣後填寫全年成績總報告表分呈省府及專員公署備核

（六）預計成果

八、本年度全省冬季綠肥作物之總栽培面積可達到三八

三五〇、〇〇〇畝（約較去年增加七五〇、〇〇〇畝）施用為肥料後約可增
粮食七五〇、〇〇〇担
又本年度会商試種及推廣冬季豆科綠肥作物預計可
達到七〇、〇〇〇畝，因面積尚大，着重於種子之繁殖，故其增加粮
食之數量不計
又本年度会商種植夏季綠肥作物預計可達到九〇、〇〇〇畝，因
面積尚小，着重於種子之繁殖，故其增加粮食之數量不計
八、預期本年度会商製造堆肥數量可達八六五〇、〇〇〇担，可施
用於八六五、〇〇〇畝，增加粮食八六、五〇〇担
九、預期本年度提倡施用人糞尿八六五〇、〇〇〇担，可施用於八六
五、〇〇〇畝，增加粮食三六八、五〇〇担
十、本年度会商提倡農家自製骨肥四、五〇〇担，可增加粮
食九、〇〇〇担

本年度全省推廣骨粉六〇、〇〇〇担，可增加粮食六〇、〇〇〇担
以上各項合計肥料增給之结果可增加粮食產量約為
（一五四、〇〇〇担）

六、開墾荒地

（1）過去概况

本省辦理墾務歷有年所，墾荒成績年有增加，自抗戰軍興深感粮食之重要，為謀積極墾荒藉增生產計，經督飭本省各市縣從速清理荒地以為督導開墾之依據，三、四年來計清理荒地之縣市已達九十五市縣，所有各類荒地面積合計為六〇、八五〇、三三五、三三二市畝，至於荒地之發放三四年來共為五〇六、六六二、六五市畝，已發放之荒地其督導墾殖事宜，本府復令飭區行政督察專員及各市縣政府分別指定負責人

員按級督導實施以來頗收指臂之效至本省過去所成移民墾殖工作有柳州農林場設試辦區欝林大新墾殖區龍州工兵屯墾區及柳城無憂墾殖區等處合計墾民為四千八百五十丁墾成水旱田地共二萬餘畝又本省人口密度多集中在東南東北各縣故該各縣之農業較其他各縣發達而中部北部及西南西北各縣人烟稀少所有土地多未能地尽其利本年雖擬移民前往實施墾殖以經費無着無法举辦旋以十萬大山位於本省與廣東越南各地邊境為中越天然界線地廣人稀若能開發則墾殖與國防皆有裨益去歲經会同粵省政府呈准行政院撥款組織設立調查隊於去年十一月出發工作自不難在調查中表上述過去情形復定今年墾殖工作於後

又、實施辦法

(1) 繼續督促各縣清理荒地

50

382

67

(2)督促各市縣依照規定推行鄉村各級公營
(3)鼓勵及指導民眾與僑胞請領荒投資開墾
(4)督促鄉鎮私荒及訂定私荒租賃辦法
(5)派員協同指導各級公營及私人團體墾殖

乙、實施區域

本府貢議各縣以一二四五六七各區所屬各縣為主要實施區域，其餘市及各區所屬各縣為次要實施區域

丙、實施程序

(1)督飭各縣清理荒地，各縣應遵照前令限期清理具報
(2)凡主要推行之縣份應設置墾殖指導員一人主辦，次要推行市縣應指定農林輔導員或技佐一人負責
(3)凡首區縣各級機關場所公務人員應就附近環境斟酌情形，極力提倡公墾，每人種以墾地一分（六方丈）為準

(4)各乡镇村街公所应就境内荒地多少办理公垦，乡镇每年公垦地至少以二十亩，村街每年公垦地至少以十亩为准
(5)各级学校员生应依量办理公垦，中等学校每班每年垦殖地以二亩为准，中心学校每班每年垦地以一亩为准
(6)各民众团体（如农会及合作社等）应办理公垦，每一会员或社员垦地每年以一分为准
(7)鼓励民众与侨胞难民从事领荒开垦
(8)颁发私荒招垦办法，并限各私有荒地依期垦殖，否则照章招垦
(9)督饬县须常时派员指导公私荒地勘查请领及垦殖等工作
(10)规定垦殖指导员工作月报表式，着按月填报，每季由县每年由省分别派员出发抽查

七、預計效果

全省各市縣如均以能督導進行公墾四千五百畝、民墾二千五百畝，依計全年可墾殖荒地八萬四千市畝，如以每畝能增產八擔半，依計全年可增產七十一萬四千市擔。

八、農田水利

一、過去概況

本省自民國二十七年起至今已完成大型灌溉工程有宜山洛壽渠、田陽那坡、柳州雒山河、柳城沙河、河池第八期工程、荔浦蒲蘆河、恭城勢江等六處，灌溉面積八十二萬七千餘畝，所用工程費共計七百二十餘萬元。本年度尚有局部放水灌溉者尚有永福、全縣西河及靈川甘棠渡二處，灌溉面積四五五〇〇畝，其他已施工及將施工者尚有九處，灌溉面積二三九八四〇畝，現已測量設計而待施工之大型灌溉工程十大處，灌溉面積約四十萬餘畝，至小型

水利工程本省各縣歷年自行籌款興辦者經統計灌溉總面積共計九八六四五三畝

叁、實施方法

（一）屬於省直接舉辦者　仍依照過去計劃直接派遣人員為查勘測量設計施工及管理等業務之推行此外遴選十縣作水利示範總縣由省府派八組水利測量設計隊八隊將各該縣應興辦或應改善之灌溉工程或排水工程逐一予以測量設計隊交各縣鄉水利促進委員會負責督促實施另組查勘隊八隊協助各縣辦理農田水利查勘事宜並組測量設計隊根據已查勘後認為具有辦理價值之大型灌溉六處約計面積十萬畝依次測量設計

（二）屬於縣鄉村推廣者　除仍照卅三年度之計劃於全省七行政區及九十九縣內分區設水利督導員八人分縣設水利技

54

382

佐或水利指導員一人并於各縣鄉設水利促進委員会其主要工作為(1)督導各縣政府鄉鎮村街公所遵照省府頒佈有関農田水利之政令切實執行(2)調查各鄉村農田水利情况及宣傳水利之重要(3)指導計劃地方需要秋冬或貸款興修有價值之小規模灌溉工程(4)指導各鄉村養護及改善已修完成之小型灌溉工程(5)調解各鄉村水利糾紛事項(6)督導各水文測候所之記載是否確實詳明

丑)實施區域

(子)屬於省直接辦理者　擬測量設計之灌溉區域地点有(1)賀縣新村鄉(2)信都縣賀江兩岸(3)懷集縣通外鄉(4)武鳴縣寺圩鄉(5)全縣宜義鄉繼續建築之灌溉工程有五處為思樂逸渊鄉柳城沆浦第二期工程蒙山百濛江鐵欽及福河永福金鷄河灌溉面積共十四萬九千五百畝於施工之工程有五

55

處為臨桂大溪河右岸工程修築黃桐河田陽磺桑江臨桂濮陽河蒙山六渡河灌溉面積共計八萬六千八百四十畝繼續辦理水利示範縣份為興安全縣雒容柳江宜山河池遷江來賓荔浦恭城十縣

（五）原於鄉村擴廣為全省各縣鄉村均普遍推行凡各縣鄉有應興辦應改善修正之灌溉或防水工程及應改善之用水分配制度均由縣鄉水利促進委員會指導辦理負推動之責

六 實施程序

（六）省直接辦理之工程除大型工程依照已定計劃進行外所選擇擬興辦之十縣水利示範工程則由各縣鄉水利促進委員接受小型水利測量設計隊協助之計劃應督促指導應興辦之灌溉區受益業主組織水利協會負責實施

(五)縣鄉村以廣大依應由該督導員縣水利技佐及縣鄉水利促進委員会為左列事項之督導

(1)築壩引水工程　凡耕種地附近有小溪流可資引水灌溉者應為築壩開渠引水之指導並代計劃其工程

(2)築塘貯水工程　凡耕種地附近有山谷溪或山谷自築塘貯水者應為築壩貯水之指導並代計劃其工程

(3)挖塘貯水工程　凡耕種地附近既無小溪可資引水又無山谷可資蓄水而其土質滲漏力不大可以挖塘貯水者應為挖塘貯水之指導並代計劃其工程

(4)水車抽水或抽水机吸水工程　凡耕種地附近有溪水因工程過大無法築壩開水而水面距離耕地不過高而可用水車或抽水机吸水者應為設置水車或抽水机之指導並代計劃其工程

(5) 防水防沙工程　凡耕種地易受洪水浸淹或其上游山嶺崩壞易受流沙掩埋應為築堤防淤及設閘種樹防沙之指導并為代計劃其工程

(6) 排水工程　凡田地四圍地勢過高或排水處所又過窄以致易受淹浸或長期積水不能耕種者應為疏通積水指導并為代計劃其工程

(7) 改良修理工程　凡已有各項工程因工程不佳易致損壞或地位不宜方法不善以致用水效率不大者應為改良之指導并為代計劃其工程凡已有各項工程有損壞或待修理者應為修理之指導并督促其實行

(8) 改良用水分配　凡各處有用水分配不合理者應按其實際情形按照公允辦法重新調整之如有爭執須負責分說勸再有不從則依法處理之

382

41

（寅）各縣鄉村推廣工作　除前項所示各款外　凡有重大工程為縣人力財力所不能辦或關大地邊界或更涉嫌甚嚴重於為縣技術人員不能解決者應請派專員公署或省政府派員前往協助辦理之

（卯）各區水利督導人員應巡迴督促指導各縣實施並檢查其成績核同報告工程概況

（辰）各縣水利技術人員應不斷視察各區各溪流情形並調查各鄉村有無應興辦或修理之工程隨時指導辦理並擇其比較重要者分期指導實施暨將工作情形紀得成果列表呈報查核

（巳）各縣鄉水利促進委員會應隨時派人停導指導督促實施工作並將辦理情形按送縣府轉呈專員公署省政府查核

（午）各縣政府應按季將縣內水利進行事項做得成果列表

吴報告內容之核

六、預計成果

本年内擬測量設計完竣之工程有賀縣彭圩鄉、信都縣賀江西岸、武鳴縣青圩鄉三處，擬陸續完成之較大工程有恩隆海淵鄉、柳城沙浦第二期工程及大川甘棠江、雒容板榴河、永福金雞河五處，灌溉面積共為八十四萬九千五百畝，擬次示範之縣份水利工程灌溉面積預計達五萬畝，其餘各縣小型灌溉工程預計面積三千萬畝，總計各項大小型工程灌溉面積八十九萬九千五百畝，平均每畝以增收稻谷八擔半計，約可增收七十四萬五千七百五十擔。

九、獸疫防治

人、過去概況

本省獸疫流行無年無之尤以牛瘟流行最烈殘民蕩藏幾遍全省影響耕農業至為重大故自桂省行糧場工作以來對於防治牛瘟工作不遺餘力三十年全年中據報發生牛瘟縣份計有陸川綏淥等六十五縣前後發生共八六八次其中因情報傳遞遲滯交通梗阻或報告稍遲未及防治死亡牛隻共八六八三頭但在防治期間患病牛隻一八四六七頭中經血清注射而獲痊癒者達八六八頭不治死亡者六〇六頭死亡數約佔患病數百分之七四以經菌苗預防注射得免傳染者九五八八頭總共用去血清三六六八三〇〇西西菌苗三六〇七〇〇西西三十八年秋發生牛瘟縣份有龍勝三江流等八十八縣共發生八〇〇次防治前死亡者四六六七頭防治期中患病者七六九頭因注射血清而痊癒者四五〇頭不治死亡者三一九頭死亡數約佔患病數百分之三十八強經菌苗注射而免傳染之牛隻共八〇〇四頭共用血清六〇八九〇〇西西菌苗二八五三五西

西三十二年度截至九月底止，發生縣份有桂平、靖西等二十五縣，先後共發生七八次，未防治前死亡八八〇頭，防治期中患病大九五頭，血清注射三八五頭，不治死亡三八頭，死亡數約佔患病牛數百份之四十四，注射菌苗而免傳染之牛隻五，三六五頭，共用去血清六八八〇三〇西西，菌苗八四五、六五〇西西

五、實施方法

(1)藥液製造　由廣西家畜保育所負責製造抗牛瘟血清六四〇、〇〇〇西西，菌苗六〇、〇〇〇西西

(2)實施防治　平時由各該縣獸疫防治人員下鄉宣傳獸疫防治常識及畜舍清潔衛生，獸疫發生時由廣西家畜保育所供應藥液，由廣西獸疫防治隊派員前往實施防治

(3)倡導農民自動防疫　各該縣獸疫防治人員平時下鄉指導農民組織獸疫防治會，或選定一兩鄉為家畜防疫

62

382

~~93~~

示範鄉以促進農民對於是項防治方法有深刻之認識

(4) 如該縣獸疫情極烈 依照本省各縣市獸疫情報網組織簡章令飭各縣市切實將該縣情報組織健全俾獸疫發生時得以迅速情報

(三)實施區域

全省各縣市普遍施行

(四)實施程序

(1) 廣西省政府應撥款購置獸醫器械藥品與菌苗

(2) 各縣獸疫防治人員應普遍獸疫防治隊在流動各鄉巡導關於獸疫防治之組織及家畜衛生管理之改進並隨時向農民宣傳獸疫防治及畜舍消毒方法

(3) 各鄉(鎮)村(街)公所應經常注意各該鄉(鎮)村(街)內有無牛瘟發生凡集會通話時均應詢問及此

63

(4)各縣鄉村如有牛瘟或疑似之病牛發生，畜主應即報告鄉村公所轉報縣政府派遣獸疫防治人員到場檢驗，如係牛瘟，鄉公所於接獲情報後應即用電話報請縣政府派員攜藥前來防治，同時應即施行隔離消毒等緊急措置。

(5)各縣政府接獲情報後，應即遵照獸疫情報表所列各項分電請廣西獸疫防治隊派員攜藥器前往防治。

(6)凡發生牛瘟區域，除施行注射隔離消毒等措置外，應設法斷絕疫區交通若干時日，以杜蔓延。

(7)平時外來或市上販賣牛隻，應檢查其有無瘟病象徵，如有應即單獨觀察或舉行隔離消毒措置，及報請派員防治。

(8)各縣鄉村應絕對禁止出賣病斃牛肉及皮骨，如違重罰

64

382

(9)各縣獸疫防治人員應按月報告工作及有無牛瘟發生如有發生除依規報請派員防治外并應將發生經過(發生數字)及事後狀况等詳爲報核

六、預期效果

依據過去情形每年瘟斃牛隻不下五千頭本年度預計治療瘟疫牛八〇〇頭預防牛瘟注射牛隻六六八〇頭于本年内防治成果僅以六成計可減少耕牛四六八六頭之死亡每頭價值以國幣三千元計可減少損失一四〇五八〇〇〇元對於耕種關係以每頭負担耕地六十五畝計可保持或增加八八八畝耕地之生產每畝生產穀以六十斤計則可增加生產五三八九〇担

七、農村經濟調查

（1）創辦緣起

本省全省各縣之農村經濟情況，僅於抗戰前稍備有若干資料，抗戰以後，從未作全省普遍之調查，而近數年來因戰爭之影響，農村中變動頗劇，壯丁之徵，人民之流動，田賦之改制，土地之移轉，農產品價格之波動，與農民之生活遭遇，一切皆有劇烈之演變，迥與抗戰以前不同，現在抗戰勝利在望，戰後建設工作應當首先策謀，故為明瞭過去施政成效及農民生活情況以為將來施政之參考，則全省農村經濟之調查殊屬必要

（2）實施方法

利用各級行政機關人員辦理調查，各級人員職務如次：

（1）由省農改處派高級技術人員一人為主任，主持一切事務，并派中級人員四至六人協助之，且隨時雇用統計員五人專

66

382

~~96~~

伍、統計工作省級人員工作分派列各項

1、製訂全省調查方案

2、推動全省調查工作

3、搜集舊有資料估計全省概況

4、督導並視察全省各縣調查工作

5、審核全省調查表

6、整理統計各種資料編製報告

(乙)由縣政府建設科科長主持之縣之調查事務股科全体農林人員協助之縣以下則由各鄉經濟幹事充各村衛長負責其工作如下

1、依據省頒計劃方法切實工作

2、分別搜集各該縣鄉原有農林經濟資料

3、填報省頒各種調查估計表

（四）實施邊疆

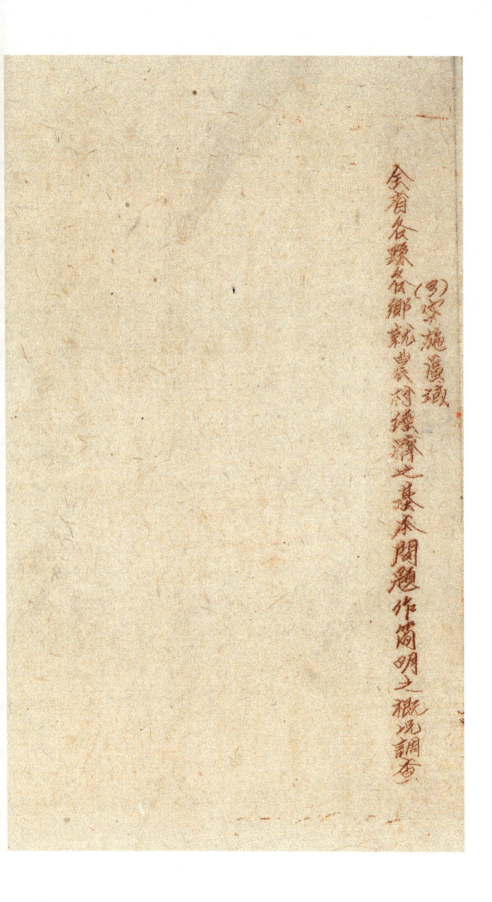

全省各縣各鄉鎮農村經濟之基本問題作簡明之概況調查

67

382

96

廣西省三十三年度糧食增產成果預計總表

	項目	三十二年畝數(減損)	三十三年增加畝數	三十三年增產担數	備考
稻穀	推廣良種	五二六,〇〇〇畝	三〇〇,〇〇〇畝	四八〇,〇〇〇担	
	擴大晚稻栽培	二〇,〇〇〇	二〇,〇〇〇畝	三〇,〇〇〇担	
	推廣再生稻	一六,〇〇〇	一〇,〇〇〇畝	二七,〇〇〇担	
	合計	五六二,〇〇〇	三三〇,〇〇〇畝	五三七,〇〇〇担	
雜糧	玉米	九八二,三〇〇畝	二〇〇,〇〇〇畝	二〇〇,〇〇〇担	
	甘藷	一三〇,〇〇〇	一三〇,〇〇〇畝	六五〇,〇〇〇担	
	木薯	五〇,〇〇〇	五〇,〇〇〇畝	三五〇,〇〇〇担	
	合計	三八〇,〇〇〇	三八〇,〇〇〇畝	一,二〇〇,〇〇〇担	
冬作	小麥	三一〇〇,〇〇〇	五六〇,〇〇〇	三三六,〇〇〇担	
	蕎麥	二六四〇,〇〇〇	四五〇,〇〇〇	二七〇,〇〇〇担	
	甘藷				甘藷十三萬畝歸入雜糧項下
	豆類	二二〇〇,〇〇〇	四二〇,〇〇〇	三一六,〇〇〇担	
	油菜	一四四〇,〇〇〇	一八〇,〇〇〇		
	馬鈴薯	一〇五,〇〇〇	二五,〇〇〇	一二五,〇〇〇担	
	其他	三八〇〇,〇〇〇	六五〇,〇〇〇	三九〇,〇〇〇担	
	合計	一三,一八五,〇〇〇	二,二八五,〇〇〇	一,四二六,〇〇〇担	
虫	防治稻苞虫				暫不列

病害防治	防治螟虫				暫不列
	防治其他害虫				暫不列
	防治小麥及雜糧黑穗病				暫不列
防止積穀損耗	處理積穀	麥種二,000,000担	三00,000担	一五0,000担	另有建修合理標準鄉鎮倉一00鄉
	推廣新式捕鼠器	二,五00架	一,000架		
	實行捕鼠	二0,000頭	二,000,000頭	一0,000	
	合計			一六0,000	
增產肥料	冬季綠肥	三,000,000畝	七五0,000畝	七五0,000	
	冬季荳科綠肥	四五00畝	七,000畝		籽種種子難於添置增加播種面積暫不計
	夏季綠肥	七,000畝	九,000畝		仝右
	製造堆肥	一,二三二,五00担	一,六五0,000担	八二,五00担	
	人糞尿	二四七,五00担	一,二五0,000担	三0二,五00担	
	農家自製骨肥	一,四00担	四五00担	九,000担	
	推廣骨粉	一0,000担	一0,000担	二0,000担	
	合計			一,一七四,000担	
開墾荒地		一六六0,000畝	八四,000畝	一二六,000担	
興辦農田水利		一六六,三00畝	二五二,三四0畝	七四五,二五0担	
防治獸疫				七0,二九0担	
總計				五,四七四,五四0担	

69

382

廣西省三十三年度糧食增產各項工作分配表

項目 \ 區別		直轄十二市									
項目 \ 縣別		1 桂林市	2 臨桂	3 龍勝	4 資源	5 全縣	6 灌陽	7 興安	8 靈川	9 義寧	10 永福
推廣良種	良種推廣		*								
	良種試種		[illegible]					*			
	良種繁殖										
	雙季稻、[illegible]及擴大試驗栽培		*					*			
	推廣陸稻										
	推廣稻田中耕器		*			*		*	*		*
雜糧增產	玉米增產	*	*	*	*	*	*	*	*	*	*
	甘薯增產				*		*			*	*
	木薯增產									*	*
提倡栽培冬季作物		*	*	*	*	*	*	*	*	*	*
防治病害	防治稻苞虫	*	*	*	*	*	*	*	*	*	*
	防治水稻螟虫	*	*	*	*	*	*	*	*	*	*
	防治小麥黑穗病		*			*		*	*		
防止積谷損耗		*	*	*	*	*	*	*	*	*	*
肥料增給	提倡栽培冬季綠肥作物(畝)	*	*	*	*	*	*	*	*	*	*
	試種推廣冬季豆科綠肥作物(畝)		*	*	*	*	*	*	*	*	*
	提倡栽培夏季綠肥作物(畝)		*		*		*	*		*	
	提倡製造堆肥(担)	*	*	*	*	*	*	*	*	*	*
	提倡施用人糞尿(担)										
	提倡農家自製骨肥(担)		*								
	推廣骨粉(担)		*			*		*	*		*
墾殖荒地		*	*	*	*	*	*	*	*	*	*
農田水利	施工		*						*		*
	測量設計					*					
獸疫	防治	*	*	*	*	*	*	*	*	*	*
農業經濟	農情報告	*	*	*	*	*	*	*	*	*	*
	農產品市場調查	*				*					

11 陽朔	12 百壽	13 平樂	14 賀縣	15 鍾山	16 富川	17 信都	18 懷集	19 昭平	20 蒙山	21 荔浦	22 修仁	23 恭城	24 柳江	25 融縣	26 羅城	27 柳城	28 三江	29 雒容	30 榴江
縣		第					一				區		第						
*		*	*						*	*	*		*			*		*	
*		*	*						*	*	*		*			*			
																*			
*																		⊛	
			*			*			*		*		*			*		*	
*		*	*							*	*	*				*		*	*
*	*	*	*	*	*	*	*	*	*	*	*	*	*	*	*	*	*	*	*
*	*										*		*	*	*	*		*	*
*	*	*	*	*	*	*	*	*	*	*	*	*	*	*	*	*		*	*
*	*	*	*	*	*	*	*	*	*	*	*	*	*	*	*	*	*	*	*
*	*	*	*	*	*	*	*	*	*	*	*	*	*	*	*	*	*	*	*
*	*	*	*	*	*	*	*	*	*	*	*	*	*	*	*	*	*	*	*
													*						
*	*	*	*	*	*	*	*	*	*	*	*	*	*	*	*	*	*	*	*
*	*	*	*	*	*	*	*	*	*	*	*	*	*	*	*	*	*	*	*
*		*	*	*	*		*	*	*	*	*	*	*	*	*	*		*	
	*	*	*	*	*	*			*	*	*		*	*	*	*	*	*	*
*	*	*	*	*	*	*	*	*	*	*	*	*	*	*	*	*	*	*	*
											*							*	
																*			
*		*	*	*	*			*	*	*		*	*	*		*	*	*	*
*	*	*	*	*	*	*	*	*	*	*	*	*	*	*	*	*	*	*	*
									*		*					*		*	
			*			*	*												
*	*	*	*	*	*	*	*	*	*	*	*	*	*	*	*	*	*	*	*
*	*	*	*	*	*	*	*	*	*	*	*	*	*	*	*	*	*	*	*
		*	*				*		*	*			*	*					

71

382

三　　　第　　　区　　　二

50	49	48	47	46	45	44	43	42	41	40	39	38	37	36	35	34	33	32	31
玉林	贵县	桂平	武宣	平南	容县	藤县	岑溪	苍梧	河池	思恩	天河	宜北	南丹	忻城	宜山	象县	来宾	迁江	中渡
*	*	*	*	*	*	*	*	*							*	*	*	*	*
*	*	*	*		*										*	*	*	*	
*	*	*						*							*				
			*						*						*	*	*	*	
*	*	*						*							*				
*	*	*	*	*	*	*	*	*	*	*	*	*	*	*	*	*	*	*	*
															*		*	*	*
*	*	*	*	*	*	*	*	*						*		*	*	*	*
*	*	*	*	*	*	*	*	*	*	*	*	*	*	*	*	*	*	*	*
*	*	*	*	*	*	*	*	*	*	*	*	*	*	*	*	*	*	*	*
*	*	*	*	*	*	*	*	*	*	*	*	*	*	*	*	*	*	*	*
															*				
*	*	*	*	*	*	*	*	*	*	*	*	*	*	*	*	*	*	*	*
*	*	*	*	*	*	*	*	*	*	*	*	*	*	*	*	*	*	*	*
*	*	*	*	*	*	*	*	*	*	*			*	*	*		*		
*	*	*	*	*	*	*	*	*	*	*	*			*	*	*	*	*	L
*	*	*	*	*	*	*	*	*	*	*	*	*	*	*	*	*	*	*	*
			*						*	*	*	*	*	*	*			*	
*				*	*			*	*						*				
*	*	*	*	*	*	*			*					*	*	*	*	*	*
*	*	*	*	*	*	*	*	*	*	*	*	*	*	*	*	*	*	*	*
*	*	*	*	*	*	*	*	*	*	*	*	*	*	*	*	*	*	*	*
*	*	*	*	*	*	*	*	*	*	*	*	*	*	*	*	*	*	*	*
*	*	*				*		*	*						*		*		

第四區																區			
70	69	68	67	66	65	64	63	62	61	60	59	58	57	56	55	54	53	52	51
平治	都安	果德	隆山	賓陽	上林	那馬	武鳴	綏淥	橫縣	永淳	上思	扶南	同正	隆安	邕寧	北流	陸川	博白	興業
				*					*	*					*	*			*
				*					*	*					*				
									*						*				
															*				
*	*	*	*	*	*	*	*	*	*	*	*	*	*	*	*	*	*	*	*
											*		*	*					
*	*	*	*	*	*	*	*	*	*	*	*	*	*	*	*	*	*	*	*
*	*	*	*	*	*	*	*	*	*	*	*	*	*	*	*	*	*	*	*
*	*	*	*	*	*	*	*	*	*	*	*	*	*	*	*	*	*	*	*
*	*	*	*	*	*	*	*	*	*	*	*	*	*	*	*	*	*	*	*
*	*	*	*	*	*	*	*	*	*	*	*	*	*	*	*	*	*	*	*
*	*	*	*	*	*	*	*	*	*	*	*	*	[illegible]	[illegible]	*	*	*	*	*
*	*	*	*	*	*	*	*		*	*			[illegible]	[illegible]	[illegible]	[illegible]	*	*	*
*	*	*		*	*	*	*					*	[illegible]	[illegible]	[illegible]	[illegible]	*	*	*
*	*	*	*	*	*	*	*	*	*	*	*	*	[illegible]	[illegible]	[illegible]	[illegible]			
							*	*	*		*	*	[illegible]	[illegible]	[illegible]	[illegible]			
				*			*		*	*			[illegible]	[illegible]	[illegible]	*	*	*	*
				*					*	*					*	*			*
*	*	*	*	*	*	*	*	*	*	*	*	*	*	*	*	*	*	*	*
							*												
*	*	*	*	*	*	*	*	*	*	*	*	*	*	*	*	*	*	*	*
*	*	*	*	*	*	*	*	*	*	*	*	*	*	*	*	*	*	*	*
				*						*	*				*		*	*	

73

~~74~~ 382

第五區										第六區									
71	72	73	74	75	76	77	78	79	80	81	82	83	84	85	86	87	88	89	90
百色	萬岡	鳳山	東蘭	田西	凌雲	西林	西隆	樂業	天峨	靖西	天保	向都	鎮結	敬德	鎮邊	田東	田陽	龍茗	龍津
																	*		
*	*	*	*	*	*	*	*	*	*	*	*	*	*	*	*	*	*	*	*
																			*
*	*									*	*	*	*	*	*	*	*	*	*
*	*	*	*	*	*	*	*	*	*	*	*	*	*	*	*	*	*	*	*
*	*	*	*	*	*	*	*	*	*	*	*	*	*	*	*	*	*	*	*
*	*	*	*	*	*	*	*	*	*	*	*	*	*	*	*	*	*	*	*
*	*	*	*	*	*	*	*	*	*	*	*	*	*	*	*	*	*	*	*
*	*	*	*	*	*	*	*	*	*	*	*	*	*	*	*	*	*	*	*
*			*								*		*			*			*
*			*			*		*		*	*	*	*			*		*	
*	*		*	*	*	*	*	*	*	*	*	*	*			*	*	*	*
*	*	*	*	*	*	*	*	*	*	*	*	*	*	*	*	*	*	*	*
										*	*		*			*			*
*	*	*	*	*	*	*	*	*	*	*	*	*	*	*	*	*	*	*	*
																	*		
*	*	*	*	*	*	*	*	*	*	*	*	*	*	*	*	*	*	*	*
*	*	*	*	*	*	*	*	*	*	*	*	*	*	*	*	*	*	*	*
*				*				*		*	*					*			*

74

區									文
100	99	98	97	96	95	94	93	92	91
明江	上金	雷平	思樂	養利	憑祥	寧明	崇善	左縣	萬承
				*					
*	*	*	*	*	*	*	*	*	*
*	*	*	*	*	*	*	*	*	*
*	*	*	*	*	*	*	*	*	*
*	*	*	*	*	*	*	*	*	*
*	*	*	*	*	*	*	*	*	*
*	*	*	*	*	*	*	*	*	*
*	*	*	*	*	*	*	*	*	*
*	*	*	*	*	*	*	*	*	*
	*		*		*	*	*		*
	*	*	*	*		*			*
*	*	*	*	*	*	*	*	*	*
		*							
*	*	*	*	*	*	*	*	*	*
			*						
*	*	*	*	*	*	*	*	*	*
*	*	*	*	*	*	*	*	*	*

廣西省三十三年度糧食增產工作按月進度表

月份＼項目	一、良種推廣	增殖 良種
一	(一)繼續重價及辦理願領種良種農戶 (二)統計需要種子數量 (三)統籌分配及運輸種子	決定試種品種
二	(一)運輸及分配種子於推廣區 (二)分發推廣種子	(一)接洽試種地點及特約試種農戶
三	同上月	同上月
四	(一)統計分發推廣種子數量 (二)指導早禾良種栽培	(一)精密試種移植及田間管理 (二)
五	(一)抽查種植早禾良種稻田 (二)指導老禾良種栽培	同上月
六	(一)老禾早禾良種田間調查	(一)試種良種田間觀察及記載 (二)精選試種晚稻播種
七	(一)早禾良種田間及種植檢查並指導農民去雜及留種 (二)早禾良種推廣成績調查 (三)指導晚禾良種栽培 (四)開始收買及收回早禾良種	同上月並報告早禾試種取樣結果
八	(一)繼續收買及收回早禾良種 (二)指導農民選種早禾良種 (三)早禾良種推廣成績調查並報告結果	(一)晚稻精密試種及大規模試種田間觀察及
九	(一)結束[illegible]禾良種收買及收回結果 (二)抽查種植老禾及晚禾良種稻田 (三)老禾晚禾良種田間檢查及指導去雜及留種	(一)晚稻精密試種田間記載及收穫並評定產
十	(一)老禾晚禾良種植檢查 (二)收買及收回老禾及晚禾良種 (三)宣傳指導留種換種及辦理下年願領良種登記	繼續分析試種結果
十一	(一)調查並報告晚禾老禾良種推廣成績 (二)結束並報告收買及收回老禾晚禾良種結果 (三)指導留種換種宣傳辦理下年願領良種登記	[illegible]
十二	(一)指導留種換種及辦理下年願領良種登記	

產	縣糧增產	八產增土	防
試種	玉米 甘藷 木薯	提倡鄉鎮栽培冬季作物	稻
	宣傳登記	鄉鎮舉行複查	
(一)分發試種種子	宣傳登記舉行肥料貸款	縣呈計劃表籌冊	購置或修理械虫器
	宣傳登記肥料貸款及貸款指導	各級會議宣傳登記勸農家自留種子月報	(一)購置或修理械
指導特約試種農戶栽培	登記並督導與調查	鄉鎮報告登記結果	各縣農林技術人員
	登記肥料貸款並督導與調查	縣報告登記結果	同上月
(三)繼續田間觀察及記載(四)大規模試種取樣及秤記產量(五)精密試種晚稻移植	同上月	宣傳指導督促	各縣農林技術人員隨時注意各地有
	督導並調查	宣傳指導督促	同上月
記載(二)分析早禾試種結果	督導並調查	宣傳指導督促	同上月
量(二)晚稻大規模試植田間取樣秤產量(三)繼續分析試種結果	同上月	督促播種	同上月
	整理表格及統計	督促播種	彙編本虫害要及械虫器分配
	彙編報告	督促播種村街開始勸查	
		繼續勸查鄉鎮舉行複查	

77

382

~~104~~

除病虫

螟虫	苞蟲
編印治螟教材及修訂治螟浚說頒佈治螟獎懲規則	
實施縣各派一人至廣西農事試驗場受訓練並編宣傳用品	(一)[illegible]向廣西農事試驗場函索稻苞蟲標本
潑置根物油誘蛾頒剛燈刀剪治螟鼓勵會並至各學校宣傳及召開村街長治螟講習會	宣傳稻苞蟲為害情形及防治方法
完成治螟教育及組織並組織治螟會隊	
點誘蛾燈推測發生盛期發動小規模之採卵	[illegible]由當[illegible]生時以[illegible]報閏各鄉村長如遇本地[illegible]發現[illegible]卸[illegible]配備出[illegible]督保鄉村長[illegible]除之
點誘蛾燈推測發生盛期發動大規模之採卵	
點誘蛾燈推測發生盛期採卵並[illegible]泥割稻	
執行齊泥割稻	
執行齊泥割稻厲行冬耕取締開田彙報結果	情形治蟲及減少損害填
同上方商肯	

78

黑穗病害	防止積穀損耗
	(一)設置捕鼠器械 (二)檢查去年工作成績 (三)調查全省各級倉儲概況
	(一)設置捕鼠器械 (二)準備貸放陳谷事宜 (三)調查全省各級倉儲概況
調查各鄉小麥黑穗病蔓延百分率報告省府	(一)實施捕殺鼠類 (二)結束全省準備貸放陳谷事宜 (三)調查全省各級倉儲概況
同上月	(一)實施捕殺鼠類 (二)結束全省各級倉儲調查工作 (三)開始貸放陳谷 (四)準備修建修倉事宜
準備處理用具如[illegible]布袋[illegible]木桶等	(一)建修標準鄉鎮倉及其他各級倉庫 (二)計劃實施各人工陳谷處理 (三)繼續貸放陳谷 (四)實施捕殺鼠類 (五)準備實施薰蒸事宜並提[illegible] (六)[illegible]草木灰或石灰
同上月	(一)建修標準鄉鎮倉及其他各級倉庫 (二)開始實施人工陳谷處理 (三)結束貸放陳谷事宜 (四)實施捕殺鼠類 (五)繼續實施薰蒸 (六)實施粉末防治害蟲
下鄉宣傳[illegible]及徵[illegible] [illegible]	(一)建修標準鄉鎮倉及其他各級倉庫 (二)繼續實施人工陳谷處理 (三)實施捕殺鼠類 (四)繼續實施薰蒸 (五)繼續實施粉末防治害蟲
同上月	(一)繼續實施人工陳谷處理 (二)繼續實施薰蒸 (三)實施捕殺鼠類 (四)實施粉末防治害蟲 (五)
進行處理工作	(一)繼續實施人工陳谷處理 (二)繼續實施薰蒸 (三)實施捕殺鼠類 (四)實施粉末防治害蟲 (五)計劃新谷入倉檢定事宜
同上月	(一)結束薰蒸工作 (二)繼續實施人工陳谷處理 (三)繼續實施新谷入倉檢定 (四)實施捕殺鼠類 (五)繼續實施粉末防治害蟲
抽查處理各縣種子之發芽生長情形	(一)結束人工陳谷處理 (二)繼續實施新谷入倉 (三)繼續實施粉末防治害蟲 (四)實施捕殺鼠類 (五)[illegible] (六)結束[illegible]
	(一)結束新谷入倉檢定 (二)整理捕殺鼠類工作 (三)結束粉末防治害蟲工作 (四)結束其他一切事宜 (五)編制考成

79

~~16-2~~ 382

肥料增給												
試種與推廣冬季豆科綠肥作物	決定實施村街與預期數量	同上月	縣呈計劃表籌劃種子縣呈月報	籌劃種子月報	購買種子月報	同上月	登記並發種月報	同上月	指導督促撥種播種施肥管理月報	繼續前月工作月報	同上月	同上月
提倡種植夏季綠肥作物	決定實施村街與預期數量	同上月	縣呈計劃表籌劃種子月報	宣傳登記發種指導種植月報	指導督促調查月報	指導督促調查月報	同上月	同上月	同上月	採收種子月報	同上月	採收種子月報年報
提倡製造堆肥	決定實施村街與預期數量	同上月	縣呈計劃表宣傳月報	宣傳示範指導督促勘查月報	指導督促調查月報	同上月	同上月	同上月	同上月	同上月	同上月	同上月年報
提倡施用人糞尿	決定實施村街與預期數量	同上月	縣呈計劃表宣傳月報	宣傳示範指導督促勘查月報	指導督促調查月報	同上月	同上月	同上月	同上月	同上月	同上月	同上月年報
提倡農家自製骨肥	決定實施村街與預期數量	同上月	縣呈計劃表籌劃原料設備月報	宣傳示範指導督促勘查月報	指導督促調查月報	同上月	同上月	同上月	同上月	同上月	同上月	同上月年報
推廣骨粉	決定實施與預期數量	同上月	縣呈計劃表訂購骨粉月報	推廣骨粉指導施用月報	同上月	調查效果月報	同上月	調查效果推廣骨粉月報	推廣骨粉指導施用月報	推廣指導月報	同上月	調查效果月報年報

(二)

開墾荒地	興辦水利
(一)查勘荒地(二)推行公私墾(三)督促民眾墾荒(四)移墾二二五戶墾荒五千畝	(一)繼續辦理鄉城靈川雒容永福等灌溉工程(二)擬辦臨桂修仁田陽蒙山等灌溉工程
同上月	同上月
同上月	同上月
同上月	(一)繼續辦理雒容鄉城灌溉工程(二)繼續擬辦臨桂蒙山修仁灌溉工程
同上月	同上月
同上月	同上月
同上月	同上月
同上月	同上月
同上月	同上月
同上月	(一)辦理雒容石榴河灌溉工程(二)辦理臨桂修仁田陽蒙山灌溉工程
同上月	同上月
同上月	同上月

七

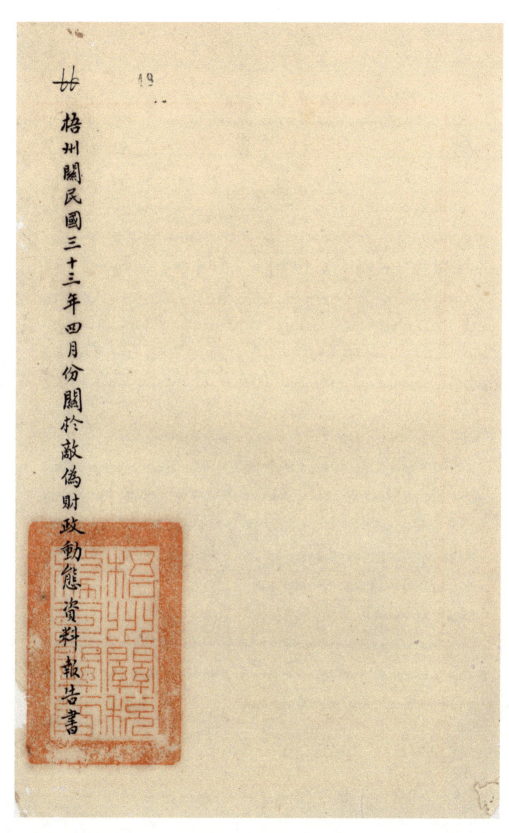

梧州關民國三十三年四月份關於敵偽財政動態資料報告書

梧州關民國三十三年四月份關於稅務財政動態資料彙報告書

一、稅制

1.關於中央及地方稅收之措施者：

據國民政府四月四日修正所得稅暫行條例公布：第六條第三類所得應課之稅為百分之五，第八條第一類甲乙丙項之所得應由納稅義務人於每年結算後二個月內將所得額依規定格式報告於主管徵收機關。第九條第一類乙項之所得應由扣繳所得稅者或自繳所得稅者於結算後十六日內將所得額照規定格式報告於主管徵收機關。第十條第三類之所得應由扣繳所得稅者或自繳所得稅者於付給或結算利息後十五日內將所得額依規定格式報告於主管徵收機關。第十八條不依期報告或為不實之報告者，主管徵收機關得科以一〇〇元以下之罰鍰外，並得勒令暫行停止營業，俟其據實申報後，方准開業。又第十九條：隱匿不報或為虛偽之報告者，除科以一〇〇元之罰鍰外，並得移請法院科以漏稅額二倍以上至五倍以下之罰金，其情節重大者，得科一年以下有期徒刑或拘役。第二十條：納稅義務者或扣繳所得稅者，不依期限繳納稅款，主管徵收機關得勒令暫行停止營業，並得移請法院追繳，併另規定處罰之：(1)欠繳稅額全部或一部逾期一個月者，科以所欠金額20%以下之罰金；(2)欠繳稅額全部或一部逾期二個月者，科以所欠金額60%以下之罰金；(3)欠繳稅額全部或一部逾期三個月者，科以所欠金額一倍以下之罰金。前項勒令停止營業之處分，於納稅義務者繳清稅款及罰金後撤銷之。

2.關於稅率及征收方法者：

邇來本市筵席及娛樂稅，依新稅則三月份報告，市民頗多不明稅制，數人同食每多開清單，以避免飲食超過每人四元之數，但據食客及方均感不便，查稅制原意是以個人為單位，二人並食不滿四元者，亦免稅。該條意旨已由財稅務局揭示。

3、關於征收機構者：

粵海關於四月十六日起開徵糖品税，並於廣州市郊設立分卡於石龍、西村、大北、小北、東沙路、小港、南石頭、三沙頭、黄沙、花地、石圍塘、大沙頭、芳村、白鵝潭、鎮記碼頭、第一碼頭等處，同日起派局之檢查所三十所，即行徵納其應征之三分運物費手續費，亦同時廢除。（錄四月十六日粵海關佈告稿汎報告書）

又粵海關四月十八日通告："查本署現需稽查員若干名，特行公開招考，如有具能確保，粵省人民有年齡在二十歲以上三十五歲以下之男性並合於左列資格之願應考者，仰即取具殷實保證於本月二十九日以前填具履歷書及二寸半身脱帽相片二張，親自前來本署秘書課報名申請登記，俟候知考試可也：一、稽查員須國內外大學畢業或具有同等程度；二、稽查員須中學畢業或具有相當學識；三、數查員中學以上畢業或具有同等學歷也。"云

4、關於徵收數字者。5、關於其他稅制之設施者未詳。

54

六、公債(儲蓄庫券附)

6、其他有關公債設施之資料

偽府自一月二十一日公布「建設公債」條例後(詳二月份報告)擬即藉開拓平湖治理運河之名將大為發行，並巧立名目加徵消費特稅以彌補財庫云。

1、關於發行種類數額日期基金及還本付息辦法，2、關於推銷派募情形，3、關於推銷機關及銷納對象，4、關於對外借款之名稱數額期限及條件，5、關於捐獻種類及數額五項未詳。

三

三、事實（或統銷）

（一）關於專賣（或統銷）物品及其實施辦法者：

偽經濟局四月三日公布核定廣州市火柴配給暫行辦法：（一）本局為適應戰時體制實行按照公價配給火柴於廣州市民。（二）火柴配給數量及公價每月由本局核定公佈之。（三）經本局核定各火柴配給店，須遵照公布領購日期，依限携同火柴配給証明書並店章司理人印鑑到會領出貨，遞單前往指定地點購買。（四）市民每月配領火柴，不得超逾該月期限，逾期不得補領。（五）每月由本局印發火柴配給劵送由廣州市保甲編查委員會層遞轉各區保甲長統領，負責按戶發給市民持票到指定之火柴配給店領購，其給發日期由本局公布之（火柴配給劵格式另定之）。（六）市民配給數量以戶為單位，每戶若干盒按月公布之。（七）各配給店所負責配給之街戶，由本局按各保甲戶口分配指定之，如某店指定負責配給某保某甲某戶。（八）經指定各火柴店負責配給之街戶，由本局於各該店門前通告應配之街戶，以便市民按址到購。（九）配給店應按照公價加入合法利潤百分之十二配給市民，不得額外需索。（十）本局發出火柴均係論盒配給，店不得抽減圖利，亦不得藉詞拒絶持劵市民購用。（十一）如違背九十兩條規定者，一經查明屬實，即將該店火柴全部沒收，並撤銷其配給權。（十二）凡非指定火柴配給商店，而存有火柴十包以上者，限佈告一星期內到局登記，准予隨時來局銷號領証，並運赴未辦配給之各市縣銷售，如不報局登記，一經查獲，除將火柴沒充外，並以囤積居奇罰辦，俟該商號原存火柴銷清後，不得再有蓄積圖利情事，違則從嚴究罰。（十三）港澳輸出入商如由港澳購運火柴輸入本省者，應將嘜頭數量到局報名登記，准予隨時來局銷號，持証運往未辦配給各市縣銷售，如不報局登記，一經查獲，除將火柴沒收充公外，並以囤積居奇罰辦，但港澳火柴運省銷售，仍以本局核准之經營火柴業商店為限，其他商行不准兼營買賣，違則從嚴究罰。（十四）每月十日以前各配給店應將上月收存配給劵繳局核

57

驗運者停止該店下月份配給。十五、本辦法如有未盡事宜，得隨時修改之。十六、本辦法自呈奉准令布之日起施行。

2、關于專賣(或統銷)機構者，3、關於專賣(或統銷)收入數字者，4、關於專賣(或統銷)物品之產銷狀況者，5、關於專賣(或統銷)物品之價格者，6、其他有關專賣(或統銷)設施之資料，五項未詳。

五

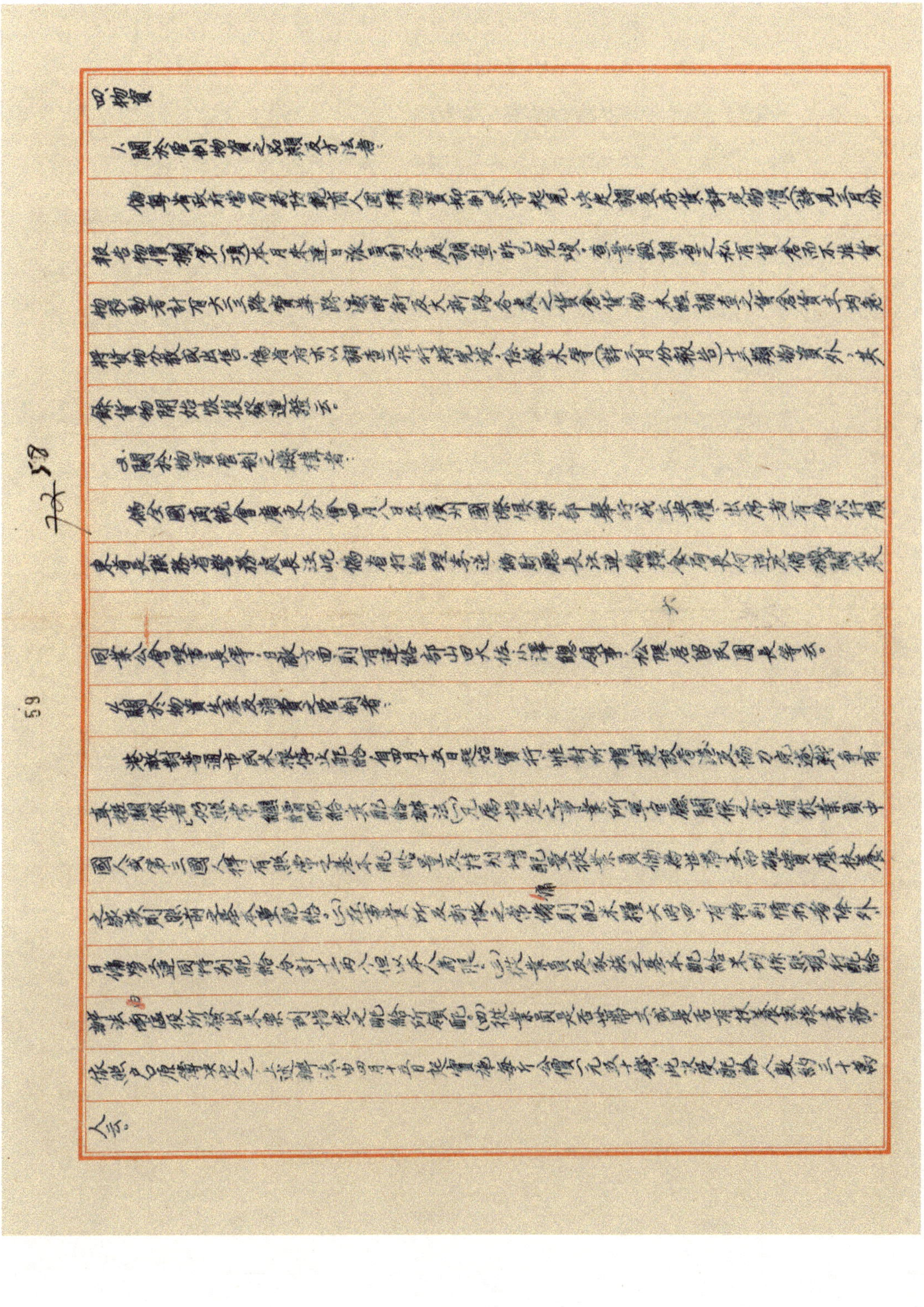

四.物資

1.關於管制物資之出境及办法者：

2.關於物資管制之機構者：

3.關於物資出產及消費之管制者：

人云。

59

5.關於淪陷區與關物資交流之限制或取締者。

據廣東省經濟局所得消息：查近日本軍在香港搜刮物資集港，總為百餘萬元，業經有關當局設法有系統搜購之必要，茲據港方所得情報，日商人現正收購本港油糖米糧，並加緊收購糧米、棉紗、布疋、五金、顏料等物，即已開始調查存貨，以便計算，惟價格則照前例，有償收購，以獲取淪港貨物，以前所搜括而尚未運出之物資，刻已轉運日本，同時並收集物資，運往戰線，除糧食外，其手執行收購外，令行各地，仰各遵照云。

港敵自侵佔香港以來，敵攫當局方面宣布香港現有人口七十萬，擬將該處人口疏散減少，據得敵當局之諮議人口三十萬人，一方面則強迫商人搬運貨物運入內地，並迫使米商運入日本米入口時，應交一半與敵政府，開放取締，各面商家，遂不能搬運，惟近月以來，敵現對糧米限制各地帶物不同，對米商之辦米，已極不景氣，且商人採米物資之搬出，更為困難，此是香港物資之

上

缺，日甚一日，然商人貿易物之搬出則難，未有已逃入內地者高，關於敵對糧米，故港之香港居民，大有生活堪虞，不可終日之概。

3.關於物資收購或掠奪之種類數量及用途等者。6.關於敵偽物資搶運或交換之種類方法及措施者。7.關於敵偽物資流入我方之種類數量及方法者。8.關於敵偽吸收我方物資之種類數量及方法者。9.關於扣發淪陷區人民之財物者。10.其他有關物資設施之事項亦須求詳。

60

23

61

63　　　九　　　62

五、貿易

3.關於賒貨契約或易貨契約之訂定者：

偽粵省經濟局四月上旬公佈第六期對港澳貿易辦法，第一條廣東省經濟局（以下簡稱本局）根據廣東香港間貿易協定及修正廣東香港間輸出入貿易暫行規程訂定本辦法。第二條凡欲經營粵港澳間出入貿易之商號，應向本局申請經核准發給營業牌照後，始得營業，並須加入廣東省對港澳輸出入商同業公會為會員。第三條凡申請經營粵港澳間輸出入貿易之商號，須具備左列各條件（一）本店設在廣東省和平區城內者（二）資本額在國幣三十萬元以上者（三）已領有營業稅調查証者（四）辦理對港澳貿易，有相當經驗及在港澳有聯號者（五）能遵守修正廣東香港間輸出入貿易暫行規程規定者（六）能覓具殷實商店二家盖章擔保及繳納保証金國幣三萬元者。第四條廣東省對港澳輸出入之貿易地點及輸出入商家數分配如下（一）廣州五十家（二）新會

八

江門五家（新美輸出商除外）（三）寶安五家（四）中山五家（以上兩項新美輸出商除外）番禺市橋五家。第五條凡具備第三條各條件之商號均得根據本章向本局領取申請書依表式填妥見具條在於四月八日以前呈候核辦。第六條申請商號得就第四條所列各地點自由選擇一地申請之。第七條本期營業期間照第六期香港貿易協定辦理期滿後成績良好者得申請核准續辦。第八條輸出入商經核准領取營業牌照應繳牌照費國幣一〇〇元。第九條取得輸出入貿易權利之商號不得以其權利自轉讓或賣與他人。第十條凡未領有本局輸出入貿易商營業牌照之商號絕對不得經營對港澳輸出貿易。第十一條本期輸出入額依粵港貿易之協定辦理，上期本月輸出之餘額得撥入本期計算。第十二條各輸出入商號得照其輸出額依照粵港貿易協定在香港購買物資運回，惟須委托指定代辦商代為辦理。第十三條各輸出入商號如在三個月內輸出物資總值不及其原規定限額半數者，即予淘汰。第十四條輸出入商領得營業牌照後欲輸出物資時，應向本局購買申請書

依式填具呈請核准發給許可證後，始得將物資輸出，其無輸出許可證者，概以私運論。依第十五條輸出入商應於每月終將該月份輸出入物資種類數量金額等表列報告於同業公會，由同業公會彙呈本局備核。第十六條：輸出入商停業時，應呈報本局備案，並將原領營業執照繳銷。第十七條：如有違反輸出入貿易暫行規程規定查明有據者，除依章處罰外，並得撤銷其營業執照。第十八條：本辦法自佈告日施行云云。

1.關於進出口貿易之數量品類及國別者。2.關於進出口貿易之關税情形者。3.其他有關對外貿易設施之資料者三項未詳。

64

九

六、金融

1、關於敵偽幣券流通之數量、範圍及信用者：

廣州軍票被敵人陸續收回，市上鮮見行使，但香港軍票仍繼續流通，未見減少，惟以通來價值大跌，市面盛傳敵將發新票，折低舊票，人心不安。

2、關於法幣在淪陷區流通之狀況者：

黃埔曾一度不用中儲券，只用國幣，後為敵人發覺，始乃中止。

3、關於敵偽幣券對法幣之比值者：

香港消息：四月內軍票一元值兌國幣五元半至六元半間云。

4、其他有關金融設施之資料者：

偽財政廳以近來廣州金融混亂，特於四月五日令全市金銀業交易所，即日辦理結束，即銀業經紀炒賣黃金，暗中在外買賣大洋，亦嚴查究云。

十

4、關於偽官辦銀行之現狀及運用者；5、關於商業銀行之管制者；6、關於淪陷區域間匯兑之管制者；7、關於外匯之管制者四項未詳。

七、丝业（注重敌人国策公司经营情形之调查）

八、关于工矿业之种类数量资本及经营状况者：

杭州市小型工业，如茶叶厂、丝织厂、绸纱、织布、纱厂、手巾、袜等业工业，又敌伪转让机器械、华方工业厂家数较去年增加一倍至三倍，平均增加二倍云。

九、关于电讯电话等通讯业之建设及经营情形者：

杭敌为节省电力计，由四月十三日起再度减低商户用电度数，较去年十二月实用电量减低三成或八成（大户最高限用五十度，一至五灯用户每灯用量限一度半），除新装电灯电力概不受理外，机关公用电灯照明、除外灯等，五十瓦以上及四楼以上者停用（一至三盏准用一盏），如不遵照规定用电量即将停止供电（四），即电车行驶亦主要地亦禁止之，以节省电力，藉济实业之大事（一说）。

十、关于农业增产之设施及其效果者：

十八

敌伪华中蚕丝统制中华蚕丝公司，合作经营，去年该公司解散，全部由上海全国丝业事业统制协会接办中国蚕丝公司在上海杭州苏锡等设蚕丝厂五所，据统计江浙两地之丝厂家数及产量：计（一）江苏区上海厂一六〇家，机数一二四〇〇台，苏州四十家，五一〇〇台，无锡六〇家、四八一〇台，总计二六〇家、二二四一〇台；（二）浙江区杭州厂七十二家，机数九一〇台，湖州五十六家，三一〇台，嘉兴一二五家、四八八台，总计二五三家、一六五八台。三年来江浙两省丝厂之生产数：三十年四二〇〇尺，三十一年九七一〇尺，三十二年一六〇〇〇尺。

十一、关于铁路公路及运河等交通运输业之建设及经营情形者；十二、关于土地与房屋之管制情形者；十三、关于敌人支援协助之产业之种类数量及时期者；十四、其他有关产业经济之资料四项未详。

八、物價

1.關於平糶物價之價及進價者：

廣州儲糧委員會自五月十八日起放售之穀，每百市斤，所有糴穀標準出售之穀價，須為正式達日派員監督，數米商人承購，[illegible]入口之糧價，從此一般較為平穩，即停止其他購買，並對罰金。至米商購米一律到市價繳付，無不如期開放之穀數云。

2.關於平糶物價之變遷者：

儲運總局於四月初公布所謂「平糶通告」，規定凡住戶購米五十斤以上者一律登記管制，事實上所謂登記管制者，就是沒收之變相。

3.關於內地各處之價格者：

儲糧局於四月四日起至十日止，發售第六次平價米，每斤備為十四元八角，每戶二斤，限三月

十三

份米證配給。又四月十八日至二十四日發售第三次平價米，每斤備為十二元八角，亦是每戶配給三斤云。

4.關於黑市者：

廣州市近來物價下降，黑市亦隨之轉弱，故各種主要日用品銷路，略告回暢，茲查五金類之銅鐵錫四月份價值比較四月上旬最低五分之二左右，因在調查各貨期內，不許此項物品搬運出入，同時推銷時不能暢銷，不敢購買，客商以市道冷淡，銷路滯塞，黑市價仍有低跌可能云。

5.其他有關物價設施之資料：

儲運總局，雖大量放出存穀，米價曾一度下降，然不久以供求相差仍甚，且人事不良，諸多黑暗，故每戶雖稍准買穀二斤，然須活動費二元至十元，才能及時購得云。

九、敵國財政及經濟

1.關於日本財政經濟之設施者：

日大藏省當局為樹立金融體制，四月十三日帝國銀行與十五銀行、安田銀行與昭和銀行以及第三銀行之合併，業已成立。合併後之新帝國銀行儲蓄總額計為六十四億三千萬元，新安田銀行為五十七億三千萬元，此次整理之目的，在於增強儲蓄之實績云。

2.關於德意等財政經濟之設施者未詳。

十三

79

71

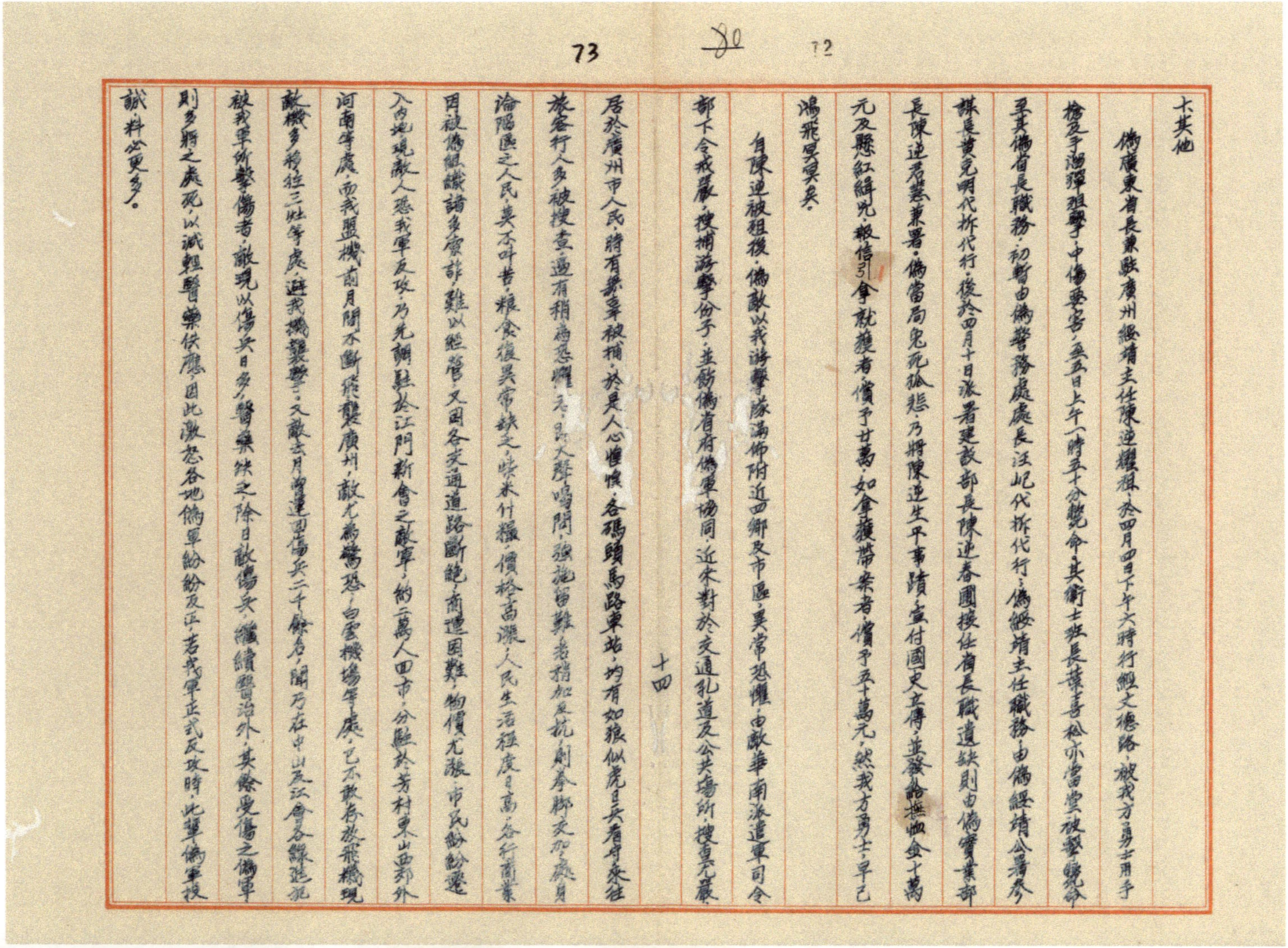

73 ~~80~~ 72

十、其他

偽廣東省長兼駐廣州綏靖主任陳逆耀祖，於四月四日下午六時行經文德路，被我方勇士用手槍及手溜彈狙擊，中偽要害，至五日上午八時五十分斃命，其衛士班長葉壽松亦當堂被擊斃命。至其偽省長職務，初暫由偽警務處處長汪屺代拆代行，偽綏靖主任職務由偽綏靖公署參謀長黃克明代拆代行，後於四月十日派偽建設部長陳逆春圃接任省長職遺缺，則由偽實業部長陳逆君慧兼署。偽當局兔死狐悲，乃將陳逆生平事蹟宣付國史立傳，並發給撫恤金十萬元，及懸紅緝兇，報信引拿就獲者，償予廿萬，如拿獲帶案者，償予五十萬元，然我方勇士早已鴻飛冥冥矣。

自陳逆被狙後，偽敵以我游擊隊滿佈附近四鄉及市區，異常恐懼，由敵華南派遣軍司令部下令戒嚴，搜捕游擊份子，並飭偽省府偽軍協同，近來對於交通孔道及公共場所，搜查尤嚴，

十四

居於廣州市人民，時有無辜被捕，於是人心惶恨，各碼頭馬路車站，均有如狼似虎之兵看守，來往旅客行人多被搜查，遇有稍為恐懼者，即大聲喝問，強施留難，或稍加反抗，則拳腳交加，痛責淪陷區之人民，莫不叫苦，糧食復異常缺乏，柴米什糧，價格高漲，人民生活程度日高，各行商業因被偽組織諸多需詐，難以經營，又因各交通道路斷絕，商運困難，物價尤漲，市民紛紛遷入內地。現敵人恐我軍反攻，乃先調駐於江門新會之敵軍，約二萬人回市，分駐於芳村東山西郊外河南等處，而我盟機前月間不斷飛襲廣州，敵尤為驚恐，白雲機場等處，已不敢存放飛機，現敵機多移往三灶等處，避我機襲擊。又敵去月曾運回傷兵二千餘名，聞乃在中山及江會各線進犯被我軍所擊傷者，敵現以傷兵日多，醫藥缺乏，除日敵傷兵，繼續醫治外，其餘受傷之偽軍則多將之處死，以減輕醫藥供應，因此激怒各地偽軍紛紛反正，若我軍正式反攻時，此輩偽軍投誠，料必更多。

75 74

四月初旬，廣州長堤，敵舉行「擊滅『敵』機展覽會」，並下令強迫人民參觀，第一日門堪羅雀，第二日則擁擠不堪，蓋所陳者乃二月中旬被中美空軍在汕頭上空擊下之日機，不過日敵塗飾而已。

日敵國府進行編修國史，遁來以文部省為中心，自本年四月起由委員二十五人開始編修，以十五年為期，又該案本年預算額為十萬元云。

香港有某商因屋藏貨物，不將其實情形報知當局，為敵發覺，除將貨物充公外，另罰鉅款及被監禁，但又故意放其出外二天，令其籌款，即與機會使其逃走了事，商人因此破產者甚多。

香港華僑，因糧食缺乏，遁來瓊郡口岸，敵僑則多數遷往海南島。

近來新嘉坡，馬來及蘇門答臘，敵方已造船所，因需要大量造船工人，故派員來港招募。大皇傳諭各地物價平又價高，計白[illegible]，魚肉每斤十餘錢，並謂錄用日，即起計薪，薪水每月由一百五十元至二百五十元，可預借一[illegible]，船費亦由所方供給，且可攜眷往住云。

十五

廣州灣敵人勢力逐漸伸入雷州半島，如徐聞等處已入敵手，其目的有二：其一則欲與海南島敵軍聯絡，其二則求機破壞我沿海鹽田，加強其封鎖方法。

四月下旬，敵人派軍在勒流九江一帶，藉口戒嚴，並檢查旅客，任意搜掠，計刦去財物不下百餘萬元。

76

中華民國三十三年六月十四日編造

梧州關稅務司楊明新

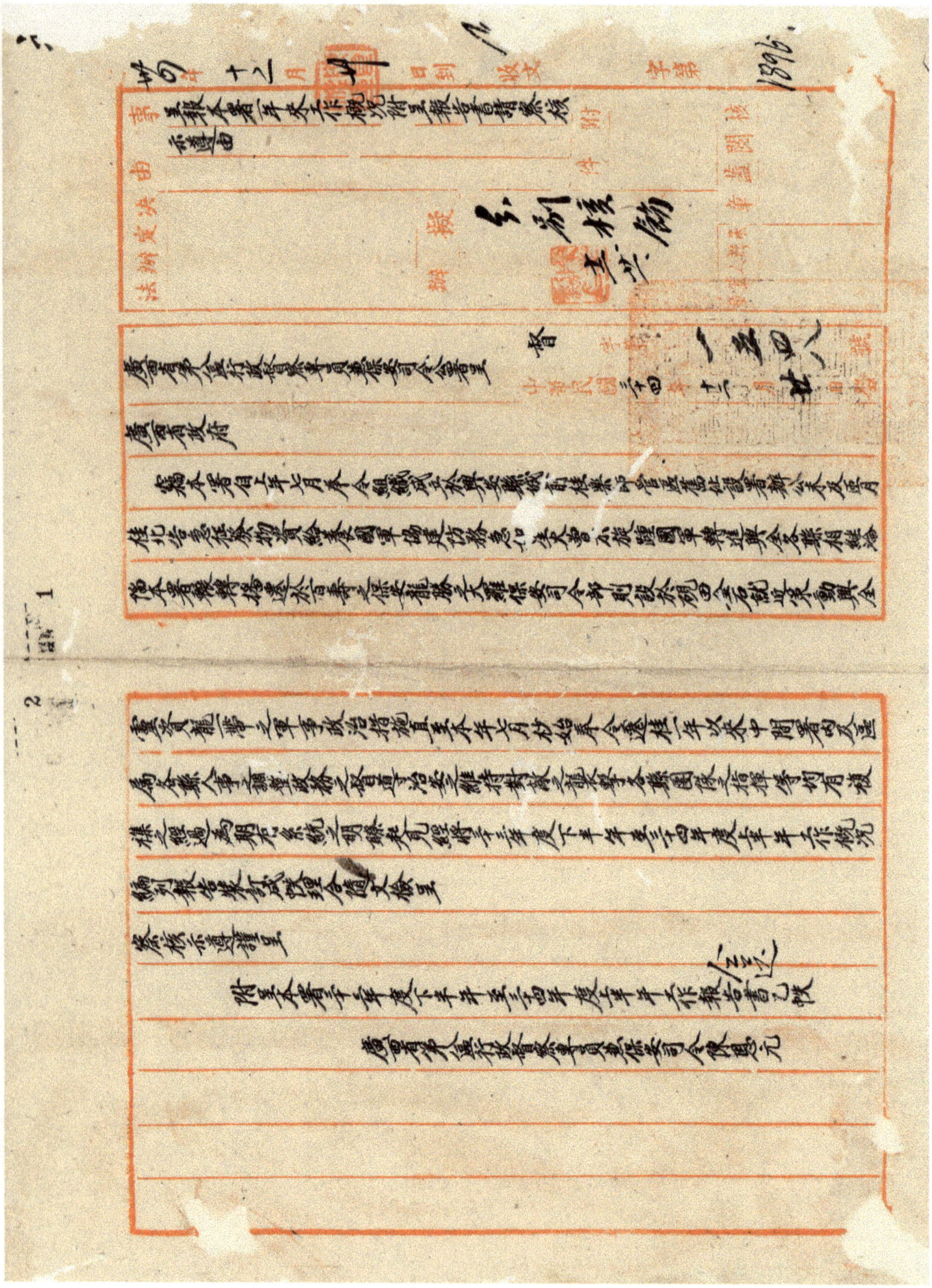

事由：呈報本署一年來工作概况附呈報告書請察核示遵由

卅四年十二月廿一日到 收文 字第1896號

擬辦：分別核飭 十二、廿六

督 字第 號

中華民國三十四年十二月廿 日 一五四八

廣西省第九區行政督察專員兼保安司令公署呈

廣西省政府

竊本署自上年七月奉令組織成立於興安縣城，前桂林柴師管區舊址設署辦公，未及匝月，桂北告急，征發物資，給養國軍，協建防務，急如星火，嗣因旋踵國軍轉進，興全各縣相繼淪陷，本署暫轉播遷於百壽之保安龍勝之大羅，保安司令部則設於硯田全合就近策動興全靈資龍一帶之軍事政治措施，直至本年七月杪始奉令遷桂。一年以來，中間署內及區屬各縣人事之調整，政務之督導，治安之維持，對敵之襲擊，各縣團隊之指揮等，均有複雜之經過，為期有系統之明瞭起見，經將三十三年度下半年至三十四年度上半年工作概况編列報告，裝訂成帙，理合隨文檢呈

察核示遵。謹呈。

附呈本署三十三年度下半年至三十四年度上半年工作報告書乙帙

廣西省第九區行政督察專員兼保安司令陳恩元

八

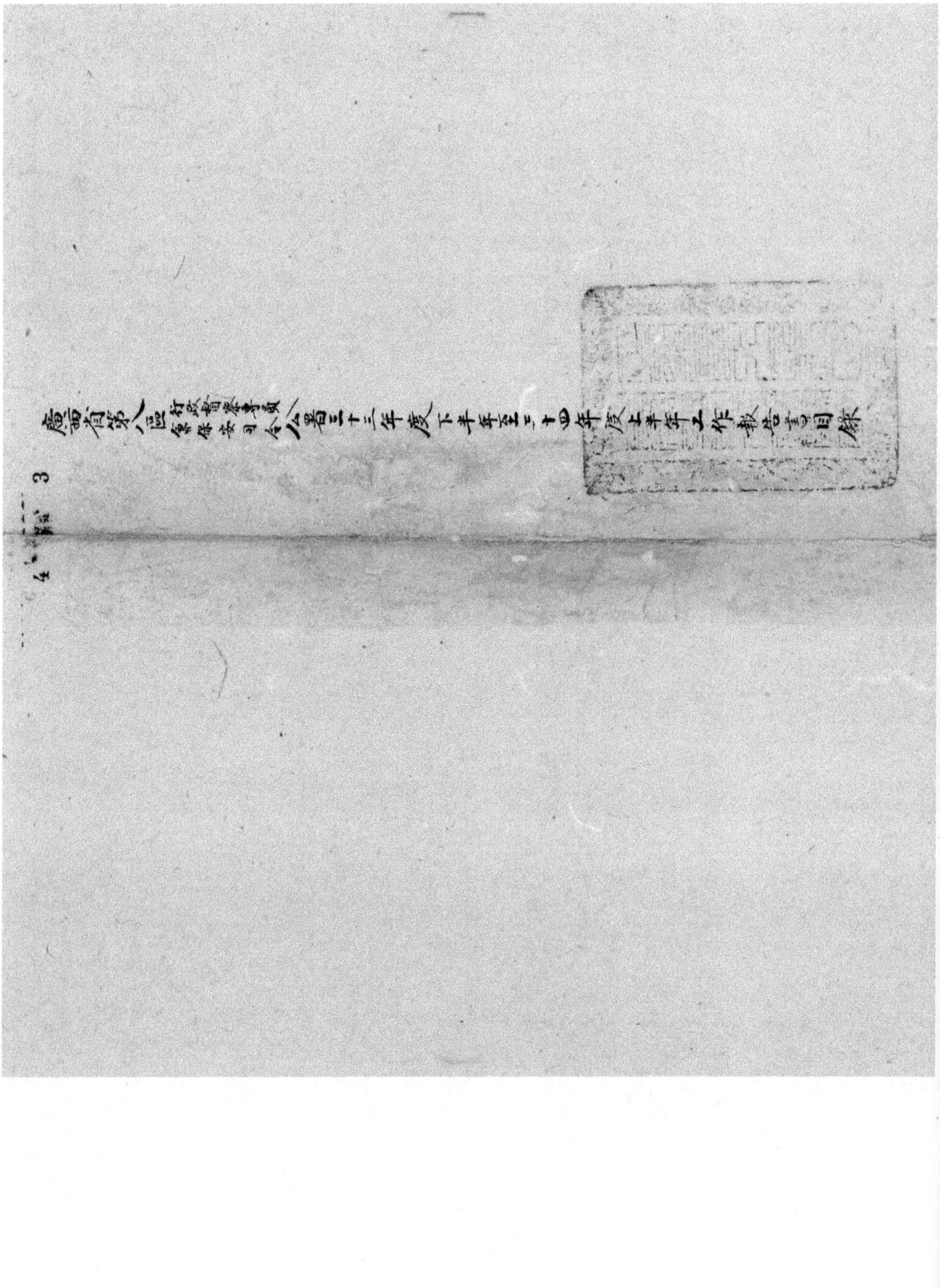

廣西省第八區行政督察專員兼保安司令公署三十三年度下半年至三十四年度上半年工作報告書目錄

6 5

廣西省第八區行政督察專員兼保安司令公署三十三年度下半年至三十四年度上半年工作報告書目録

子、總述

丑、秘書室工作

一、人事動態

二、區屬各縣縣長之調整

三、區屬各縣縣長工作之考核

四、經費之領支

五、公糧之撥發

寅、督導室工作

一、督導計劃之擬訂

甲、計劃之根據

乙、計劃之内容

二、督導計劃之實施

甲、民政方面

乙、財政方面

丙、教育方面

丁、建設方面

戊、糧政方面

卯、保安室工作

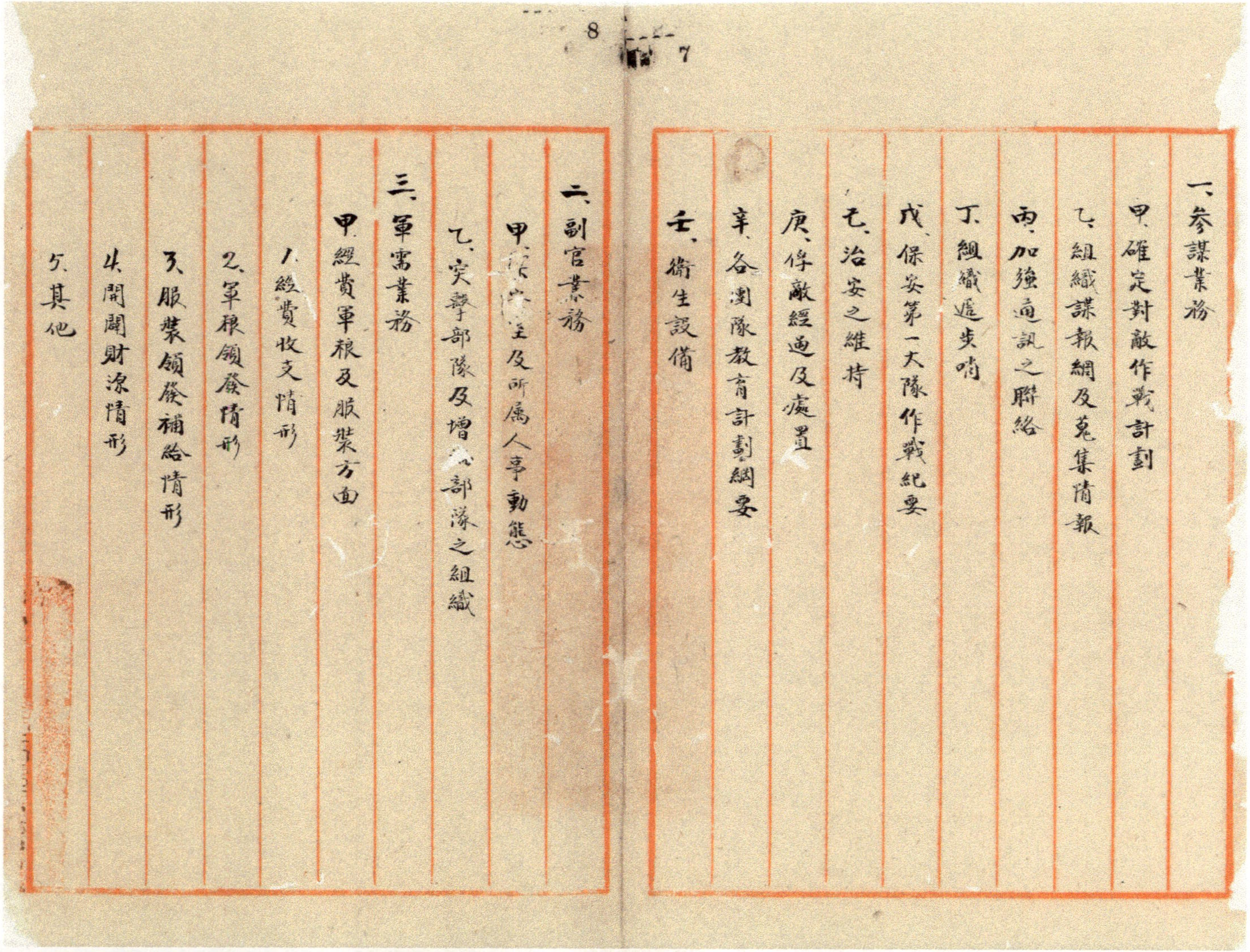

8

7

一、参謀業務

甲、確定對敵作戰計劃

乙、組織諜報網及蒐集情報

丙、加強通訊之聯絡

丁、組織遊步哨

戊、保安第一大隊作戰紀要

己、治安之維持

庚、俘敵經過及處置

辛、各團隊教育計劃綱要

壬、衛生設備

二、副官業務

甲、[illegible][illegible]主及所屬人事動態

乙、突擊部隊及增[illegible]部落之組織

三、軍需業務

甲、經費軍粮及服裝方面

1、經費收支情形

2、軍粮領發情形

3、服裝領發補給情形

4、開闢財源情形

5、其他

乙、械彈領發及損耗方面

1.本署械彈之來源與數量

2.本署所屬各單位械彈之來源情形

3.各直屬部隊械彈損耗情形

4.本署械彈之發出損耗及現存數量

辰、附第八區民團指揮部工作概況

附錄

一、本署現任人員一覽表

二、本署三十三年七月起至三十四年七月止向各縣鄉收領公糧數目表

9

10

三、本署向龍勝大羅鄉領[illegible]、大羅鄉獨立自衛分隊歷月官兵[illegible]糧數目表

四、本署收復淪陷[illegible]份辦理善後暫行辦法暨附表式九種

五、諜報人員服務簡則

六、本署本部及所屬各單[illegible]各級官兵統計表

七、本署額外附員暨直屬一、二中隊官兵人數統計表

八、本署所屬各突擊隊官兵人數統計表

九、第八區民團指揮部組織系統暨主官人員姓名表

十、廣西省第八區民團指揮部直屬部隊官兵人數統計表

十一、第八區民團指揮部所屬各縣自衛隊官兵人數統計表

11

十二各團隊對敵作戰經過紀要報告表

14 13

13 12

子、總述

本署管轄之區域計有全縣興安灌陽資源靈川臨桂陽朔永福義寧龍勝百壽等十一縣緣桂林區民團指揮部乃係本署之前身二十八年始改為第一區行政督察專員兼保安司令部二十九年桂林設市仍隸屬於第一專署共十二縣市三十年調整本省行政督察區域將十二個專署裁併為七個前一專署所屬各縣市距省會甚近改歸省府直接指揮監督而將一專裁撤至三十三年六月以湘中戰事吃緊省務會議決定恢復原有區署並改番號為第八區行政督察專員兼保安司令公署本署爰於去年七月十六日奉命成立署址設在興安縣城

本署成立後未及一月衡陽即告失陷逆知本省戰事不能倖免當遵照省府命令擇定興安縣城以東之漠川鄉及興安縣城以西之金石鄉為第一第二根據地並由職及蘇副司令新民分任指揮之責蓋欲對當時九十三軍防守全縣之左右兩翼有所贊助也嗣九十三軍於九月十三日向後轉進敵以數路向恭城灌陽方面進擾蘇副司令復未到職原定東西兩根據地之計劃至此不得不予以改變遂於九月十四日率領本署全體員役官兵轉移西面根據地之金石鄉硯田屯十七日到達俾易與後方取得聯繫且可兼顧湘桂鐵路以西區屬各縣之指揮也距料同年十月四日敵陷資源縣城並由車田浔源窜擾金石鄉屬之兩渡橋後經我保一大隊之迎擊

16 15

14

並設陷阱守敵知我有備旋即退去惟依當時戰況深慮署中非
戰鬥人員及眷屬有碍於前方之作戰乃又決定除保一大隊及戰鬥
人員仍留金石外其餘大部非戰鬥人員暨眷屬於十月十日向百壽
縣之保安鄉轉移十月十八日到達十一月十日敵寇百壽復取道融
縣安江鄉向龍勝縣之大羅鄉移轉十一月十八日到達以本署秘書
秦猷玉負責主持並就近指導百壽永福臨桂義寧陽朔各縣之一
切政務職經則常留守金石指揮與全灌資靈龍等縣之團隊配合國
軍隨時相機襲敵

以上所述乃為本署自成立後一年來輾轉遷移經過之概況中因
區屬各縣全部或大部淪陷敵復沿湘桂及黔桂兩鐵路分進故本

15

署當時之處境幾乎四面楚歌對鐵路以東區屬各縣之地區及後
方層憲之[illegible]一時為之中斷在此艱困情形之下本署祇有自
力更生之旨加強本身及各[illegible]衛力量因此一年來本署之一切措
施乃由於客觀環境之決定係以軍事為重心其他有關民財教建樵
諸大端則擇其重者急者配合軍事之要求加以切實推進其中以財政
一項由於省[illegible]接濟之阻斷有[illegible]幾陷於無米為炊之困境幸本
署全體職員官兵尚能仰體抗戰建國意旨各守崗位忍苦耐勞繼
續奮鬥此可告慰於層憲者也茲謹將本署一年來工作之實施概
況分別列報又因本署業務甚為廣泛特依編制規定分秘書室督導
室及保安室三者之工作加以敘述以清眉目末並附以民團指揮部

之工作報告並已與保安部門有不可分離之密切關係也再各室工作

其困有連續性間有叙及三十四年度七八九三月份者合併陳明

181 17 16

祥

丑、秘書室工作

(一)本署人事動態

本署於去年七月間奉命成立後所有職員除一部遷請綏靖派飭先到職外一面照章陸續呈請委派至同年九月間各室人事漸臻健全計敘薦任級者有秘書卜獻玉助理秘書胡嗣定主任督導員李偉昌督導員王溍唐志豪韓朝清伍忠道田良弼等八員敘委任級者有科員黃清王裕圭陳湖光劉特何其祿李繼昌廖鳳鳴及會計員李長瑩辦事員蔣遠蕉謝紹安蔣全誦劉啓華陸全仁等十三員雇員則有胡永尤清黃華根熊同倫高贊如馬建國等六員此外由省府派來本署服務者有參議陽紹飛粟[illegible]剛二員合計

19
17

查本署原無參議之設
現該署既無參議職名，其薪
津由署開支者相應請
人事室簽請酌予調整以
免影響該署之經費開支
陽參議、栗參議已另有任用
[illegible]
人事室[illegible]
民一科 十二

丑、秘書室工作

(一)本署人事動態

[illegible]月間奉命成立後所有職員除一部遴請綏省遴
[illegible]章陸續呈請委派至同年九月間各室人事漸
[illegible]秘書[illegible]獻玉 助理秘書胡嗣定 主任督導
[illegible]濬 唐志豪 戴朝清 伍忠道 田良弼等八員叙委任
[illegible]湖光 劉特 何其翰 李繼昌 廖鳳鳴及會
[illegible]謝紹安 蔣全誦 劉啓華 陸全仁等十
黄華根 熊同倫 商贊如 馬建國等六員
此外由省府派來本署服務者有參議陽[illegible] 栗[illegible]剛二員合計

已填卡

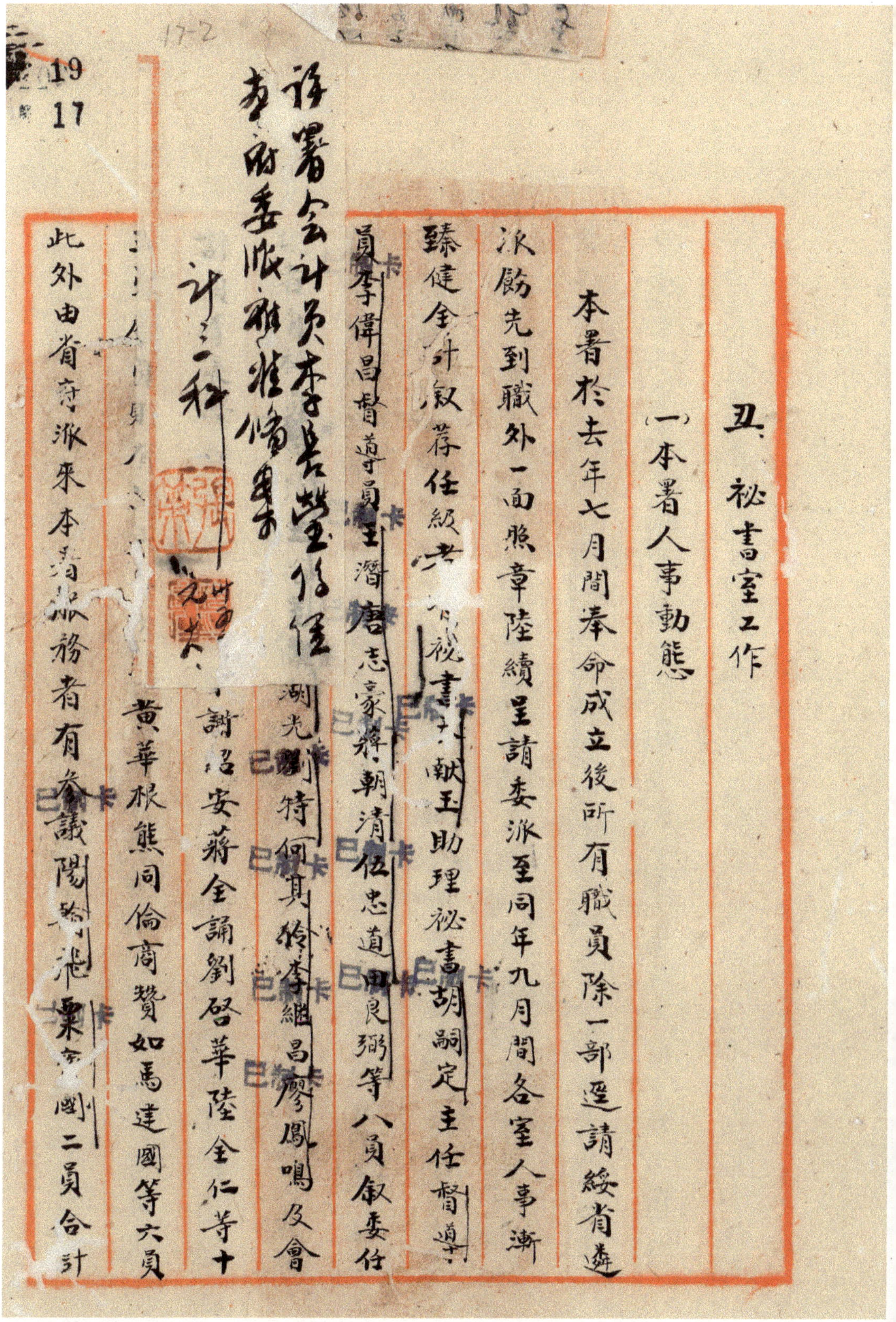

1917

17-2

丑、祕書室工作

(一)本署人事動態

本署於去年七月間奉命成立後所有職員除一部遷請綏省遴派勵先到職外一面照章陸續呈請委派至同年九月間各室人事漸臻健全計敘薦任級者[illegible]祕書[illegible]獻玉助理祕書胡嗣定主任督導員李偉昌督導員王濬唐志豪蔣朝清伍忠道田良弼等八員敘委任[illegible]湖光劉特何其修李繼昌廖鳳鳴及會[illegible]謝紹安蔣全誦劉啓華陸全仁等十[illegible]黃華根熊同倫商贊如馬建國等六員此外由省府派來本署服務者有參議陽[illegible]池粟[illegible]剛二員合計

該署會計員李其瑩係任
李府委派，難准備案
計二科

20

18

二十九員依編制名額確定內計督導員一〇人辦事員二員雇員二員旋因軍事轉變本處由興安縣城疏散中經一年有餘人事不免稍有變動有因不堪勞苦或家事所累而自動辭職者計有督導員唐志豪伍忠道科員陳湖光何其伶其因參加家鄉抗戰工作而離職者有督導員蔣遠清科員劉特辦事員蔣全誦其因工作需要而調職者雇員區達國調任保安部門副官同時因工作上之需要各缺不便久懸故先後呈請委派胡琦易欽吾秦昌岐黃人超等四員為督導員蔣遠治蔣宗海于慶璈三人為科員蔣宗海于慶璈二員不久因事辭職以李昌從李悅勳二人分別頂補其因平日工作努力而晉級者雇員胡永年熊同倫先後提升為辦事員熊

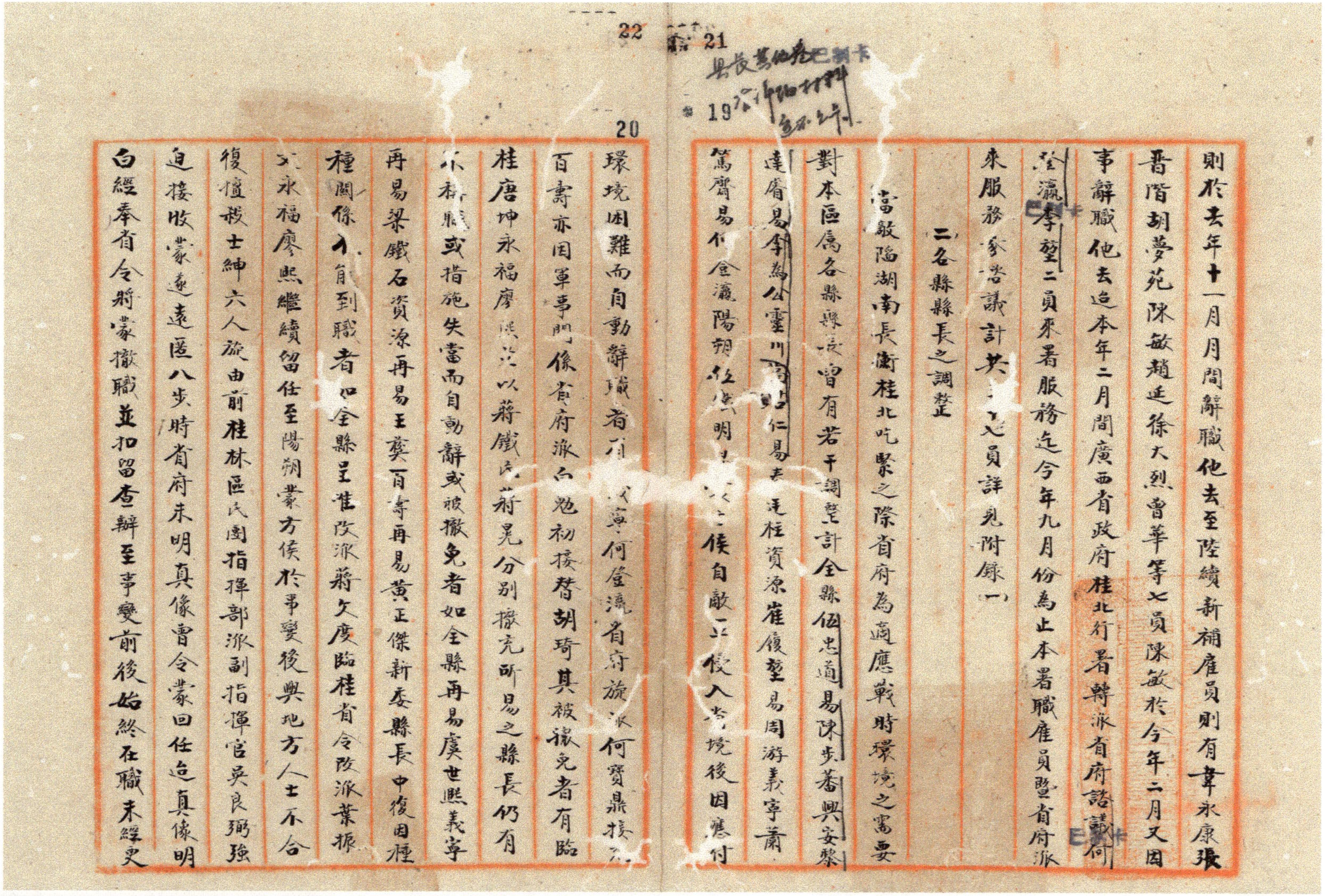

則於去年十一月月間辭職他去至陸續新補雇員則有韋永康張晋階胡夢苑陳敏趙延祿大烈曾華等七員陳敏於今年二月又因事辭職他去迄本年二月間廣西省政府桂北行署辦派省府諮議何登瀛李瑩二員來署服務迄今年九月份為止本署職雇員暨省府派來服務參諮議計共[illegible]之員詳見附錄（一）

二、各縣縣長之調整

當敵陷湖南長衡桂北吃緊之際省府為適應戰時環境之需要對本區屬各縣縣長曾有若干調整計全縣伍忠道易陳步蕃興安黎達庸易李為公靈川[illegible]仁易[illegible]柱資源崔復整易周游義寧蕭篤齋易[illegible]全瀛陽朔[illegible]明[illegible]侯自敵[illegible]侵入[illegible]境後因應付環境困難而自動辭職者有[illegible]何[illegible]瀛省府旋派何寶鼎接[illegible]百壽亦因軍事門係省府派[illegible]初接替胡琦其被撤免者有臨桂唐坤永福廖[illegible]以蔣鐵[illegible]蔣晃分別擔充所易之縣長仍有不稱職或措施失當而自動辭職或被撤免者如全縣再易虞世熙義寧再易梁鐵石資源再易王夔百壽再易黃正傑新委縣長中復因種種關係未能到職者如全縣呈准改派蔣文度臨桂省令改派葉振文永福廖熙繼續留任至陽朔蒙方侯於事變後與地方人士不合復擅殺士紳六人旋由前桂林區民團指揮部派副指揮官吳良弼強迫接收蒙逐遠匿八步時省府未明真像曾令蒙回任迨真像明白經奉省令將蒙撤職並扣留查辦至事變前後始終在職未經更

動者僅灌陽唐資生及龍勝趙家晋二員

三、各縣縣長工作之攷核

本區屬各縣縣長工作之攷核經以本屬午魚秘人電呈前桂北行署轉報在案茲謹將原電補陳如下

1、靈川秦廷柱於敵人壓境時能確實運用民力應征工料擔任九三七九兩軍之補給毫無敢推淪陷後堅守本職激發民氣收集散槍指揮團隊與敵大小戰鬥四十餘次迭有斬獲

2、灌陽唐資生於縣境大部淪陷兩次與所屬同甘苦與地方人士合作掌握各級人員繼續執行政務孤立無援率領自衛隊艱苦抗戰且有斬獲縣境收復辦理善後迅速得當

3、龍勝趙家晋縣境淪陷以[illegible]時三月無偽組織產生能與所屬同甘苦與地方人士合作掌握各級組織政務照常推行破壞道路成績良好惟善後工作稍嫌遲滯

4、全縣前任陳步蕃縣境淪陷時擁槍自衛不按規定籌給粮食民怨兵憤紀律廢弛釀成剽匄令呂植鑫被殺慘案移交未清畏罪潛逃現任蔣文度恢復秩序整編團隊處置有方經常與敵保持接觸斬獲頗多

5、資源前任周游任用私人自衛隊組織鬆懈濫支縣款公粮縱屬貪污殃民敵人經過時僅九天而公有粮款及地方文化經濟建設被其耗蝕摧殘殆盡虧空甚鉅移交未清擅自離去

现任王蔡尚能致力於恢復秩序籌濟軍粮

6、義寧何寶鼎縣境淪陷應付無方團隊叛變地方極度紊乱現任梁鐵石到任後民氣振作叛變團隊全部反正政令得以推行

7、永福廖熙縣境淪陷後地方公款被桂區團提取殆盡因而辭職新任蔣昆又為吳良瑯所阻不能到任惟免職令取銷後尚能掌握自衛隊打擊敵人

8、百壽前任胡崎深得民心事變時移交離職現任白勉初甫到職即被敵迫入中渡者二月致政務不能推行惟民衆仍能自動擊敵奉令撤委新任[illegible]傑尚未到職

9、興安李為公處乱[illegible]定[illegible]挪款[illegible]力用人間有不當靡款收支浮濫不能掌握團丁釀成自衛大隊長唐澤被殺慘案并有貪污瀆職之嫌

10、臨桂前任唐坤縣境淪陷應付無方奉令免職延不移交致政務停頓現任葉振文在該縣南區作戰尚力惟缺乏行政經驗無法推行政令地方秩序紊亂

11、陽朔蒙方侯事變時有貪污瀆職擅殺士紳之嫌黃瑞華派吳良瑯接替後即避居八步迄今未回

四、經費之領支

甲、本署成立時曾領開辦費壹拾伍萬元經即行購辦公物及修

27

25

理署址計共用去壹拾伍萬叁仟肆佰貳拾元不敷叁仟肆佰貳拾元暫向經費中挪用

乙、三十三年度領到七至九月份經常費伍萬貳仟貳佰玖拾元七至十月份臨時費肆萬叁仟柒佰伍拾元當於十月六日清發全署員役七八九月份薪餉及補助費基本數俸薪加成數肆萬貳仟叁佰玖拾伍元零柒分又七八九月辦公購置費共支肆萬壹仟伍佰元尚餘經臨費壹萬貳仟壹佰伍拾捌元叁角移為十月份之用

丙、自三十三年十月以後經費異常困難來源不易當向本署保安部門挪借國幣壹拾叁萬元又十一月份挪借叁拾貳萬元

27

25

理署止計共用去壹拾伍萬叁仟肆佰貳拾元不敷叁仟肆佰貳

份經常費伍萬貳仟貳佰玖拾元七至

柒佰伍拾元當於十月六日清發全

及補助費基本數俸薪加成數肆萬貳

仟叁佰玖拾伍元零柒分又七八九月辦公購置費共支肆萬壹

仟伍佰元尚餘經臨費壹萬貳仟壹佰伍拾捌元叁角移為十

月份之用

丙、自三十三年十月以後經費異常困難來源不易當向本署保

安部門挪借國幣壹拾叁萬元又十一月份挪借叁拾貳萬元

始得維持三十三年十二月份及三十四年一、二兩月辦公費及員役副食之用

丁、三十四年三月份自三江十六集團軍總部雷主任處兑撥經常臨時費及生活補助費基本數俸薪加成數等陸拾萬零壹仟肆佰柒拾元零伍角當即補發三十三年七月份至三十四年三月份員役薪餉及俸薪加成數生活補助基本數貳拾陸萬伍仟玖佰柒拾元零伍角尚剩餘叁拾叁萬伍仟伍佰元暫為維持四五兩月份辦公費及員役伙食之用

戊、三十四年度五月份自三江十六集團軍總部雷主任處兑撥經臨費生活補助費基本數俸薪加成數等共計貳佰叁拾捌萬伍

26

28

始得維持十二月份及三十四年一、二兩月辦公費及員役副食之用

[illegible]

[illegible]三江十六集團軍總部雷主任處兑撥經常[illegible]助費基本數俸薪加成數等陸拾萬零壹[illegible]角當即補發三十三年七月份至三十四年三月份員役薪餉及俸薪加成數生活補助基本數貳拾陸萬伍仟玖佰柒拾元零伍角尚剩餘叁拾叁萬伍仟伍佰元暫為維持四五兩月份辦公費及員役伙食之用

戊、三十四年度五月份自三江十六集團軍總部雷主任處兑撥經臨費生活補助費基本數俸薪加成數等共計貳佰叁拾捌萬伍

什貳佰玖拾五元尚卽歸還本署保安部門肆拾伍萬元並補
發三十三年七月至三十四年七月原發至三十四年六月發為便利
計算起見特發至三十四年七月份員役生活補助費基本數暨
俸薪加成數壹佰叁拾叁萬伍仟零陸拾肆元陸角及核發
六七兩月辦公費肆萬肆仟柒佰零伍元尚剩餘伍拾伍萬叁
仟伍佰貳拾伍元肆角移作八月辦公及職員借支之用
五、公糧之撥發
本署初成立時因尚未奉發領糧證致需向興安縣政府借
用糙米迨八月下旬領糧證已經發下當卽撥回臨時收據自九月
中旬由興安縣撥發劃還前借於所存糧先後撥歸興安百

27

28

龍勝等縣照實撥數等撥計由三十三年七月至九月期間向興安
撥取公糧共一二五五○市斤十月間向靈川縣屬公平鄉撥取
一六七市斤十月至十一月向龍勝大羅鄉撥取一二五○市斤百
壽縣安鄉三二○○市斤十二月至三十四年七月期間先後向龍勝縣
政府及大羅鄉撥取二三二九四市斤後交還大羅鄉公所糙米三
五○○市斤實撥取一九六九四市斤總計由去年七月份起至本年
七月份止先後共撥取公糧四七七六一市斤（見附表二）
除公糧外由三十三年十二月起至三十四年六月止曾向龍勝縣
大羅鄉撥取囚糧九二一市斤又由三十三年十二月份起至三十四年
七月份止向龍勝大羅鄉撥發大羅鄉獨立自衛隊等糧共一

29

一三九六市斤見附錄（三）

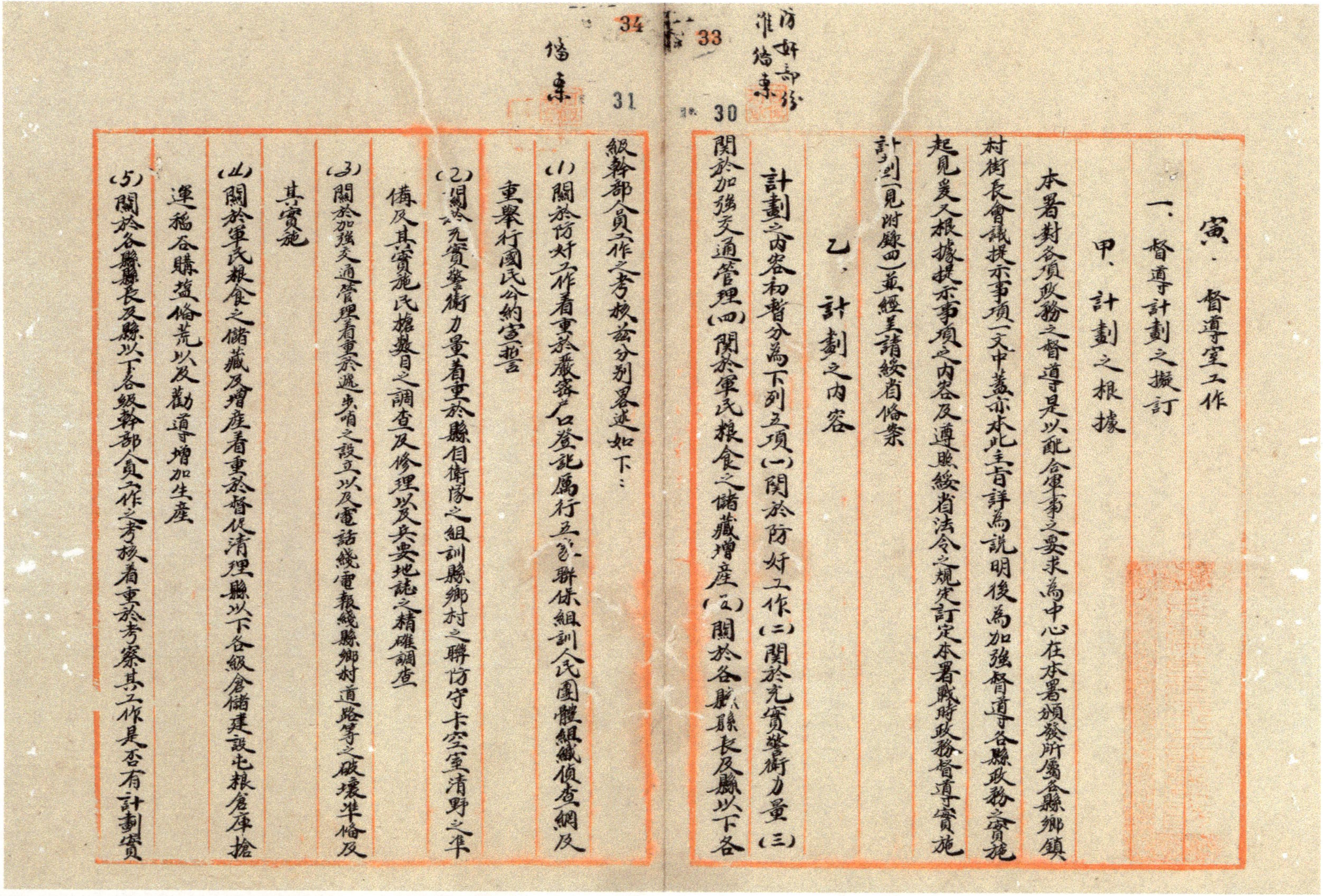

寅、督導室工作

一、督導計劃之擬訂

甲、計劃之根據

本署對各項政務之督導是以配合軍事之要求為中心，在本署頒發所屬各縣鄉鎮村街長會議提示事項一文中蓋亦本此主旨詳為說明，後為加強督導各縣政務之實施起見，爰又根據提示事項之內容及遵照綏省法令之規定，訂定本署戰時政務督導實施計劃（見附錄四）並經呈請綏省備案。

乙、計劃之內容

計劃之內容初暫分為下列五項（一）關於防奸工作（二）關於充實警衛力量（三）關於加強交通管理（四）關於軍民糧食之儲藏增產（五）關於各縣縣長及縣以下各級幹部人員工作之考核，茲分別畧述如下：

（1）關於防奸工作，着重於嚴密戶口登記，厲行五家聯保，組訓人民團體組織偵查網及重舉行國民公約宣誓

（2）關於充實警衛力量，着重於縣自衛隊之組訓，縣鄉村之聯防守卡，空室清野之準備及其實施，民槍數目之調查及修理，以及兵要地誌之精確調查

（3）關於加強交通管理，着重於遞步哨之設立，以及電話綫電報綫縣鄉村道路等之破壞準備及其實施

（4）關於軍民糧食之儲藏及增產，着重於督促清理縣以下各級倉儲，建設屯粮倉庫，搶運稻谷，購盤備荒，以及勸導增加生產

（5）關於各縣縣長及縣以下各級幹部人員工作之考核，着重於考察其工作是否有計劃實

30 31 33 34

行有無成績結果是否生效以及活動為樣等等是否嚴密

此外由於軍事之轉進與環境之變遷如縣以下各級機構之維持與健全經費之籌措以之宣慰軍民合作之推進縣各級學校之督飭遷移復課青年工作人之組訓等等亦因時因地制宜之督積極加以進行

以上所述乃為本署一年來督導工作之重要事項以維持及健全縣以下各級機構行政工作宣慰民眾以及促進軍民合作乃屬於民政範圍籌措經費乃屬於財政範圍縣各級學校之遷移復課社會教育之實施青年之組訓等乃屬於教育之範圍加強交通管理乃屬於建設範圍糧食之搶運藏及增產等乃屬於糧政範圍至凡實際情形如何須另行詳述茲不再贅

32 35

二、督導計劃之實施

33 36

督導計劃既經擬定乃即付諸實施嗣以半年戰事轉進迤東區屬各縣一部或全部淪入敵手同時本署亦因戰事遷移辦公地點數次與縣之聯繫不似平時之靈活對各縣政務之督導不免有鞭長莫及之感所有原定計劃自難完全實現在此情形之下祇有因時因地制宜擇其可行者或應補充者加以推進而已茲為明瞭起見仍依民財教建糧五者之性質分別略述如左

甲．民政方面

民政方面之工作主要者如下

(1)維持與健全縣以下各級行政機構查本區十縣裁於全部或大部淪陷者有灣龍騰三縣淪陷期間較長收復較早外其餘各縣均淪於敵人鐵蹄之下縣以下各級行政機構大多無形解體或形同虛設本署為維繫民心打擊敵人起見自以保持政權

38 37 洽桌

35 34

為首要關於此點在本區未淪陷前本署即遵照省令通飭所屬各縣斟酌本身環境情形組設縣府辦事處迨本區淪陷後各縣縣府辦事處多仍留在淪陷區中繼續推行政令至因淪陷而無形解體之鄉村公所亦督飭各縣盡可能分別恢復並切實加以掌握例如全縣雖告全部淪陷但大部份鄉村公所仍能恢復辦公其他各縣亦多類是至與縣府及縣府辦事處失去聯絡之鄉公所如百壽縣之保安鄉公所本署就近加以直接指揮其在本區内鐵路以東之地區則於本年一月間派督導員秦昌岐馳往專負督導各縣聯絡之責經常處於敵後組織團隊及恢復鄉村行政惟各縣之鄉村公所雖多告恢復但因處在淪陷區中時受敵人之威脅故對於各種政令仍不易完全徹底推行也

(2) 實施防奸工作

防奸工作首重嚴密民衆之組訓使敵偽無可乘之機如嚴密戶口登記厲行五家聯保組織偵查網召開鄉鎮村街長會議重新舉行國民公約宣誓等本署除通飭所屬各縣切實辦理外並於去年八九月間分別派督導員王濬蔣翱清前往興安全縣資源灌陽各縣切實加以督導每到一縣及各鄉村必召集鄉鎮長或村甲長談話詳細指示其對防奸工作及對其他戰時工作應注意之點並重新舉行國民公約宣誓使人人加强其忠黨愛國之觀念至存心受敵利用危害黨國之奸徒如在全縣之于得江等四人則斷然加以逮捕並呈准綏署處以極刑蓋非如此實不足以警兇奸而鎮定當時一般浮蕩慌亂之人心也嗣以軍事轉進過速興全灌資各縣相繼於九月間淪陷故對於進行防奸工作爲之受阻同時本署亦輾轉遷移於興安縣屬金石鄉硯田屯百壽縣屬保安鄉及龍勝縣屬大羅鄉等地辦公此時區屬各縣已先後淪入敵手各縣鄉村行政機構多以名存實亡故各縣所有嚴密民衆組訓之有關防奸工作無形大受阻挫惟本署疏散所在地之附近各鄉

村仍督飭各村鄉長隨時注意防奸並派員分往實地調查杜絕奸偽之滲入活動

(3) 宣慰民眾及促進軍民合作

本署在疏散期間對當地民眾之宣慰並未忽視一方派員對民眾講解有關戰時各種要政之內容使民眾協助政府一方對本署疏散所在地之社會環境及其情況切實調查俾可妥為應付因此在金石鄉硯田屯時曾派參議陽翰飛前往宣慰天佑一三各村屯在百壽保安鄉時曾派督察主任李偉昌科員香柏圭等六員分往宣慰該鄉屬各村屯並調查各村屯之地形及社會情況迨十一月中旬本署由百壽保安鄉遷往龍勝大羅鄉事前先派本署督導員田良弼等前往該鄉宣慰此項工作即本署遷抵該鄉後仍繼續進行以求普遍及深入時值桂林突圍部隊間有經大羅鄉前往瓢里或三江等處紀律欠佳當地民眾早經走避一空本署一面指示並協助大羅鄉公所解決供應過境部隊之困難並嚴禁各部隊強買強賣擅取民物一面派員分向避居山上之民眾勸導其一律回家慰勞或協助軍隊經此一番宣訪勸導工作之後民眾始陸續回家同時過境部隊之紀律亦較本署未遷抵該鄉前為良好軍民間之隔膜至此可謂消除大半至各縣對軍民合作之推進亦有足稱者例如九十三軍防守興安縣屬大小溶江一帶時本署曾督促靈川興安各縣府在該地帶設立臨時市場以便供應各部隊日常用品之需要龍勝縣府則設有軍民合作站並在各交通綫設有分站協助部隊採買一切惜各部隊紀律未盡良好各地民眾雖不辭勞苦盡力協助仍不免受騷擾耳

(4) 厲行禁烟禁賭

自區屬各縣相繼淪陷後少數漢奸及不肖商人乘機運售鴉片敵人亦在灌陽等

41

38

淪陷區鼓勵並強迫種植罌粟同時大開賭禁以致淪陷區中幾於無處不賭賭風既熾[illegible]而蔓延至接近淪陷區之後方地帶本署有鑒及此爰即通飭各縣在我尚能控制之地區內切實嚴行禁絕並於本署所在地大羅鄉勒令該鄉雙江村烟民秦如誠秦有馨等切實戒絕及收繳烟具同時在該鄉屬鷄爪村之荒山野嶺間據報有烟苗發現當即派本署僱員韋永康會同該村村長前往一律剷除惟道高一尺魔高一丈本署雖厲行禁政而區屬各縣烟賭之風仍未能加以完全息滅也

(5) 準備辦理善後工作

自去年五月德國作無條件投降後歐戰已告結束本署預料日寇不久必隨之覆滅根據當時情況日寇必將首先退出本省屆時所有一切善後工作勢必千頭萬緒不易辦理且省府遠在百色重

以交通阻滞倘一一待省府指示而後辦理恐為時過緩本署為使收復淪陷縣份辦理善後有所依據起見爰於本年五月二十六日特製訂區屬收復淪陷縣份辦理善後暫行辦法暨各項調查表共九種（見附錄五）通飭區屬各縣遵照辦理或準備辦理該項辦理及表式前經呈報在案不再贅述

乙 財政方面

(1)自去秋區屬各縣相繼一部或全部淪陷後各縣財源為之銳減甚至斷絕而縣各級工作人員之生活費及縣自衛隊之餉項又必須維持在此困難情形之下各縣紛紛報署請求設法補救本署爰於本年四月召集各縣長舉行臨時會議對於增闢財源一項曾經有所商定詳情見保安室工作之軍需

部門內其中有應陳述者即由五月份起暫依照戰時各縣市代征國稅之規定先由資源興安龍勝靈川四縣先行辦理並經電請省府核備同時令飭各縣遵辦嗣奉省府電飭候廣西稅務局核覆再行飭遵當又遵轉飭各縣在未奉省核准前自六月份起一律停止代收國稅

(2) 各縣對於各種貨物過境紛請征收戰時自衛捐藉以維持軍政費用經

貨物過境稅不准征收請仍予規定姑准比照國稅征收辦法劃一征收計十征收自衛捐者有資龍灌全靈等五縣至其他有關地方稅者仍飭依照向章辦理

(3) 三十三年度同盟勝利公債曾奉省電飭遵辦理三十三年度鄉鎮公所儲券疊奉桂北行署丑東寅養卯巧各電飭迭結束遵經分別轉飭各縣遵辦嗣據資源等縣先後呈稱以地方淪陷民間元氣大失殆盡請准緩辦免

43 財一科

社一科

40

儲以蘇民困查屬實情經予分別轉請省府核示

(四)各縣淪陷區內賭風之盛前文已陳其已杬各縣於可能控制之地區內間亦有抽收賭捐如臨桂永福陽朔三縣且以收賭規為主要財源查此舉雖由於各該經費困難不得不出此飲鴆止渴之下策但賭博乃為秕政之一早經政府懸為例禁本署除一面通飭各縣厲行禁絕外并於派員前往各縣督導政務時實地加以調查並切實禁止此外永福且有金庫券一百萬元之發行陽朔則一部預征三十四年田賦

(五)據報資龍興各縣間有少數商民對中央銀行三十三年版中央信託局印製之一百元五百元鈔票拒絕使用查此舉不僅影響法幣之信用且可擾亂戰時之金融經分別電飭各該縣佈告禁止拒絕使用刻已通用無阻

丙 教育方面

(1) 各縣中小學校之疏散，當去秋桂北吃緊之際，對于邊區各縣之公私立中小學校，經分飭各該縣妥為準備疏散，可能時並應就地維持上課，以重教育。茲據報各縣中小學校疏散之情形大略如下：除設在全縣之中正、崇瀾兩中學疏散都勻外，其餘全縣省中、興安縣中、資源、灌陽、靈川、龍勝、義寧、永福、臨桂、陽朔等縣國中均經就地疏散。百壽國中則於去秋十月間仍在原校址照常上課，迨敵人侵入縣境後始行疏散。至各縣中心校及國民學校則多無形星散矣。

(2) 各縣中小學校之復課，各縣中等學校迄今能真正在原地設法復課者計有全縣國中、興安縣中、靈川國中（學生僅有十三名，教職員二名）、永福國中（校長、教職員仍大部散居，及未盡學生均仍留校疏散）等數所而已，教育廳曾飭各縣能可者其餘各縣國中或因教職員學生星散，或因校舍被焚毀，或因環境不許，均未能復課。迨今年春間（三月）當桂北敵已逐次撤退時，曾再三通令飭轉令各縣斟酌情形復課，迨經轉飭各縣遵辦，惟事實上各縣國中均不易正式復課。至各縣中心及國民學校，除資源已恢復上課外，其他各縣能復課者為數甚少，大多仍在僻鄉中，但亦因是所在地方或鄰縣大鄉鎮之中心及各村國民學校則暫從今年春間一律開學上課，其因學生星散不易正式復課者，亦令各村設立補習班，以免兒童失學。

(3) 查據淪陷區中教育淪陷區內之敵偽利用文化宣傳之作為，以麻醉我淪陷區之民眾及一般學童，本署為打擊敵偽之文化宣傳之作為，見經飭各縣

全縣之中正、崇瀾兩中學現已否遷回，請飭查復

42

43

45

46

設法在陷區實行各種有效之教育方式如教育小組補習班等並鼓勵具有忠貞思想之智識青年分赴陷區從事是項工作暗中掌握陷區中之青年及偵察敵偽之動態惟陷區中常呈動蕩不安之狀態此項工作未能在各縣作普遍及深入之進行耳

(丙)實施社會教育本署為補救一般避難青年失學計特飭各縣斟酌情形設立青年補習班除龍勝國中一部份教員於三門鄉設班補習外本署並於所在地大羅鄉設立大羅補習班召收初中畢業生及高小畢業生入班補習各科教員分由本署職員兼任各教員均係義務職對學生酌收少數粉筆費外學宿費均免收惟大羅鄉地處重山之內交通阻隔未來補習者除當地青年外各遠地均未能來是不無遺憾耳

44

48 47 45

秘件 備查 發の科

(丁)組訓青年本署為救濟一部份無所歸依之青年並訓練其協助政令之推行起見特於疏散期間先後組設青年工作隊卅年九十月間在興安縣屬金石鄉佑安村硯田屯召收當地青年學生十餘人組設青年工作隊以興安縣中校長張家玖為隊長並派本署參議楊翰飛秉國寶二員兼任指導員所有工作綱領(見附件六)及隊員守則等亦均擬定蓋使各隊員於協助推行政令時有所遵循也旋於十月中旬本署遷往百壽縣保安鄉辦公在硯田屯所組設之青年工作隊暫行結束另在保安鄉分飭該鄉屬各村選送青年二人來署組設青年工作隊隊長派本署參議秉國宝兼任本署在保安辦公之時間雖短但對該鄉一切情況之調查以及對民衆之宣慰等工作得力於該隊之協助不少自十一月中敵人進入百壽縣境後保安鄉

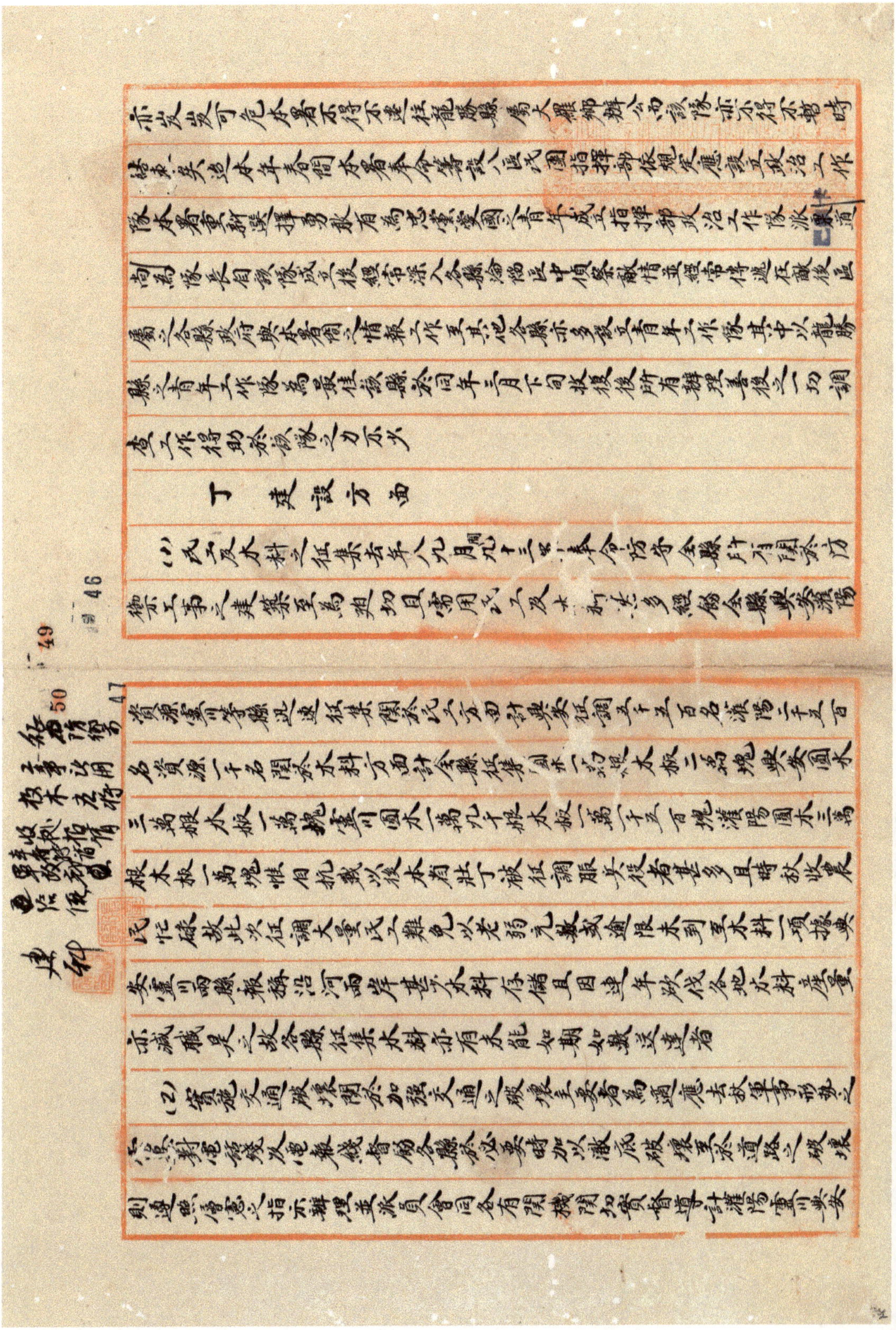
亦從安可危本署不得不速往龍勝縣屬大羅協助公所設隊部亦得不時
協助。吳、邑本年春間本署奉命籌設八區民團指揮部，依規定應設立政治工作
隊，本署事前遴選勇敢有為志愛國之青年成立指揮部政治工作隊，派□通
訓為隊長，因該隊成立後，經常派入各縣偏僻地帶偵察敵情，並經常侍進在敵後區
屬之各縣政府與本署聯合情報工作，至其他各縣亦多設立青年工作隊，其中以龍勝
縣之青年工作隊為最佳，該縣於同年三月下旬收復後，所有辦理善後之一切調
查工作，得助於該隊之力不少。

丁 建設方面

(1) 民工及木料之征集。去年八九月間奉令防守全縣，所有關於
佈雷工事之建築至為迫切，且需用民工及木料甚多，經飭全縣、興安、灌陽、
資源、靈川等縣迅速征集，計興安征調民工五千五百名，灌陽二千五百
名，資源一千名，調集木料方面計全縣征集圓木二萬根，木板二萬塊，興安圓木
三萬根，木板一萬塊，靈川圓木一萬八千根，木板一萬一千五百塊，灌陽圓木三萬
根，木板一萬塊，惟因抗戰以後，本省壯丁被征調服兵役者甚多，且時於此農
忙時，故此次征調大量民工，難免以老弱充數或逾限未到，至木料一項，據興
安、靈川兩縣報稱，沿河兩岸甚少木料存儲，且因連年砍伐，各地木料亦屬匱
乏，職是之故，各縣征集木料，亦有未能如期如數送達者。

(2) 策畫交通破壞。關於加強交通之破壞，本署為適應未來軍事形勢之
需要，對於各段公路及鐵路，當飭各縣於必要時予以徹底破壞，至於道路之破壞
則遵照命令之指示辦理，並派員會同各有關機關加緊督導，計灌陽、靈川、興安

[illegible]

全縣資源，各縣之道路破壞，乃派本署保安室主任曾憲剛會同十六集團軍總部董高參析生及九十三軍進行督導；臨桂、陽朔兩縣之道路破壞，則派本署副官鄭必先會同桂林防守司令部進行督導，惟當時事機緊迫，各縣雖努力進行道路之澈底破壞，結果仍未能完全阻止敵人之通行。

(3) 加強通訊之聯絡 自去年十一月各縣相繼淪陷後，各機關多疏散於崇山峻嶺之內，彼此間之聯絡至爲困難，當飭各縣儘量設法折卸淪陷區電綫，移往疏散區內架設，以使聯絡敏捷，惟電池缺乏，添購無從，故雖有綫有機，有時等於無用。其不能以電話聯絡者，則飭各設立遞步哨站，每站距離由十五華里至三十華里，之間各站負責傳遞縣與縣及與本署間之往來公文或情報。註本署於去年十一月遷往龍勝大羅鄉辦公後，爲謀與區外各縣取得聯繫起見，特於融縣安江鄉屬麻江及東嶺村分段設遞步哨站，俾可與融縣及當時在羅城之桂北行署通訊，並於大羅鄉屬伏江、筧杭二村分段設遞步哨站，俾可與當時成爲後方交通要道之三江取得緊密聯絡。此外本署與湘省城步、新寧等縣亦均有遞步哨往來聯絡。總之，當時本署與各縣及區外各地之通訊聯絡，完全靠遞步哨之傳遞，惟各縣遞步哨之未盡健全，自難達到迅速要求。至遞步哨之組織及辦法，詳於保安室部份，茲不再贅述。

戊 糧政方面

(1) 實行搶割搶運 當去年八九月間，桂北局勢吃緊，不久敵人即進犯全縣、興安一帶，時各該縣及其他各縣稻谷均已成熟，本署深虞各縣稻谷毀於敵手，乃一面督飭各縣迅速進行搶割及搶運之工作，一面遵照省令督飭各

53 50

縣迅將米穀遷移於較安全之僻遠地區去年九月間經派參議陽翰飛及
興安縣中校長張家玖為潞江疏散區搶運物資辦事處督導員將潞江鎮
及西安鄉一切物資發動民眾迅速搶運惜軍事轉進過速不及搶割及搶運
者為數頗不少

(2) 增加糧食之生產本區未淪陷之地區多屬山地去冬雖督飭各縣實行冬耕
收效甚微迄至今年春季督飭各縣儘可能增加耕種面積並多種雜糧以期
適合旱地之性質至未經開墾或已開墾而無人耕種之土地則無租借與義民
耕種其接近淪陷區甚至淪陷區之地帶則實行武力掩護搶種據全縣百壽
陽朔等縣先後之報告均稱武力掩護搶種收效亦大惟下種後或因人工照料
不周或因肥粮不足或因敵人縱馬踐食重以天旱故今年秋食收獲大為

54 51

減少

(3) 接濟國軍及各團隊之糧食區屬各縣內之駐軍及各種團隊均各向所在地
縣鄉村撥取軍糧如去年九十三軍及七十九軍今年二十軍二十六軍二十九軍及九十四
軍撥取或征購為數甚多是以各縣各級倉儲為之撥用一空縣自衛隊人數較
原規定為龐大亦均向各地鄉村撥取間有自動向民戶征借或各就地籌糧者
此種情形以在淪陷區中為尤甚本署當飭各縣對任何部隊或其他省屬機
關均應按照規定持有受領証或糧政局撥糧單始可撥糧至未經政府核准或
已奉命解散之團隊經飭各縣不可再撥

(4) 征收田賦三十三年度田賦前奉省令展限至本年四月底截征其報適經轉
各縣遵照查各縣除未淪陷地區可以照常征收外其已淪陷地區雖亦可暗中

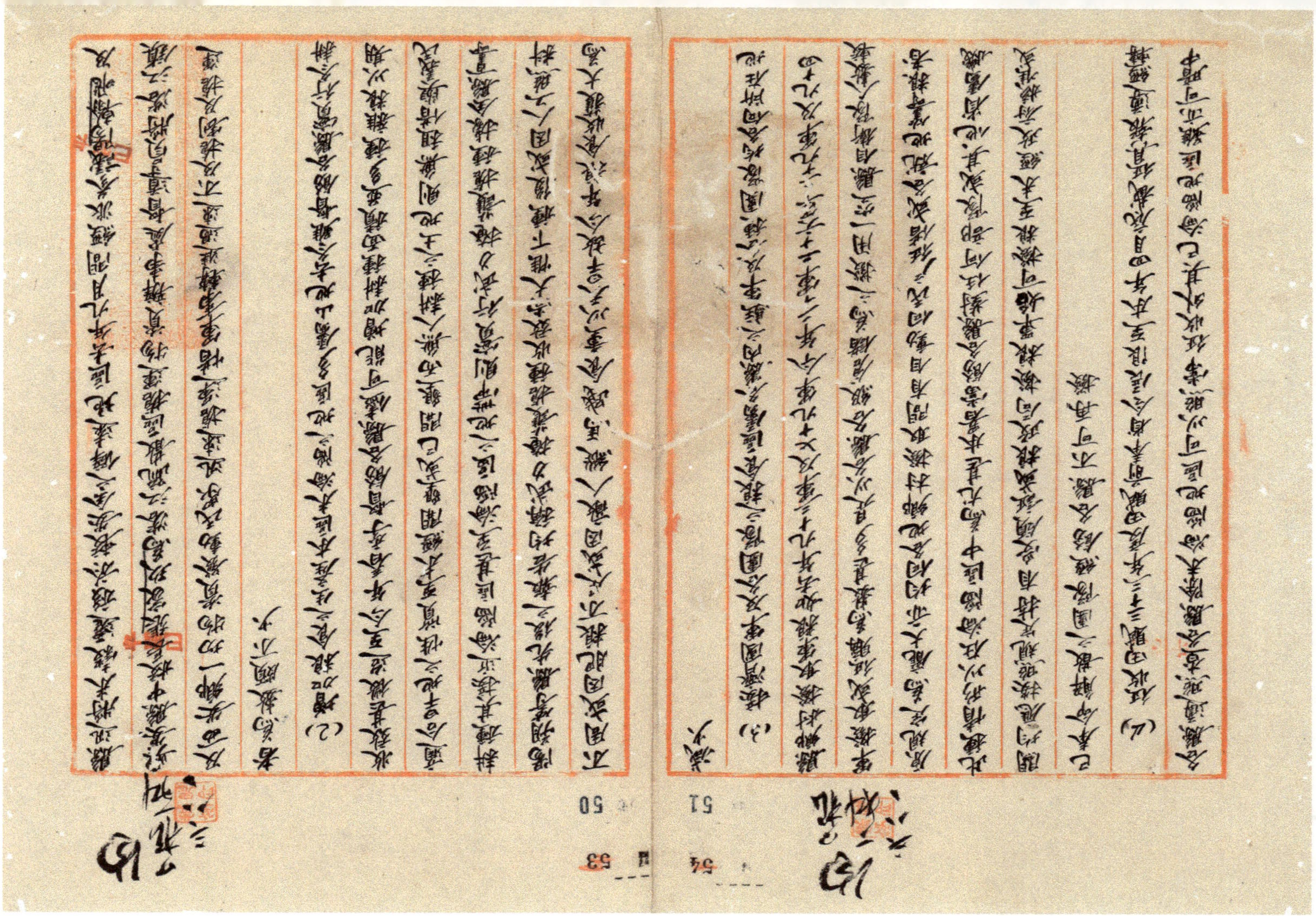

56　55

53　52

征收一部或折收代金，惟各縣多已大部淪陷，罄存賦穀因已撥濟軍糧，新收賦穀則為數無幾，而供應軍糧仍極浩繁，在此情形之下，各縣紛請豁免三十三年度田賦，以蘇民困，經據實轉請釐核。

（5）籌集本署軍公糧　本署所需軍公糧，自戰事波及本省後，即遵照省令，於所在地先後飭由要安、百壽、龍勝及臨桂等縣撥照實需數籌撥，在前文秘書室及後文保安軍公糧之撥發部份已經詳述，惟各該縣因大部淪陷或非產米地之故，往往不能如期如數籌撥，故本署在大羅鄉辦公時，常有饔飧不接之苦。

綜上所述，民財教建糧五大施政之督導事項，本非止此，茲僅就其配合一年來軍事之要求者，加以簡畧之說明而已。至關於各縣長暨縣以下各級工作人員之工作考核，依原定之考核計劃及一面根據各縣之施政計劃，一面[illegible]查其工作報告及從實地督察驗收其成果是否與原計劃之進度相符，並[illegible]為操守加以切實考查，然後綜合其成績而定其功過，嗣因各縣大部淪陷，對於縣以下各級工作人員之考核無從進行，對各縣縣長之考核業經分別評定，其詳已於秘書室人事部份述之。

卯　保安室工作

由於軍事上之需要，保安部份之工作，自較其他部份為繁重，自去年九月間，本署開始向興安西部及龍勝疏散以後，一面防敵寇之竄擾，一面維持地方之治安，故對於各種團隊之組訓，諜報網之組織及情報之蒐集，各種武器之調查分配，以及經糧服裝之籌措等，均在極端困難之情況下，悉力以赴，茲謹就保安室所主办之業務，按參謀副官及軍需三者分述如左

一、參謀業務

（甲）擬定對敵作戰計劃

自去年九月間敵人侵入省境後，湘桂黔、[illegible]沿綫及其兩側據點均被敵寇佔領，區屬各縣亦均先後全部或大部淪陷，時本署[illegible]處興安金石鄉及龍勝大羅鄉，因與敵[illegible]，形勢危迫，幾難終日，本署所恃以禦敵及綏靖地方者，建制部隊方面，僅有保安第八大隊（原保一大隊卅四年九月起改為保八大隊，以下同），其他如增編之各突擊大隊及各縣自衛團隊，均屬倉卒組成，訓練較差，裝備低劣，在此種敵我優劣極端懸殊之情況下，自不得不另定作戰計劃，在戰略上係發動各縣團隊實行廣大之游擊戰爭，在戰術上係採取機動方式，避實就虛，並利用錯綜複雜之山地，相機擾險出擊，以期減少本身之損害，牽制敵多數之兵力，而利國軍之作戰，一年來本署所直接指揮之各種團隊，即根據此既定之戰略戰術

對敵作殲之戰鬥詳情見係「八大隊作戰紀要」及民團指揮部工作部份之「各縣團隊作戰經過」中茲不再贅

(乙)釐訂戰時教育

本署為實施既定之游擊戰及山地戰起見對於直屬部隊及各自衛團隊不能不加以及時訓練訓練之主要內容為適應戰時動作避免空談理論以期完成殲滅敵寇保衛鄉土之任務爰擬具戰時教育綱領頒發實施茲摘要臚列於后

1、精神教育

為使各團隊官兵養成嚴守紀律服從命令忠勇犧牲了解抗戰意義保衛家鄉責任喚起抗戰決心等等起見當以軍人讀訓黨員守則敵寇暴行捲典綱領民族主義之說以及民族英雄事蹟為精神教育之必修科目

2、術科教育

為養成游擊戰所必要之戰鬥技能起見當以戰鬥教練(含各個戰鬥教練地形地物之利用前進停止班組隊之襲擊伏擊埋伏夜襲等)射擊教育(含步槍輕機槍之射擊手榴彈之投擲)築城教育(含散兵坑機槍掩體之構築道路之阻塞破壞碉堡之構築偽裝要領等)陣中勤務(含偵察搜索警戒連絡行軍宿營化零集整等)為術科教育之必修科目

3、學科教育

為補助術科教育之不足經選擇游擊戰及山地戰為官兵所必須明瞭之事項教育之如操典中士兵在戰鬥間應遵守之事項射擊軍紀及陣中勤務之搜索警戒通信連絡要旨等為學科教育之必修科目

(丙)組織諜報網及蒐集情報

戰略戰術既經確定後對敵一切動態必須確實明瞭始能適應機宜作適切之審斷故又組織諜報網以期多方蒐集情報除分飭各縣遍設情報站將敵寇動態隨時具報外並派出忠勇可靠諜員深入淪陷區對敵兵種兵力配備及其行動作詳細之偵查本署收到各方情報後即行加以整理（見附錄七）綜合判斷並隨時轉報

曾峯及通知國軍至閱於諜報人員工作應有之認識本署曾訂有各項簡則分發俾資遵守（見附錄八）

(丁)加強通訊連絡

通訊之靈活與否關係於作戰指揮及前後方之部署實至為重大本署通訊機構原奉綏署配屬無線電班有綫電通訊排一排俾與曾峯及各縣經常保持聯絡迨各縣淪陷後原有電話綫路均經自動或被敵寇破壞無遺有綫電話通訊效能大為減低本署遷駐興安金石鄉及龍勝大羅鄉後僅能利用現有綫路與保八大隊及附近縣府暨各鄉村構成通訊網對於情報之蒐集兵力之部署指揮等尚勉能應付至無綫電班因奉發電池不多加以戰事

適以過遠，與該補充數與唐島間之連絡曾一度中斷，後經多方設法撥補及向軍統局請求撥公處備用，始獲恢復通訊。至去年十二月間後因手搖發電機使用日久齒輪損壞不能工作，遂未與省總台聯絡，賓陽分台撥歸本署使用始得繼續通訊。此為本署一年來之通訊概況也。茲將各方通訊情形另表列如下：

廣西第八區保安司令部無線電班聯絡時間表　34.7.調製

台名	呼號	拍發公電時間		聯絡時間		
綏署總台		七時卅分	伍時卅分	六時	十五時	二十一時卅分
				十二時卅分		
省府總台				六時卅分	十七時	二十時卅分
		十一時卅分	十六時	十七時卅分		
行署電台				十二時	十八時	
良口軍統局電台				十時卅分	十七時卅分	
重慶軍統局電台				十八時卅分		
一區電班				八時卅分	十三時卅分	
二區電班				十四時	二十二時	
四區電班				十四時卅分	十九時卅分	
平陽部隊				六時卅分	十九時	
仝上				十三時		

60

61

62

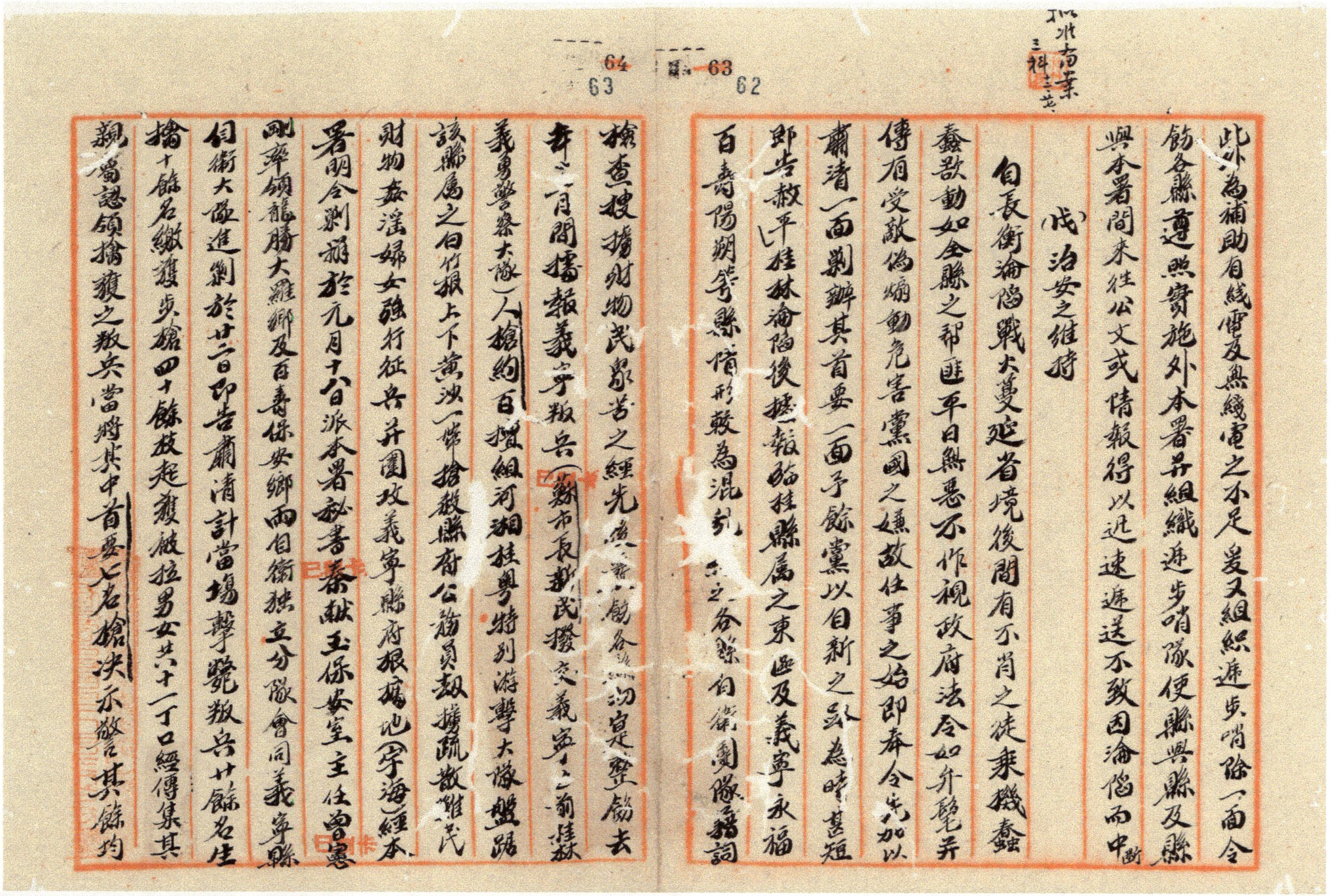

此外為補助有線電及無綫電之不足复又組織遞步哨除一面令
飭各縣遵照實施外本署並組織遞步哨隊使縣與縣及縣
與本署間來往公文或情報得以迅速遞送不致因淪陷而中斷

（戊）治安之維持

自長衡淪陷戰火蔓延省境後聞有不肖之徒乘機蠢
蠢欲動如全縣之郡匪平日無惡不作視政府法令如弁髦并
傳有受敵偽煽動危害黨國之嫌故任事之始即奉令先加以
肅清一面剿辦其首要一面予餘黨以自新之路為時甚短
即告敉平 桂林淪陷後據報臨桂縣屬之東區及義寧永福
百壽陽朔等縣情形較為混亂 [illegible]之各縣自衛團隊藉詞
檢查搜擄財物民衆苦之經先後令飭各該縣切實整飭去
年十一月間據報義寧叛兵（係前市長劉民撥交義寧之前桂林
義勇警察大隊）人槍約百擬組河湘桂粵特別游擊大隊盤踞
該縣屬之白竹根上下黃沙一帶搶殺縣府公務員叔擄疏散難民
財物姦淫婦女強行征兵并圍攻義寧縣府根據地（守海）經本
署明令剿辦於元月十八日派本署秘書蔡獻玉兼保安室主任曾憲
剛率領龍勝大羅鄉及百壽保安鄉兩自衛隊獨立分隊會同義寧縣
自衛大隊進剿於廿二日即告肅清計當場擊斃叛兵廿餘名生
擒十餘名繳獲步槍四十餘枝起獲被拉男女共六十一丁口經傳集其
親屬認領擒獲之叛兵當將其中首要七名槍決示警其餘均

属破拉殍迫附和或未成年之幼童，准予取保開釋。繳獲槍枝，大部發還義寧縣府，其餘發交當地團隊使用，我方國術教官張友生及大羅鄉隊附于海陣亡，當由署撥款分別殮葬。又本年元月據興安縣轉報，匪徒人槍百餘，公然包圍縣屬漠川鄉公所，當發動團隊予以圍剿，激戰三小時，將其擊潰，并斃匪徒十餘名，生俘蔣四金、波及顏其傑等二名，據供曾充全縣內建鄉挺進隊第一大隊列兵等詞，當經嚴令興全兩縣徹查嚴辦。又查有由桂林竄至靈川西江鄉黃蘭村寄居之蔣國熊司和於本年元月初，被匪徒數十持械搶掠財物，損失奇重。事後據報，即派隊跟蹤追擊，并令飭靈川縣府暨興安金石鄉，事

處逃派團隊圍剿，當拿獲匪犯十餘名，訊據情節之輕重，分別處以極刑，或保釋。卅三年十二月間，有由桂林突圍，經龍勝大雞之卅一軍軍官謝立賢等一行三十餘人，沿途騷擾，軍紀蕩然。本署據後，先以良言開導，孰料謝等執迷不悟，反而變本加厲。本署為安定地方，解除民衆痛苦計，遂派大羅鄉自衛獨立分隊前往龍勝縣屬大羅鄉蔻坑村附近嚴厲禁止，謝等之不就行動，謝等自知理屈，自動繳械。由署出據，代為保管，嗣於一月廿七日將所獲之械彈仍交還該軍董料長伯潤提回，并報十六集團軍總部有案。

（七）保安第八大隊作戰紀要

既屬本署之保八大隊，人槍僅共三百餘，除派遣一部維持

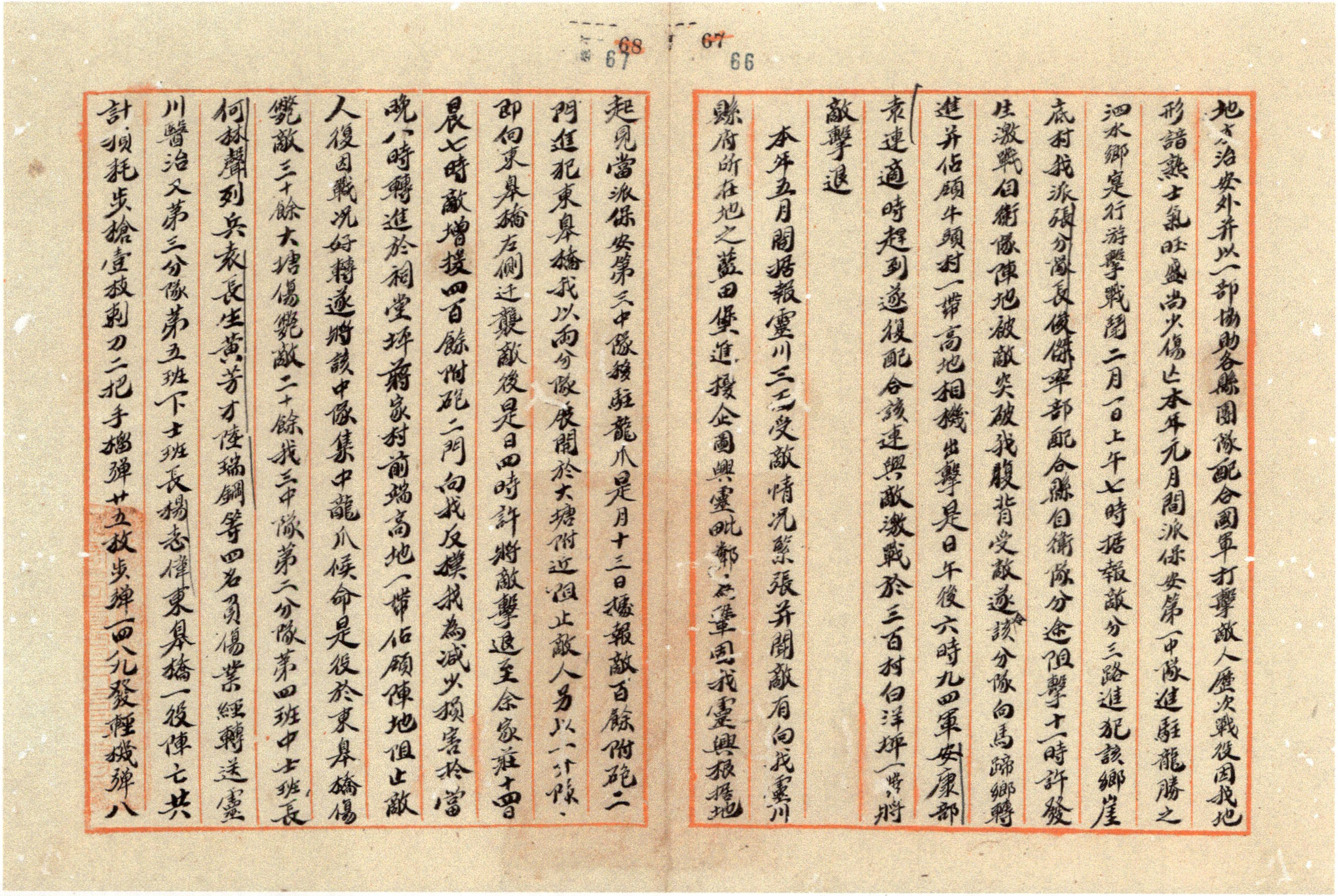

地々治安外并以一部協助各縣團隊配合國軍打擊敵人歷次戰役因我地形諳熟士氣旺盛尚少傷亡本年元月間派保安第一中隊進駐龍勝之泗水鄉追行游擊戰鬥二月一日上午七時據報敵分三路進犯該鄉崖底村我派該分隊長侯傑率部配合縣自衛隊分途阻擊十一時許發生激戰自衛隊陣地被敵突破我腹背受敵遂令該分隊向馬蹄鄉轉進并佔領牛頭村一帶高地相機出擊是日午後六時九四軍安康部袁連適時趕到遂復配合該連與敵激戰於三百村白洋坪一帶將敵擊退

本年五月間據報靈川三王廟受敵情況緊張并聞敵有向我靈川縣府所在地之藍田堡進擾企圖興靈毗鄰，我軍因我靈興根據地起見當派保安第三中隊移駐龍爪是月十三日據報敵百餘附砲二門進犯東鼻橋我以兩分隊依閘於大塘附近阻止敵人另以一分隊即向東鼻橋右側迂襲敵後是日四時許將敵擊退至余家莊十四晨七時敵增援四百餘附砲二門向我反撲我為減少損害於當晚八時轉進於祠堂坪蔣家村前端高地一帶佔領陣地阻止敵人復因戰況好轉遂將該中隊集中龍爪候命是役於東鼻橋傷斃敵三十餘大塘傷斃敵二十餘我三中隊第二分隊第四班中士班長何林麟列兵袁長生黃芳才陸瑞鋼等四名負傷業經轉送靈川醫治又第三分隊第五班下士班長楊志偉東鼻橋一役陣亡共計損耗步槍壹枝刺刀二把手榴彈廿五枚步彈一四八九發輕機彈八

68 67 67 66

八五〇公分手槍彈五四發及其他鋼盔雜囊水壺軍毯床布等均經另案呈報核銷。

七月中旬奉國軍第二十軍楊軍長森令將保安大隊撥歸該軍伍師長指揮由大溶江等地出擊敵人時本區防地遼闊兵力不敷分配但為增強友軍實力早日殲滅敵寇起見雖處於兵力極度奇缺之情況下決將第二、四兩中隊撥歸伍師長指揮參加戰鬥該中隊等轉戰興安屬深渡和尚帽五爪山長塘面大風山二渡水六家苞滑石硯簾刀渡大木塘等地頗有斬獲極得楊軍長伍師長之嘉勉迨至桂市收復本署奉命移駐桂林為使指揮統一免與本署脫節起見當商准二十軍將該兩中隊歸還建制。

（庚）俘敵經過及處置

敵寇進犯省境每佔據一地即派出少數部隊四出搜索糧食物資強拉婦女濫行姦淫民衆恨之入骨我各縣團隊為保衛家鄉並予敵寇以打擊亦時派隊跟踪襲擊本年三月廿四日我興安自衛隊趙璧部悉由湘闖桂之敵千餘途經該縣會龍鄉附近發生激戰除斃敵百餘名外俘敵李濛吉李公順金正吉等三名均韓籍曾受中等教育被強迫入營服役於朝鮮京城府第廿三部隊被俘後自供願參加重慶韓國革命組織本署據報後即指飭解署處置終以交通不便刻聞尚留興安縣府服役又同年三月廿九日該縣西山鄉保安隊出擊界首附近與敵激戰三小時當場傷斃敵十餘名并俘敵一等兵、

72 71 70

龟岭锺义一名经解署转解龙胜交廿六军一三二团接管为激发士
气起见特由署拨发奖金国币各叁万元并传令嘉勉各出力人
员又全县万全办事处直属第二大队长蒋政派大队附蒋国梧
副官徐云龙率兵一班前往同德村游击于石牛塘与敌兵七名遭
遇当场击毙敌兵一名伤二名并俘敌第三四师团二一六联队一八大
队一一中队下士伍长田中幸乙一名夺获三八式步枪壹枝六五弹六五
发手榴弹壹枚是役兼有民家李生茂金玉成等参加作战军民合
作颇收良好战果除夺获武器准留该办事处使用外本署照例垫
发奖金三万元并传令嘉奖又据与安金石办事处报解华江乡
属升平村自卫班五月廿九日於村属大板岭捕获潜入内地绘图之韩

籍一等兵李泰明一名当即一并转解龙胜四三师一三二团接收另据全
县万全办事处报解中士军曹山本英仪一名据称该军曹在鲑也附
近抢夺物资为我自卫队第二大队附蒋国梧司书蒋培元及民众
数人捕获当转解我廿六军四一师接收

本年七月廿九日我全县自卫队与敌一中队於湘江附近发生激战
除捕获敌工兵绵石虎雄等十名外余悉数歼灭因道路梗阻经饬
该县府将敌俘转解当地最高军事机关办理迨本年七月间敌
寇总崩溃之前夕我各路大军以炽盛火力向敌猛攻敌不支狼狈
逃窜其中有与主力脱离者藏匿山林为数甚众昼伏夜出寻觅
食物被附近居民发觉因而擒获击毙者有之被我团队围捕者

石之八月七日據桂林東區自衛大隊長冷體龍呈報日偽小隊長屬志敢已一名到署經轉解九四軍一二一師據八月十一日報據大殷西金石閘四祥鼓時於蓮川村遭遇敵匪中發現偽敵之敵兵三名當即派隊抵擋追擊當擊斃一名擊傷一名外得獲左膝受傷伍長一名當即轉解九四軍部據報同月廿七日湯坳大須鄉劉武黃建邑拿獲敵兵下地日次郎一名經轉解右遷翻表當即轉解九四軍一六九師據報

本署先後據報各縣解來之敵俘共二十員名均遵照優遇俘待敵俘之意旨每日給以兩餐談講及香烟故俘虜等深感頗為感動

（辛）衛生設備

職本署編制設醫務所一所（三等軍醫正主任）下設軍醫司藥各一員看護士六名一名設於所在故其治者傷以前曾向綏署領發衛生材料一批其時因無戰事致衛生材料尚可勉強應付迨至綏署遷後本署亦因戰事演變進入山地根據地氣候惡劣瘴氣尤甚遂之官兵疾病患病者頗多衛生材料無從補頗極所感困難設經一由試用草藥及土法療治始得以救本年五月至七月間派出游擊隊分赴蓮川鄉安龍勝等地配合國軍出擊敵人經激烈戰鬥負傷官兵達三十餘員名本署醫務缺乏無法送國軍司令部轉送傷官兵就送龍勝縣衛生院診療治以資造

75

74

呻吟途中之人照料國軍復間有歧視地方團隊者英勇官兵痛苦甚矣

二、副官業務

(甲)人事概況

保安室人員數額悉遵省綏所頒之編制規定設置(見附錄一)并以通訊排直轄本署另由綏署配屬無綫電一班及保安第八大隊總計本室及配屬部隊全體官兵人數共五〇五員名(如附錄九)自去年桂林失守後我城防軍被俘官兵陸續脫險投奔請求收容者甚衆為加強自衛力量及使脫險官兵免致流落起見遂增請求收容之官兵收編總計員兵二三八員名除以一部派為本署

76

75

額外人員外其餘大部即予編組為第一第二兩直屬中隊并經呈奉綏署本年三月參三寅有電核准在案各級官兵人數(如附錄十一)本年五月復奉綏署及經會電飭所收容額外官兵及直屬中隊如地方能自籌粮餉准予增設否則免議等因因粮餉無法籌給遵於六月十日加以調整除資遣大部份額外官兵並斟酌情形以一部份編併保留外其餘恢復原有編制

(乙)突擊部隊及增編部隊之組織

去年十月間遵第四戰區張長官面諭完成本區游擊部署當時經組織成立突擊大隊三直屬中隊一其組織概況經本署於三十三年以申元保參電暨申元保二代電造列編制預算分別呈報在案

總計全部官兵七五〇員名（如附錄十二）。本年九月復奉民團總指揮部酉馬民參一代電飭將是項游擊部隊改組為各縣自衛隊，當經轉飭遵照，茲以邊患方殷，地方混亂，故將直屬中隊及第一中隊兩突擊隊合編為本署直屬特務隊，以期維係地方治安，計全隊官兵人數共一四八員名。

三、軍需業務

（甲）經費軍糧及服裝方面

1. 經費收支情形

（一）建制部隊：本署保安部隊經臨各費均係向綏署具領，自卅三年七月份起至卅四年八月份止共領入壹伯柒拾萬陸仟餘元，而支出經常費（包括奉准之額外五員在內）為數達三百一十二萬九千八百餘元，臨時費達五十九萬三千一百餘元。蓋自上年十月起至本年五月止，未奉增加給與，物價則迭漲不已，本署為維持官兵營養以保持戰鬪力起見，按寔情所需，先後增加給與，例如上年十月份士兵每月副食費之額原為四十二元，增為官兵月支一百五十元，本年二月份復增至二百元，四月份再增至四百元，其餘薪餉、草鞋、洗滌、辦公各費及臨時費各項定額，均按寔際情形逐月增給一二或三倍不等，歷次增加均呈報綏署核備有案。其超支不敷之數，一部份在游擊經費項下先行挪墊外，並向廣西銀行興安辦事處及十六集團軍三江辦事處主任雷伯英暨殷戶借墊維持，迄本年九月間收到區屬各縣負担

80 79

79 78

繳署之補助經費後始得分別挪墊歸還

(二)游擊部隊：去年九月間桂北戰局吃緊，奉長官張面諭迅即完成游擊部署所需經費即在截留着發全縣補給費差額三百萬元數內挪用遵於九十月間先後成立三個突擊大隊一個直屬中隊並經本署於上年以中元條參電暨申元條參二代電造列編制預算表分別呈報核備在案嗣於本年元月奉民團總指揮部上年酉馬民參一代電飭將突擊部隊取銷改為各縣自衛隊遵於元月十日結束八個突擊中隊餘兩個突擊中隊則合編為一個特務隊歸本署直接指揮核計突擊部隊及一個特務隊至結束止(當年六月十三)支出經常費一百三十六萬六千餘元臨時諜報各費(包括派入淪陷區內工作之諜報人員費用及購置什支運送武器彈藥運費各項)一佰叁四萬九千餘元又購穀五萬七千八百三十餘斤補給計價款一百四十四萬五千八百餘共支出三百八十六萬零九百九十餘元此款亦擬數以本署檢查物資出口手續費及各縣提繳自衛捐數內開支此項游擊經費三百萬元之支出復奉長官張本年巳灰服動色電一照准轉入為本署截臨費並飭報核在案

(三)增編部隊暨增設額外人員：本署按環境事實需要先後共增設額外人員五十餘員及增編兩個獨立中隊截至本年六月間止除以一部官兵編併留以應環境需要外其餘大部官兵遵令一律資遣核計所需經費共支出經常費八十一萬三千八百餘元購穀五萬七千餘斤支出穀價壹佰

肆拾貳萬伍仟柒百餘元共支貳百貳拾叁萬玖仟餘元此項費用
之支出係以資源興安靈川龍勝各縣府徵收自衛捐提繳數內暨
各縣所繳補助經費一部分開支
(四)其他支出上年桂林會戰後卅一、四十六、九十三各軍突圍或脫險之
官兵多以衣食旅費無着無法歸隊及田籍本署對此批官兵除
招待住宿外並酌給旅費共計支出共貳拾貳萬四千九百餘元又與敵
作戰俘獲敵兵及物資支出獎金壹拾伍萬元共計叁拾柒萬肆仟玖
百餘元此項亦先以各縣補助經費開支
(五)軍糧領發情形
建制部隊軍糧向由駐在地之縣府按月撥給突擊部隊需糧除

由各當地縣府撥給一部份暨物外餘以現款購發至於增編部隊額外
人員及民團指揮部伕運等需糧亦均係墊款購發上列之撥給
購發均由署統籌辦理以暢補給而杜流弊核計至本年八月止除購
發突擊及增編部隊者外領撥共四十八萬三千二百餘斤內建制部
隊共領發三十六萬六千一百二十餘斤突擊部隊壹拾壹萬五仟壹
伯柒拾餘斤是項軍糧之撥領均照規定每月填換受領証交
當地縣府報銷
(六)服裝領發補給情形
署屬保安部隊服裝除保八大隊及無綫電班原已在綏署領配外
其餘於本署成立時按編制數所需向綏署具領轉發惟冬服一項

84 | 83

82

未奉發給上年十月間氣候漸冷以戰況緊張綏署又駐地未定無法請領當時即派員催伕至桂林防守司令部洽領亦未果旋轉向第六軍需局倉庫借獲殘缺不全短棉衣三百餘件但是項借品既無帽綁褲等配件亦多未縫製完成且布質綿花多已霉壞者各種服裝因戰況之變化張弛未定屢次搬遷輾轉運送如民伕之挑運散失士兵之失踪逃亡挾帶存儲之焚燒諸原因損失頗多餘如保八大隊所存逾期舊品及本署一部分服裝公物運存興安縣屬金石鄉之天佑二村（淞江）於上去十月間該村遭敵攻陷房舍悉數焚燬存品因民家早經疏散一空無法搬運損失殆盡除已另案報核外嗣於本年八月間呈奉綏署核准在昭平庫

83

發領黃軍服七百餘套至於冬服一項亦經照編制所需數呈請省保安司令部發給矣

山、關於財源方面

本署經費來源之困難既如上述為打破難關以維繫部隊人員生活而增強抗戰力量起見即於上年十二月間組設物資供應機構擬派隊利用鹽運接濟及調劑龍興全資等縣民食藉獲一部護運費以資挹注嗣以長安再度淪陷而陷區食鹽入口頗多價賤自由區域為廉鹽運計劃遂成畫餅本年春間偵知敵方在淪陷區內以搜刮所得之食鹽企圖換取內地物資為避免自由區物資大量外流計廼於興安縣屬之全坑金石等處設置物資出口檢查機構藉以

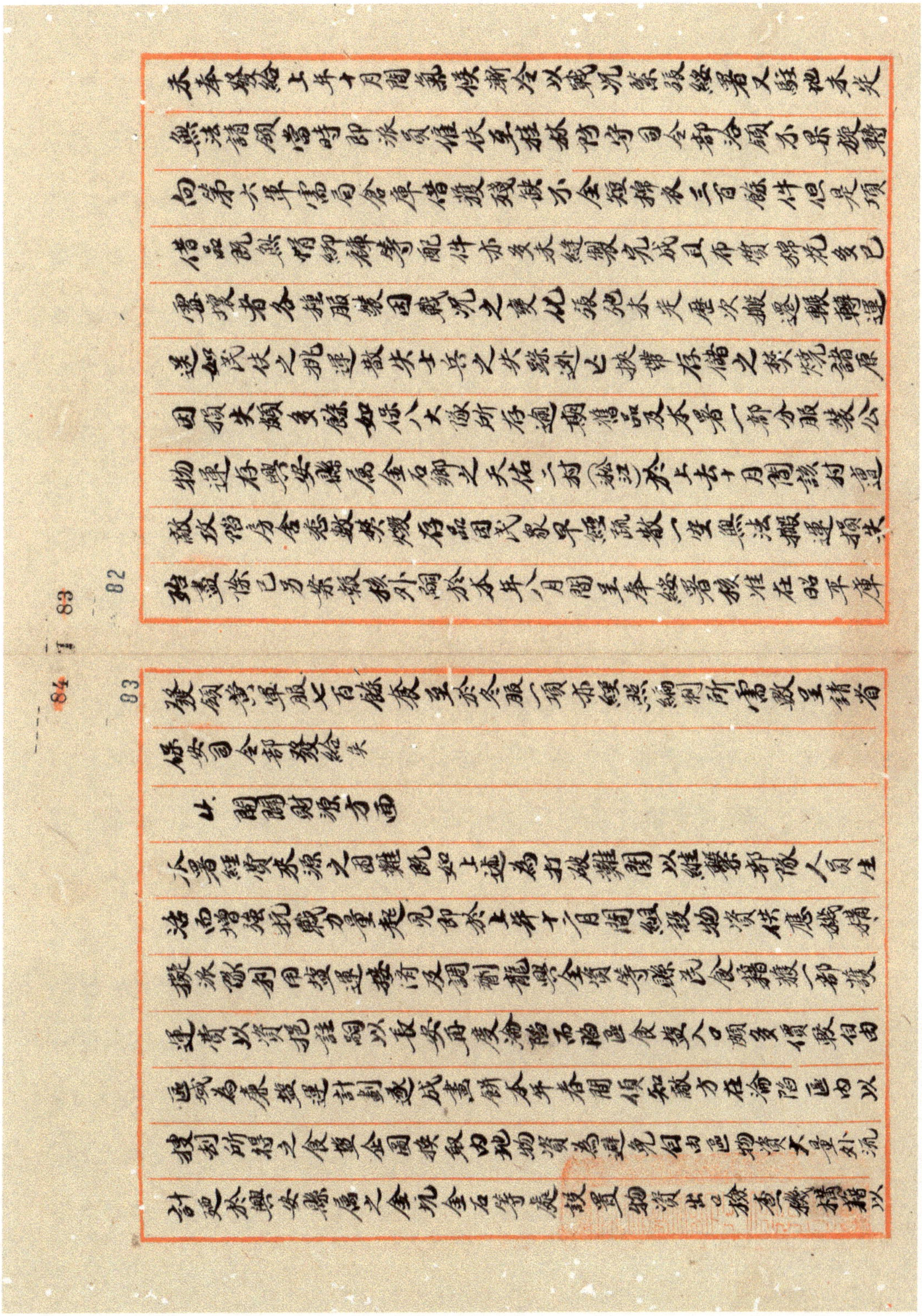

84

防止資敵凡有關國防用品如銅鐵五金鑛產軍用化學品等物均在禁止輸出之列餘如日用品豬牛牲畜由豆消耗品如紙烟烟葉酒及酒餅等類仍准運售但於通過時酌收檢查手續費按貨品性質從價徵收百分之二至百分之五以期減少輸出而示寓徵於禁之意並藉以查察防範漢奸敵諜之混入我自由區域所謂出口指由資龍興靈或湘西等處運售於湘桂鐵路綫一帶及以東之淪陷區或接近敵區者而言共計收入檢查手續費除開支委派人員薪糧津貼及開辦設備等項外餘存六十五萬五千八百餘元數目雖小但本署係安部隊經費始獲一時解決迄四月間接事寔情形此種檢查機構無繼續設立必要當即予以取銷由各有關縣府

85

負辦理檢查之責此本署因經費支絀無法請領開闢財源及設置檢查物資哨卡之經過情形也四月一日本署於興安全石鄉召開本區臨時行政會議以建制部隊正常及增給之經費無法請領接濟增編部隊及額外人員薪餉軍糧等項亦均無款支付維持經洽商資龍與靈各縣府同意並決議由各該縣府在徵收自衛捐或代徵國稅項下每月酌予提成繳署以資維持計每月資源提三十萬元龍勝二十萬元靈興兩縣則以未淪陷地區太小收入不多撥寔收三分之一提繳均由五月份起寔施故本署所屬各部隊經費至此始獲得暫時支持也截至七月止各縣繳來之自衛捐提成數計資源九十萬元興安五十七萬九千元龍勝六十萬元靈川肆拾萬六仟玖

伯三十元共貳伯壹拾捌萬五仟九伯卅元八月全省光復後本署對各縣自衛捐稅經飭停止提繳

綜計自卅三年七月至卅四年八月止建制增編各部隊及其他各項經臨費糧秣等項支出將達壹仟壹伯萬元弱而領入收入共僅柒伯伍拾壹萬柒仟玖伯餘元不敷而虧欠不下叁伯肆拾餘萬元又以保安部隊官兵待遇微薄未奉增加給與為維繫體健紀律計於八月份起照原副食費定額增加一倍（即官佐原支一千五百元增至三千元士兵六百元增為一千二百元）預算由八月至十二月五個月共約需壹伯柒拾餘萬元以省款支絀無法請領故虧欠及增加之數遵照主席黃八月十三日函示權由區屬各縣酌分負担籌繳伍伯萬元以應支付此項補助經費能否如數收足尚未可期蓋光復後地方財力有限也

六、其他

上述各縣係卅三年七月至卅四年八月止保安部門之一般經理概況也九月省保安司令部成立經理系統隨而改隸以後之經費軍糧等項當由省保部核發惟省保部因以預算未奉核定新給與尚未實施且款項支絀故本署保安部門經費請領頗感困難而官兵生活、亦覺窘迫經理改隸後今後之經理行政採用何種制度方式及一切辦理手續當必另有法令章則頒發以為辦理之準則惟此項法令章則應請於成立之始迅為訂定頒發俾有遵循而以後經臨

89

88

費之發領應請依期預發蓋經臨費之運用以能集中統籌迅確為主而官兵之薪餉方能如期清發經政始能迅速辦理依期報銷

軍糧一項關係軍食最屬重要區屬各縣經淪陷後者谷米遭敵洗劫一空未淪陷之縣又以撥付地方團隊及過境國軍部隊軍糧公糧使用亦已完罄且本年度當境各縣糧賦均已奉令完全豁免是則今後保安部隊軍糧自難仰各縣以是物撥給不能不預請按時價折發軍糧代金至於被服裝具之配發有關士兵保健及部隊軍容觀瞻仍請按規定迅速配發以資順利辦理

(乙)械彈方面

1.本署械彈之來源與數量

本署於去歲七月奉 令成立之初向綏署僅領獲伺來得手槍五枝子彈五百發以作護衛之用至九月初旬日寇竄境全灌興等縣相繼淪陷為增加地方團隊之武力曾面請張長官准於興安械庫具領七九步彈壹拾萬發木柄手榴彈五千顆十月下旬於永福再向桂林區團撥到敵亮手槍式拾柒枝子彈五千四百發又向第十六集團軍第一支隊羅司令正芬借得中正式步槍壹伯枝哈乞開斯輕機槍四挺

乙、所屬各單位械彈之來源情形

(一)所屬各單位之械彈大部均係由綏署發給內保安隊係按照編制配發較稍充足總計原有步槍二七六枝輕機槍二四挺敵亮

92 91

91 90

手槍二〇枝左輪手槍七枝七九步彈二三、三九八發輕機彈三三、〇七八發駁殼彈二、九〇一發左輪彈六二一發木柄手榴彈七〇八發

(二)各突擊部隊及直屬各縣自衛隊所用武器大部係地方公有或向民家借用故種類不一分配難均至於彈藥大部均由本署補給

叁、各直屬部隊械彈損耗情形

自戰事發生以來為達成牽制敵人消耗敵人之目的適時發動廣大之游擊戰以擾亂敵人後方並以應付敵人之掃蕩故各部隊銷耗彈藥為數甚鉅又因深入敵後運輸困難各縣自衛團隊所耗械彈亦無從統計而係八大隊與各直屬部隊歷次戰鬬所耗械彈則均經分別呈報在案總計自戰事發生至敵寇投降計係八大隊共損失步槍五枝損壞步槍弍枝輕機槍壹挺(現正修整中)銷耗七九步彈八、二八七發輕機彈九、一九五發駁殼彈七八三發左輪彈一〇〇發木柄手榴彈三九三顆直屬隊及突擊隊合計銷耗七九步彈輕機彈共四三、三〇四發駁殼彈六六六發手榴彈一、四八二顆

肆、本署械彈之發出損耗及現存數量

(一)本署械彈為數不多視所屬部隊之需要分別酌予補充計發給各直屬部隊中正式步槍一〇〇枝哈乞開斯輕機槍四挺駁殼手槍一二枝七九步彈共一七、九二五發駁殼彈三、五八七發木柄手榴彈一、四六五顆上列各數據各直屬部隊先後報稱歷

93

94 93

92

次與敵作戰除敵亮彈尚餘存三三二一發外其餘步機各彈
手榴彈均以如數銷耗失所有槍支幸無損失
(二)補給各縣共計七九步彈六四〇七五發敵亮槍五枝子彈一五〇〇發
木柄手榴彈三五九五顆
(三)去歲十月間派本署科員蔣清修械班技工黃必林至永福桂林
區團撥得敵亮槍彈回署據該員等報稱子彈一項經過百壽
高嶺時因彈箱索斷以致彈箱破裂因時入夜趕程至縣城
開箱檢查發覺漏失九〇發
(四)本署明瞭敵偽情況常派員携帶手槍深入敵處偵探敵
情據去員先後回署報稱幾次與小數敵偽遭遇共銷耗敵亮
彈二七三發
5、本署所有彈藥除發出尚未收回損耗者外現存七九步彈一四〇〇〇
發敵亮彈四五〇發

辰、第八區民團指揮部工作概況

甲、區團部之組織概況

(1) 第八區民團指揮部(以下簡稱區團部)之前身，乃係全州桂林兩區民團指揮部，迄本年五月奉民團總指揮部電飭調整，以行政區為民團區適照規定，合併全州桂林兩區團部為第八區民團指揮部，本區團部之人員，由區專署各科室之大部份官佐兼任，然因業務上究有若干差別，或特殊之需要，故又增設上尉參謀一，上等軍需佐一，軍士長二，附譯電員一，上士書記一，傳達兵二，及政工隊一，政工隊設政治隊長一，隊員三〇，總部派員主管區及所轄各部之政治工作，與蒐集情報，惟自改為第八區團部以後，內部人員，稍有更動，其組織系統與各部隊主官姓名(如附錄十一)

(2) 區團部所屬各部隊，計有第一直屬聯隊(湘山部)，第二直屬聯隊(桂林鄒部)，及自衛大隊(胡國秀部)，總計各部隊官兵達二三〇員(如附錄十三)

(3) 區團部所屬各縣之團隊，除臨桂、永富各縣因交通阻絕，不得確實報告外，其餘興、全、灌、資、義寧、龍各縣所有自衛隊之官兵，共達九五七七員名，(如附錄十四)

乙、區團部經費之收支

區團部所有人員，除係本部內官佐兼任不另支薪外，其餘專任人員及政工隊人員，截至本年八月份止，共支出經臨費式拾捌萬八仟餘元，是項經臨費，由本總指揮部核發歸墊。此外應補述者，即區團

94 95 96

部之軍粮，先後共購發壹萬肆仟肆百弍拾餘斤至所屬第一第二聯隊

暨自衛大隊之粮餉，均由各該隊在地方上自籌

丙、各團隊之動員與復員

各團隊之組織既經畧述其概，但為明瞭各團隊組織後之各種動

態起見，特將各團隊由動員起至復員止，再詳述如下

（人）縣自衛隊動員與復員

區屬各縣自衛隊組訓情形　上年八九月間，曾派本區參謀李思全隨

同綏署軍區合組之校閱組，出發桂北各縣校閱詳情，經該組另案

呈報外，事變以來，各縣各自為政，有將團隊擴編，超出原編制

數倍者，如興安陽朔是，有因政府應付無方，各自擁槍自衛者，如臨

桂百壽是，有處置失當，士兵變為土匪，或加入偽組織者，如義

寧是，有以收容散兵，充實力量，與敵博鬬甚力者，如靈川是，

有遵照民團組織遍佈各鄉，實行游擊者，如龍勝灌陽資源等

縣是，又有脫離縣府掌握，經常與敵肉博，而收宏大效果者，前

九三軍挺進司令，現在本部之少將副指揮官蔣餘蓀是，至於永福

則因大部淪陷，實力單薄，因而引起胡聯隊國秀入境，索榨民財

等諸種不法情事，此為敵寇入境，各縣團隊，一般動態，及至本

年六月間，據報敵寇紛紛北撤，似有退却模樣，本署為減輕

民衆負擔，而便於壯丁從事生產起見，令飭各縣自衛隊，限於

縣境收復後二週以內，將增編及擴編者，概行裁撤，作初步復員

之準備、並應以一人一槍為原則，多餘員兵資遣回籍，不得藉任何名義請求保留。近查各縣自衛團隊業已遵令縮編完竣，謹將原有及現存數臚列於後：

縣别	原有大隊數	裁汰大隊數	保留大隊數	裁撤日期	備考
灌陽	三	二	一中隊	卅年八月末	
百壽	一	大隊部、一、三兩中隊	第二中隊	八月二十日	
資源	二	一	一	八月末日	
龍勝	一	二中隊	一中隊	八月中旬	
義寧	三	二	一	八月六日	保留大隊改編為縣府警察隊
永福	一	一中隊	二中隊	八月末	

陽朔	四	三	一	八月廿日
興安	六	五	一	八月廿日
全縣	五	四	一	九月廿日
靈川	四	三	一	九月五日
臨桂	五大隊 五中隊	四大隊 三中隊	一大隊 二中隊	九月十五日

(乙)本部各直屬隊員與復員

本部甫經成立，戰事即蔓及全興，當遵照四戰區張長官意旨，於區屬組織三個突擊大隊及一直屬中隊，去歲十月中旬，次第成立，共計官佐六二員，士兵六八八名，人槍來源，概由區屬選募、借用，為便於予敵寇以打擊，遂將各突擊隊，分佈於興安之漠川、犁頭、金坑、西山等鄉，全縣之

101
100

内建外建，靈川之潭下百壽之雅安，保安，龍勝之大羅，年來雖在裝備簡單，給養困難，械彈缺乏之艱險環境下，對疏散區之防守，交通綫之破壞，敵倉庫營地之襲擊，尚能達成任務，並收獲相當成果，惟自上項突擊隊於本年元月間接奉民團總指揮部，三十三年酉馬民參代電，飭即撤銷，並飭改組為各縣自衛隊，遵於元月十日，通飭分別辦理結束矣，復查各縣地方有志之士，或在鄉軍官，紛紛組織自衛團隊，其中有軍紀嚴明，確係保衛桑梓者，有巧立名目，打家叔舍者，有為擴充一己之實力，互相殘殺者，光怪陸離，情形異常紊亂，此種現象，尤以鐵路以東地區為甚，本署為綏靖地方，處置非法組織，貫澈政府法令起見，特派員分赴各地，實行勦撫，始納於正軌，年來奉准，撥歸本部直接指揮之團隊，計有前九三軍挺進

102
101

司令蔣餘蓀所部，人槍約千餘，前在資全邊境，與敵博鬥經年，頗有斬獲，蔣已奉派為本區團少將副指揮官，其所部改編為本部直屬第一聯隊，並委該部副司令蔣山亮聯隊長，刻因戰事結束，為減輕民衆負擔，特規定該隊復員辦法二項（一）該聯隊凡籍屬本區內之員兵，着即於奉電後，一律復員還鄉，外籍員兵，一時無法還鄉者，另候處置（二）該聯隊所有前借九十三軍槍彈，或公槍，應派員集中或交當地縣府保管，屬於民槍者，一律退還原主，又臨桂兩江鄉李松齡部，經呈准改編為本署直屬自衛大隊，為使名稱統一，改稱直屬第二聯隊，前據臨桂縣長振文報告該隊人約六百，槍僅二百餘，因該縣經費籌措困難，請令飭該隊縮編等情，經令飭該隊即行緊縮，應按本部聯隊編制表辦理，如不足額，即將聯

102

隊名義取銷，改稱自衛大隊，自兩江桂林等地，相繼收復後，該隊自動請求取
銷，惟因該隊，尚有外籍官兵三十人，暫請撥編為臨桂縣自衛隊，又前桂林
區團直屬特務隊胡國秀，人約三百餘，槍則半數，自黃瑞華羅志強相繼出走
後，該區團奉令撤銷，胡失憑藉，即移駐永福之堡里一帶，並向地方需索餉
糧，民眾苦之，本部據報後，即電請上峯迅予處置，旋奉民團總部巳皓
參三電，飭將該隊人槍撥編本部，改稱直屬自衛大隊，遵經電飭，將撥編
情形具報，惟遷延日久，均未見呈覆，及至時局好轉，該大隊始於八月中旬，將
改編經過報署，計裁汰原第一、三兩大隊及突擊隊，合編為第一中隊，原第
八中隊，改編為第二中隊，第九中隊及特務分隊，合併編為第三中隊，並保
留機槍隊一隊，刻因戰事業已結束，該大隊及各直屬隊，亦再無保留之必要

103

遂於出巡督導各縣辦理善後，途經永福時，命令該大隊移駐臨桂之會仙鄉
並將所部，限於九月五日以前資遣完畢，所需各項費用，着臨桂縣府核發
（共計拾餘萬元）所有該大隊武器，應由臨桂國民兵團龍副團長作麟及胡
大隊共同負責保管，並報本部備查，又義寧縣自衛隊石世胃所部，原為
該縣唯一武力，駐中庸鄉後，撥歸湯方面軍指揮，改稱桂北突擊隊，人約
三百餘，向民間借用雜槍約二百餘，輕機槍四挺，並由十三軍石軍長覺
補給該隊一部份武器，計有中正式步槍一四〇枝，輕機一二挺，擲彈筒三〇枝
槍榴彈三百發，步槍彈約五萬發，九月二日，已全部復員，凡屬民槍者，
一併歸還民間

（3）一年來各團隊與敵作戰經過

105 104

湖目黃沙河兼守，敵騎長驅直入，沿途焚殺擄掠，無所不用其極，尤以交通
線所經之各縣受災尤為慘重。我因兵力衆寡懸殊，暫避其鋒，兼因械彈補充
困難，不與敵作主力戰，得不償失也，乃以少數輕裝部隊，相機出擊。我
裝備武器雖不如敵，然地利人和均操於我，故每次戰役，不僅以少勝衆，且
多有斬獲，並巧為利用複雜之山地，傷亡尚少。如零川縣與敵周旋經
年，大小戰役不下數十次，敵之傷亡，不可數計，曾一度企圖進犯該縣
所於據地，均遭擊退，致使敵寇疲於奔命，經常牽制敵數千之衆。
又如全興寺縣及本部直屬各游擊隊，每探悉敵寇外出，搶掠物資，
即派隊跟蹤追擊，或潛伏要隘，分進合擊，年來除被我當場擊斃
者，為數近萬外，先後俘獲敵官兵共三十員名，未報要由而逕送交上四

106 105

軍者尚不計入。敵因屢遭挫、我團隊奇襲游擊戰術，大感不安，乃有
三大規模施行掃蕩，我則嚴陣以待，敵始終不敢越雷池一步。各團隊歷
次戰鬥詳報表，業已另案呈報，至作戰經過紀要見附錄十五

九

49

廣西省政府委員會第七百六十五次會議紀錄

時間：三十四年六月廿七日上午八時

地點：本府會議廳

出席者：黃旭初　陳良佐　黃樸心　闞宗驊
　　　　陳壽民　陽明炤　黃中廑
　　　　張心澂
　　　　王遜志　孫仁林　朱朝森
　　　　尹承綱　梁朝璣
　　　　嚴海峯　申守真　鄭士襄
　　　　陳大寧　魏競初　黃滇恩

缺席者：

列席者：

主席黃旭初　紀錄陳壽民

主席恭讀　國父遺囑

宣讀第七六四次會議錄

50

壹、報告事項

一、民政廳報告　奉第二方面軍司令官司令部轉飭政府機關需用韓僑工作應與韓國臨時政府洽商并須先報軍委會核准等因特提出報告

貳、討論事項

一、闞委員宗驊提議　本省船舶管理處墊支派員查案旅費九、七四四元五〇分擬予發還賑款由獸疫防治隊卅三年度剩餘經費項下移用當否請　公決

決議　通過

二、陳委員良佐提議　本年度防疫經費不敷擬呈請中央追加壹仟萬元當否請　公決

決議　通過

三、陳委員良佐提議　擬於本年六月底裁撤本府警衛總

52　51

隊所餘經常費及梧州警察局剩餘經臨費暨本年度省預算警察設備費共三二五二、七二九元擬從新分配入柳邕梧三警局經臨費又前桂林市警察局擬暫改為桂林警察局直隸本府經費在中央未核准前并擬由上項節餘費內墊支再柳邕梧三警局剩餘公粮共一、六〇五、二四〇市斤并擬從新分配為邕警局六至十二月及桂柳梧各警局七至十二月公粮除邕局已飭於六月一日成立外其餘桂柳梧未光復前擬暫編為桂柳梧警察大隊直隸本府所需經費公粮在各該地警局內開支當否合將各局編制預算等表提請　公決

決議　通過

四、陳委員良佐

陳委員壽民提議　查卅三年度各專員縣長考績案業經核定謹依據考績〻分分別擬予懲獎當否合列表提請　公決

決議　通過

五、陳委員良佐提議　桂南收復各區縣善後會議所需費用壹佰萬元擬在抗戰預備金墊支當否請　公決

決議　通過

叁、任免事項

一、主席提議　擬派沈文湘代理本府建設廳農業管理處技正當否請　公決

決議　通過

二、主席提議　本府民政廳第三科〻長黃正傑另有任用經予免職遺缺擬調派視察員溫偉民代理遞遺之缺并擬調派第四區專員兼保安司令公署督導員莫明代理當否請　公決

決議　通過

三、主席提議　本府民政廳視察員梁煥蕃因案經予撤職遺缺擬派陶起潛代理當否請　公決

決議　通過

四、主席提議　南寧警察局長擬調派百色警察局局長蘇樂民充任所遺百色警察局長缺並以該局秘書黃欽如升充當否請　公決

決議　通過

散會　十一時

抄送

本會第七十六次政務會議不列議程之案

壹　報告事項

一、民政廳報告　奉第二方面軍司令官司令部電須清剿村匪伙

叛計劃將擬會報告如何辦理并請決定

決定　與警署會商辦理

二、財政廳報告　據審計處駐府審計人員辦公室函為新興事業費

第一預備金與第二預備金各費類均由調撥應照動支法案呈請撥給

該局機關一案特提出報告

三、財政廳報告　關於桂北行署追加普通費奉准撥一、〇四〇、三八四五元現

該署復請將追加總數二百五十萬元特提出報告并請決定

決定　由財政廳主辦核撥各項開支之數列報再核

四、建設廳報告　奉令協助修築南寧公路經大係等十縣征調民工

建築翻修路狀共計壹佰八十五公里按期到達工作特提出報告

五、主席報告　擬訂應置三十三年度省級各機關預算經費

費額之預算或應變費不敷支用之彌補辦法四項特提出報告是否

妥可行并請決定

決定　照辦

四、糧食管理處報告　現在本省第三代金之省級機關公糧

撥自上月份起暫照現發之二月份代金調整發給代金至現駐

地區及就近隨地撥付雖非隨區而不屬第三代金之省級機關

公糧并照以就地領用實物為原則如應領實物者須發給代金則

照現在當地市價調整公糧代金基本數折發代金是否可行合報請

決定

決定　照辦

七、建設廳報告　關於第七十四次會議修正廣西省桂綏三十三年度

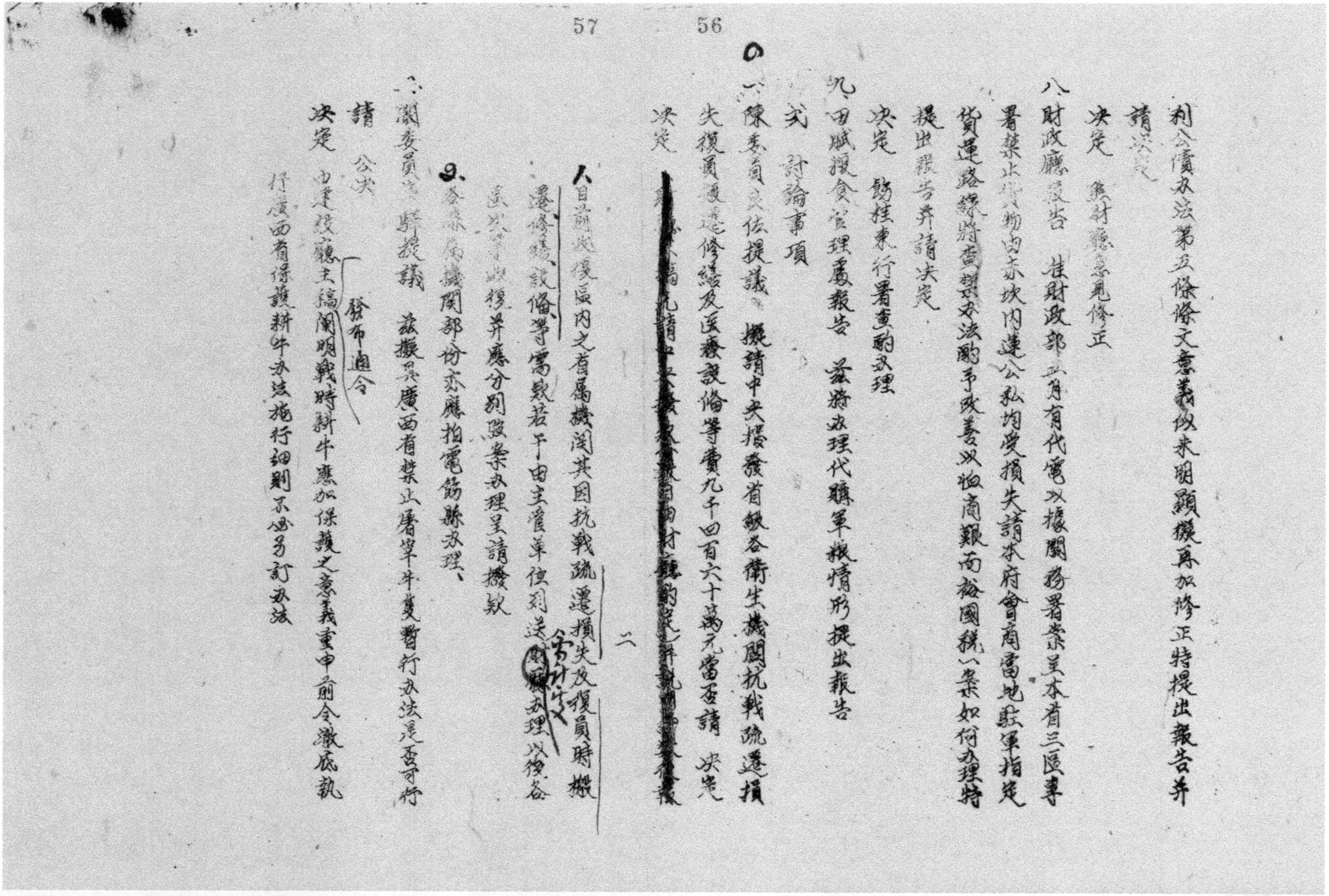

57 56

利公債办法第五條條文意義似未明顯擬再加修正特提出報告并
請決定
決定 照財廳意見修正
八、財政廳報告 准財政部五月有代電以據關務署案呈本省三區專
署禁止貨物由赤坎內運公私均受損失請本府會商當地駐軍指定
貨運路線將當地交通予以改善以恤商艱而裕國稅一案如何办理特
提出報告并請決定
決定 飭桂東行署查酌办理
九、田賦糧食管理處報告 簽請办理代購軍糧情形提出報告
貳 討論事項
一、陳委員良佐提議 擬請中央撥發省級各衛生機關抗戰疏遷損
失復員遷修綫及医藥設備等費九千四百六十萬元當否請 決定
決定 [illegible]
二
1、目前收復區內之省屬機關其因抗戰疏遷損失及復員時擬
遷修綫、設備等需款若干由主管單位列送（會計室）办理以後各
[illegible]收復并應分別照案办理呈請撥款
2、各縣府機關部份亦應指電飭縣办理、
十、闞委員宗驊提議 茲擬呈廣西省禁止屠宰牛隻暫行办法是否可行
請 公決
決定 由建設廳主稿闡明戰時耕牛應加保護之意義重申前令澈底執（發布通令）
行廣西省保護耕牛办法施行細則不必另訂办法

58

查本府委員會第七六五次會議不列議程之案討論事項第一案決定第一項文字內「財廳」二字奉諭改為「會計處」三字相應抄請查照更正為荷此致

民政廳

秘書處

七月五日

70

本省電話線路遍佈全省，電力廠原有發電量萬餘瓩，將來尚望能盡量擴充，又本省河流叢錯，灘多水急，水力隨處可能利用以發電，此項建設將來希望極力推行。電工器廠之設置殊感切要。過去本省電工器材工業有中央無線電廠及電工器材第二第四兩廠暨若干民營小型製造廠，惟均在卅三年淪陷時遭敵摧毀，前值復員伊始，一切工礦交通事業需要電工器材更為迫切，故擬籌設電工器材廠，藉以供應省內電訊以及各種工業所需之大量電工器材

71

筹設廣西電工器材廠計劃

一、緣起

查本省之電氣事業戰前尚在萌芽時期，在戰期中沿海工廠遷來本省，電器事業頗見進步，但原料進口困難，從事斯業者遂有多種仿造品及代用品出現，但在淪陷之後，省內電氣產業在卅三年受敵人之侵毀摧殘，原在桂林之中央無綫電製造廠、中央電工器材第二、第四以及若干民營工廠均遭損失，茲在復員伊始，関于時代最需要之電工器材，擬籌設電工器材廠一所，以供應省內電信電燈以及各種工業所需要之大量電工器材

二、計劃要点

擬以下列各部門綜合組織之

甲、工廠部門

118

1.無綫電机廠　專製各式大小收發報机收發話机廣播机長短波超外差式收音机公共頻譜机等及其他有關之配件預計製造上列各机平均每月出品壹佰整部

2.有線電机廠　專製各式大小交換机掉机皮机及其他之配件預計製造上列各机平均每月出品貳佰架

3.電池廠　專製各種電信應用之蓄電池並AB乾電池及民衆日用品C(手)電池預計每月出品蓄電池壹佰隻(壹萬片)正負極片乾電池A三百打B三十打C二千打

4.電机廠　專製各種交直流發電机大小電動馬達電信用移動發電机手搖發電机大小電力變压器及其他關于電信電力之各種配件用具預計製造上

119
72

列各机每月平均出品壹佰部

5，電瓷廠　專製電信電力應用之各種大小絕緣子預計製造上列出品每月平均壹佰萬個

6. 燈泡廠　專製各種無線電机應用之真空管各種大小之特電燈泡商用牛紅燈預計製造上列物品平均每月出品二十万隻

7，設廠地点：柳州或桂林

乙，全廠設備

一，机器工具

1. 動力　三〇〇匹馬蒸汽動力机一部 二五〇開維愛交流發電机壹部 大小馬達四集合三〇〇匹馬力

2、工作机　车、刨、钻、铣等工作母机及各部门专门工作机附属工作机共五二部
3、工具　各部门全部传动装置全部机钳铸锻木工场应用工具
二、房屋
1、厂房　有无线电机电池电瓷电机灯泡铸锻木凡九工场及动力发电所房
共十大栋
2、办公厅　成品室材料库医务所职员及工人宿舍等共十四大栋
3、传达室厂警室厨房浴室厕所共五小栋
丙、资本来源　资本国币拾陆亿圆拟一、完全官办者资金专案请中央
拨付二、官商合办者除将机器折价拨作官股外余招商股商股募集不足由
省出资作官股补充

73

丁、机器來源　請由美將聯合國善後救濟總署交給我國之動力机工作母机及各具等撥貸本廠部按計劃需要之設備分配給與其余部机器及配件等　如遇救濟善後總署交給我國之机器項目內未列入無由撥與者得向國外廠商訂購

戊、預期效率

本廠籌備時間定為一年正式營業後每年營業歲入預計額國幣六〇五六〇〇、〇〇〇元一切業務開支歲出預計額國幣一五六三、七〇〇、〇〇〇元全年純利預計國幣四八八、二〇〇、〇〇〇元

附籌設廣西電工器材廠開辦費概算創業費概算營業業務概況表

籌設廣西電工器材廠開辦費概算

項目	數量	單價	年總金額（單位元）	備註
職員薪俸	八〇員	五〇、〇〇〇	六〇、〇〇〇、〇〇〇	
工役工資	一二四四名	二五、〇〇〇	三七三、〇〇〇、〇〇〇	
郵電文具消耗			四八〇、〇〇〇	
動力燃料費	估計每年需用烟煤三六〇〇噸 棉油六〇〇加侖	烟煤每噸一六、〇〇〇元 棉油每加侖六、〇〇〇元	六八、六〇〇、〇〇〇	
旅運費			四五、〇〇〇、〇〇〇	
獎勵金			一〇、〇〇〇、〇〇〇	
修繕費			一五、〇〇〇、〇〇〇	
雜費			一五、〇〇〇、〇〇〇	

儲備金	一六，〇〇〇，〇〇〇
總計	六〇〇，〇〇〇，〇〇〇

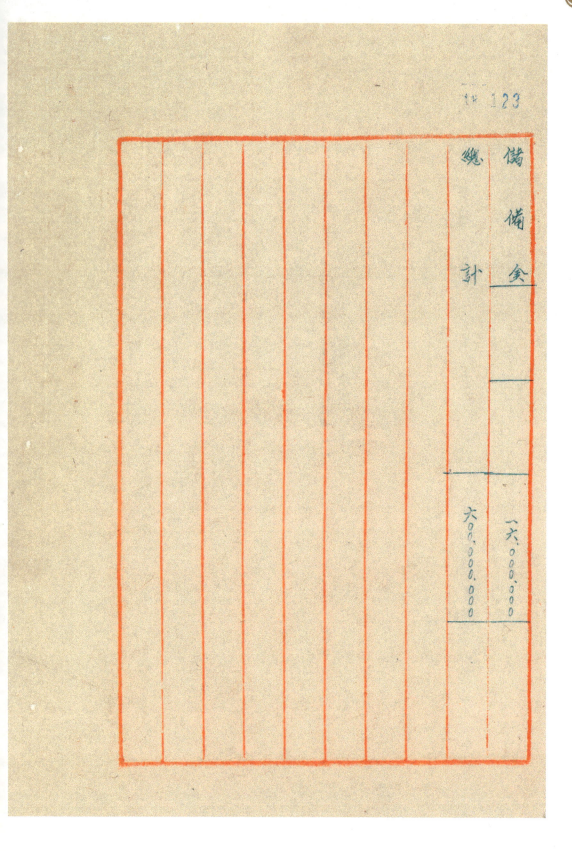

124

75

籌設廣西電工器材廠創業概算表

項目	數量	單價	合計金額	備考
一、設備費			四三〇、六〇〇、〇〇〇元	
300HP蒸氣動力機連鍋炉	一		九〇、〇〇〇、〇〇〇	
250KVA發電機	一		七五、〇〇〇、〇〇〇	
大小電動機(200HP)	四〇只		六〇、〇〇〇、〇〇〇	
大小車床	二〇部	一〇〇、〇〇〇	二、〇〇〇、〇〇〇	
大小龍門刨床	六部	三〇〇、〇〇〇	一、八〇〇、〇〇〇	
大小牛頭刨床	一〇部	一八〇、〇〇〇	二四〇〇、〇〇〇	
大小萬能銑床	一〇部	六〇〇、〇〇〇	六、〇〇〇、〇〇〇	

125

大小龍門萬能銑床	六部	六00,000	三,六00,000
大小自動馬達冲床	二0部	八0,000	一,六00,000
大小拖床	一0部	二00,000	二,000,000
大小磨床	一0部	四00,000	四,000,000
大小自動螺絲機	六部	六00,000	三,六00,000
製膠木品機	四副	一,000,000	四,000,000
電刻機	二部	二00,000	四00,000
和粉機	二部	一00,000	二00,000
壓鑄機	一0部	一00,000	一,000,000
大小鑽床	二0部	八0,000	一,六00,000

126

76

捲紙筒機	一〇部	五〇,〇〇〇	五〇〇,〇〇〇
捲邊機	一〇部	一〇〇,〇〇〇	一,〇〇〇,〇〇〇
電磁去鐵機	二部	一,〇〇〇,〇〇〇	二,〇〇〇,〇〇〇
繞紗包綫機	二部	二〇〇,〇〇〇	四〇〇,〇〇〇
電磁繞紗機	一〇部	五〇,〇〇〇	五〇〇,〇〇〇
噴砂機	六部	一〇〇,〇〇〇	六〇〇,〇〇〇
拋光車	六部	二〇,〇〇〇	一二〇,〇〇〇
250A 6V D.C. 發電機	四部	二〇〇,〇〇〇	八〇〇,〇〇〇
大小自動繞綫機	一〇部	二〇〇,〇〇〇	二〇〇,〇〇〇
碾粉鐵磨	一〇部	一五〇,〇〇〇	一五〇〇,〇〇〇

排氣機	二部	一〇〇〇、〇〇〇	二〇〇〇、〇〇〇
搓絲機	一〇部	八〇、〇〇〇	八〇〇、〇〇〇
捲絲機	一〇部	八〇、〇〇〇	八〇〇、〇〇〇
接线機	一〇部	八〇、〇〇〇	八〇〇、〇〇〇
封口機	一〇部	八〇、〇〇〇	八〇〇、〇〇〇
裝頭機	一〇部	一〇〇、〇〇〇	一〇〇〇、〇〇〇
点銲機	一〇部	一〇〇、〇〇〇	一〇〇〇、〇〇〇
玻璃工作機	一〇副	五〇〇、〇〇〇	五〇〇〇、〇〇〇
噴漆機	四副	二〇〇、〇〇〇	八〇〇、〇〇〇
電銲機	四副	二〇〇、〇〇〇	八〇〇、〇〇〇

77 128

枱虎鉗	二〇〇具	五、〇〇〇	一〇、〇〇〇、〇〇〇
電器各種測試儀	四副	一〇、〇〇〇、〇〇〇	四〇、〇〇〇、〇〇〇
電瓷燒炉	一座		一四、〇〇〇、〇〇〇
傳動設備	六副	一〇、〇〇〇、〇〇〇	六〇、〇〇〇、〇〇〇
鍛工設備	全副		一〇、〇〇〇、〇〇〇
鑄工設備	全副		三〇、〇〇〇、〇〇〇
木工設備	全副		二、〇〇〇、〇〇〇
其他各種應用工具一批			六〇、〇〇〇、〇〇〇
二、建廠費			四六九、三八〇、〇〇〇
地皮購置	六〇〇〇井	一〇、〇〇〇	六〇、〇〇〇、〇〇〇

有無線電電池電臺 電機灯泡六廠屋	（每座八〇井）六座	二〇〇,〇〇〇	九六,〇〇〇,〇〇〇
鍛鑄木工場	（每座六〇井）三座	二〇〇,〇〇〇	三六,〇〇〇,〇〇〇
動力間	（四〇井）一座	二〇〇,〇〇〇	八,〇〇〇,〇〇〇
辦公廳	（每座八〇井）六座	三〇〇,〇〇〇	四八,〇〇〇,〇〇〇
成品室	（五〇井）二座	二〇〇,〇〇〇	二〇,〇〇〇,〇〇〇
材料庫	（四〇井）二座	二〇〇,〇〇〇	一六,〇〇〇,〇〇〇
醫務所	（四〇井）一座	二〇〇,〇〇〇	八,〇〇〇,〇〇〇
職員宿舍	（八〇井）二座	二〇〇,〇〇〇	三二,〇〇〇,〇〇〇
工徒宿舍	（八〇井）六座	二〇〇,〇〇〇	九六,〇〇〇,〇〇〇
傳達室	（十井）一座	二〇〇,〇〇〇	二,〇〇〇,〇〇〇

警衛室	一座（二〇井）	二〇〇,〇〇〇	四,〇〇〇,〇〇〇
廚房	一座（四〇井）	二〇〇,〇〇〇	八,〇〇〇,〇〇〇
浴室	一座（二〇井）	二〇〇,〇〇〇	四,〇〇〇,〇〇〇
廁所	二座（二〇井）	二〇〇,〇〇〇	八,〇〇〇,〇〇〇
圍廠竹籬	二七六〇方丈	五〇〇	一,三八〇,〇〇〇
傢具			三,〇〇〇,〇〇〇
三 流動資金			一〇〇,〇〇〇,〇〇〇
材料儲備	儲備半年工作所需各部門各項材料		一〇〇,〇〇〇,〇〇〇
總計			一,〇〇〇,〇〇〇,〇〇〇

9131

籌設廣西電工器材廠

業務概況

營業收入（每月）

按最高製造成本最低價估計

每月按二五日全年按三百日工作計算

一、製造各種無線電機（收發報機收發話機廣播機長短波超外差式收音機公共演講機電化教育有聲電影機等）一百整部

平均每部二0,000元共二0,000,000元

二、製造各種有线電機（交換機桿機皮機等）二百架平均每架一00,000元

共二0,000,000元

三、製造各種電池（蓄電池（○○只電池正負片一○、○○○片甲電池三○○打B三○打C電池一千打）共收入二一、○○○、○○○元

四、製造各種電機（交直流發電機電動馬達移動發電機手搖發電機電力變壓器等）平均一百部收入五○、○○○、○○○元（平均每部五○○、○○○元）

五、製造各種電瓷絕緣子一百萬個共收入二○、○○○、○○○元

六、製造各種燈泡（無線電真空管及各種電燈泡）二○萬隻收入四○、○○○、○○○元

全月總收入一七一、○○○、○○○元

開支及負担（每月）

一、營業稅　二五六五、○○○元

80

稅率為售價之1.5%

171,000,000×0.015＝2,565,000元

二、利息　四八,000,000元

資金　1,600,000,000×0.03＝48,000,000元

三、折舊　七五00,000元

建築機器設備計九00,000,000元

平均十年折舊

900,000,000÷(10×12)＝7,500,000元

四、開辦費攤提　100,000,000元

按分五年攤還

600,000,000÷(5×12)=10,000,000元

五、原料　一四,000,000元

每月需用鋼鉄銅錫鋁鉛錳等原料一四〇噸

平均每噸100,000元計　100,000×140=14,000,000元

六、燃料　五,100,000元

每月需用烟煤約三〇〇噸　棉油五〇加侖

以烟煤每担一六,000元　棉油每加侖六,000元計

(300×16,000)+(50×6,000)=5,100,000元

七、職雇員薪津伙食費　五,000,000元

各級職雇員一〇〇人每人每月平均五0,000元

135

8

50,000×100=5,000,000元

八、工役工資伙食　三一、一00,000元

工人學徒工役一二四四名平均每月每人二五,000元

1244×25,000=31,100,000元

九、辦公費　八00,000元

包括文具郵電消耗等費約八00,000元

十、旅運費　三、七五0,000元

原料燃料購運暨人員出差旅費約三、七五0,000元

十一、修繕費　一、二五0,000元

十二、雜項開支　一、二五0,000元

136

全月總支出一三0、三一五、000元

收支相抵每月盈利四0、六八五、000元

171,000,000－130,315,000＝40,685,000元

全年純利 40,685,000×12＝488,250,000元

校对 [illegible]

6000 [illegible]

~~10000~~

丹

廣西省公路管理局三十五年度工作計劃書

8-1

廣西省公路管理局三十五年度工作計劃書

一、概説

沿革：本省公路建設自民國十六年開始迄今十有八載全省已成幹路共計四千三百二十四公里中經民國二十八年及三十三年日寇兩次侵入奉令破壞復以山洪暴發冲毀者幾達百分之九十以上迨三十四年秋我軍反攻日寇投降省內淪陷各地次第收復為配合軍事需要本省各路段奉令搶修由本局及第四公路工程總隊西南路局粵桂公路工程管理局分別搶修已次第通車惟搶修工程因時間人力物力關係多屬便橋便道未能經久自非於進入保養階段時期鋭意改進不可至本局局址原設南寧二十八年遷設柳州三十三年疏散至百色三十四年秋收復南寧仍遷回舊址

組織：本局組織章程業奉廣西省政府轉奉行政院頒發設局長一人簡任副局長總工程師秘書各一人均薦任局內分設總務工務管理三課各設課長一人及會計室設主任一人三十四年十月奉廣西省政府秘人字第六四二號寢代電增設統計室設主任一人課長室主任均薦任技正四人至六人均

钁頭、	五0個	一00,000元	五,000,000元
钁劊	四0把	五0,000元	二,000,000元
井鍋	三0個	一00,000元	三,000,000元
菜刀	二0把	一00,000元	二,000,000元
柴刀	二0把	五0,000元	一,000,000元
砧板	五0個	二00,000元	一0,000,000元
飯碗	五00個	一00,000元	五0,000,000元
菜刅	三00個	一00,000元	三0,000,000元
服裝			
警役服裝	九五四套	一,000,000元	九五四,000,000元

廣西省公路管理局三十五年度經費收支概祘對照表

附表四

收入部門

款	項	科目	金額
一		政府撥發經費	五六八五八七八〇元
	一	政府撥發經費	五六八五八七八〇元
二		養路費	四五〇〇〇〇〇〇元
	一	養路費收入	四二八〇〇〇〇〇元
	二	渡河費收入	二四六〇〇〇〇元
	三	車捐收入	四〇〇〇〇〇元
	四	罰金收入	三〇〇〇〇〇元

支出部門

款	項	科目	金額
一		經費支出	五六八五八七八〇元
	一	俸給費	一六七〇三八〇元
	二	辦公費	四一三四四〇〇元
	三	購置費	一三一六〇〇〇〇元
	四	特別費	一九四〇〇〇〇元
二		工程費支出	一六〇七六〇三〇〇〇元
	一	路線維持費	一五五三四三三〇〇〇元

五	其他收入	四、二〇〇〇〇〇元
三	政府補助款項	一五、六二六、二〇三〇〇〇元
一	政府補助款項	一五、六六六、二〇三〇〇〇元
	合計	一六、一三三〇六八、七八〇元

二	河道維持費	四五九七、五〇〇〇〇〇元
三	特種工程費	四八二六八、〇〇〇〇元
四	工程運輸費	四五〇、〇〇〇〇〇〇元
五	監理費	一七、七六〇、〇〇〇元
六	其他支出	二、三七〇、〇〇〇〇元
	合計	一六、一三三〇六八、七八〇元

三

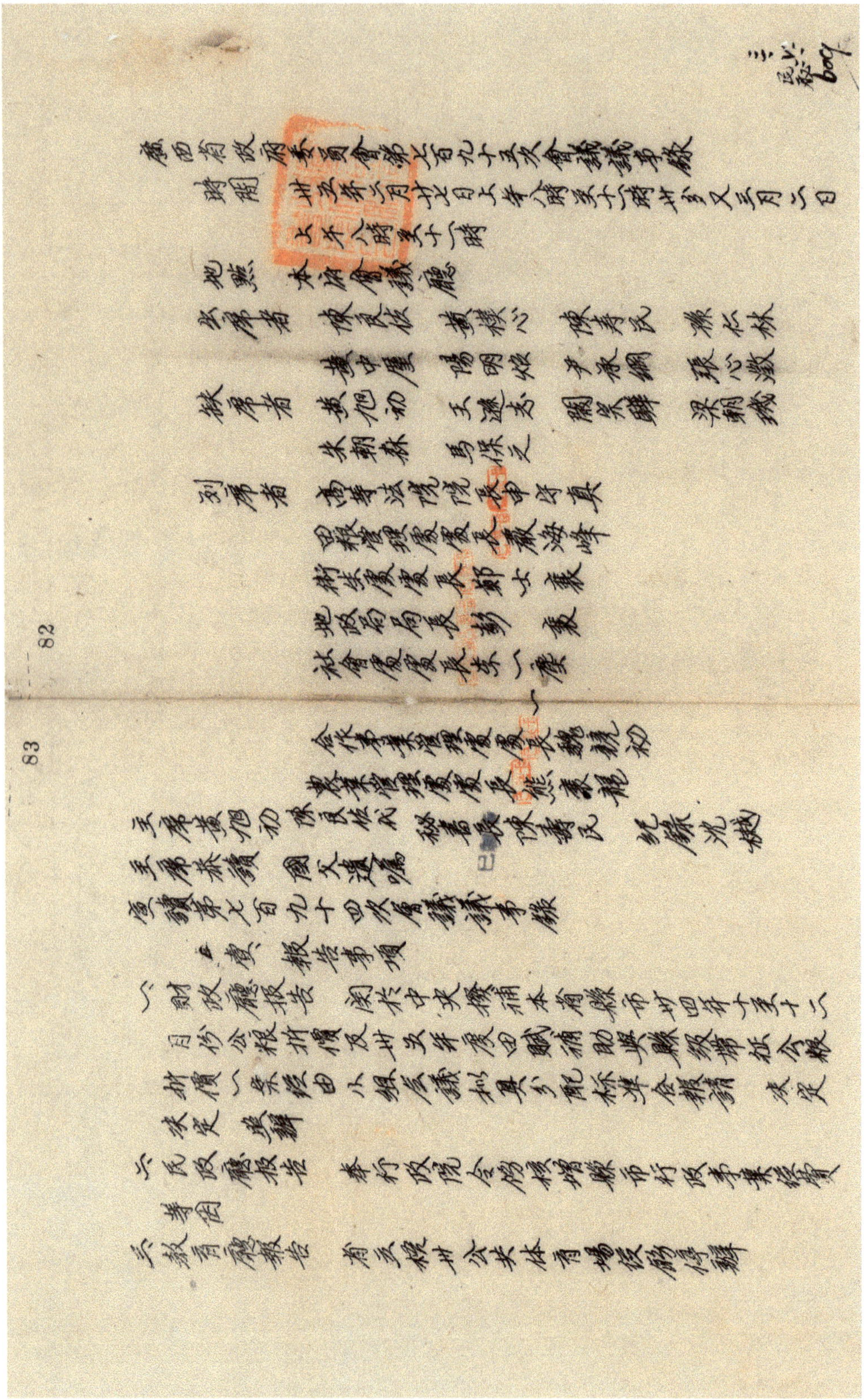
三六
民秘
609

82

廣西省政府委員會第七百九十五次會議議事錄

時間 卅五年二月廿七日上午八時至十一時卅分又三月二日上午八時至十一時

地點 本府會議廳

出席者 陳良佐 黄樸心 陳寿民 孫仁林 黄中廑 陽明炤 尹承綱 張心澂

缺席者 黄旭初 王遜志 關宗驊 梁朝璣 朱朝森 馬保之

列席者 高等法院院長申守真 田粮管理處處長蕭海峰 衛生處處長鄭士襄 地政局局長彭襄 社會處處長朱一麐 合作事業管理處處長魏競初 農業管理處處長熊襄龍 秘書長陳壽民 紀錄沈機

83

主席黄旭初 陳良佐代

主席恭讀 國父遺囑

宣讀第七百九十四次會議議事錄

壹、報告事項

一、財政廳報告 關於中央撥補本省縣市卅四年十至十二月份公粮折價及卅五年度田賦補助與縣級帶征公粮折價一案經由小組會議擬具分配標準合報請 決定

決定 照辦

二、民政廳報告 奉行政院令飭核增縣市行政事業經費等因

三、教育廳報告 省立桂林公共体育場經飭停辦

四、設計考核委員会報告　奉行政院訓令轉發中央及各
省市政務机関卅三年度推行行政三聯制情形考察簡
報飭遵辦具報等因

弍、討論事項

一、陳委員良佐提議　奉行政院核准在特別預備金項下
動支五十萬元為省參議會選舉費等因合提請　追認

決議　追認

二、王委員遜志提議　本廳卅四年度經費不敷甚鉅擬援
用是年度財務支出第一預備金二六三七三元以資彌
補其餘不敷之數并擬請會計處查照小組會議決定由
其他結餘款移用當否請　公決

決議　通過（并案報行政院追加）

三、陳委員壽民提議　本年春節本府犒賞三十七後方医

二

院榮譽軍人國幣卅六萬元又捐助桂林市難民冬令救
濟会國幣五萬元共四十一萬元擬在本年度特別預備金
項下撥支當否請　公決

決議　通過

四、黄委員樸心提議　擬將卅四年度公費失結餘副食費
一四三三四、七七五元撥給省立桂林師範學校等卅四校
院校役員賞（附分配表）當否請　公決

決議　通過

五、關委員宗驊提議　本廳卅四年度經常費超支二四〇、一四
五元擬在卅四年度省庫預算第一預備金項下撥還
歸墊當否請　公決

決議　通過

六、關委員宗驊提議　擬將廣西省專用電話工程隊卅四

86

年度追加預算及卅四年五月至十二月份經費共一八九六、六六八元移為該隊購置費當否請　公決

決議　通過

七、黄委員模心提議　擬將省立醫學院卅四年度員工生活補助費結餘二〇、七九八〇、六六元三五分移為該院復員費當否請　公決

決議　通過

八、黄委員模心提議　擬將省立桂林中學卅三卅四年度結餘生活補助費移作該校復員費及歸墊疎散費并擬定移用分配辦法兩点當否請　公決

決議　通過

九、闞委員宗驊提議　関於辦理湘桂鉄路桂段路股調查登記清理股冊重編及補發股票及息摺等事務所需之

二

87

本費四十萬元擬在卅五年度建設第一預備金項下開支當否請　公決

決議　通過

十、主席提議　第二區專署墊過卅四年度增設英語翻譯員三人之薪俸共三十三萬零一百五十元擬在卅四年度省總預算戰時特別預備金項下撥發歸墊當否請　公決

決議　通過

十一、陳委員良佐提議　擬將中央撥發本省卅四年度復員費以五千萬元（除動支四、二五三、五七五元外）分配給六十五縣市局（附分配表）當否請　公決

決議　通過

十二、闞委員宗驊提議　擬修改廣西省船舶管理規程有関

88

罰款各條條文當否請 公決
決議 通過（凡罰款字樣均改為罰鍰）
十三、陳委員壽民提議 茲擬依照人事管理條例規定設置
本府各廳處局人事机構擬具意見四項并附本府各廳
處局人事机構設置及辦事細則暨各廳處設置人事机
構名称及員額表當否請 公決
決議 修正通過
十四、主席提議 擬將廣西省會兒童教養院卅四年度員工
生活補助費結餘數六二九七九五二元移作該院復員
費當否請 公決
決議 通過
十五、陳委員壽民提議 本府樂隊卅五年度經常費計需一、
七八四五五〇元擬在本年度特別預備金項下提撥應

四

89

用當否請 公決
決議 通過
十六、王委員遜志提議 前奉中央追加本省卅二年度分配
縣市營業税三六六五九三四八元除奉准提支彌補各
項不敷經費外經將餘款分配各縣市局具領特提請追認
決議 追認
十七、王委員遜志提議 擬將卅三年度追加補助縣市營業
税印花税保留餘款分配各縣局領用當否請 公決
決議 通過
十八、陳委員良佐提議 擬在第一區專署卅四年度生活補助
費結餘項下撥七六四八七元為該署慰勞費以資給發
該辦事處不敷經費當否請 公決
決議 通過

91　90

九、黃委員模心提議　擬將前省立桂德師範學校卅五年度結餘經費七四六八三〇元移作省立桂卅師範學校經費當否請　公决

決議　通過

十、主席提議　擬擬定廣西省各縣市政府設計考核委員會組織及辦事通則當否請　公决

決議　修正通過

十一、陳委員良佐提議　擬將本省卅四年度普通考試典試委員會改組為卅五年度廣西省縣級幹部人員普通考試典試委員會以便辦理縣級幹部人員普通考試當否請　公决

決議　以組織規程通過

六日期表由民廳會同省訓團及本府各廳處商定

五

十二、黃委員模心提議　擬將桂林市立體育場改為廣西省立桂林體育場當否請　公决

決議　通過

十三、主席提議　擬擬廢止本省戰時獎勵民又抹集辦法當否請　公决

決議　通過

十四、黃委員模心提議　擬將省立郁林中學卅四年度結餘生經補助費二、九二八、五六六元八二分及省立龍州中學仝年度結餘生經補助費八、〇六五、〇五八元分別移作各該校校役員費并將省立第四聯合中學仝年度結餘生經補助費四、八八八、八一九元四分移為省立南寧初級中學校役員費當否請　公决

決議　通過

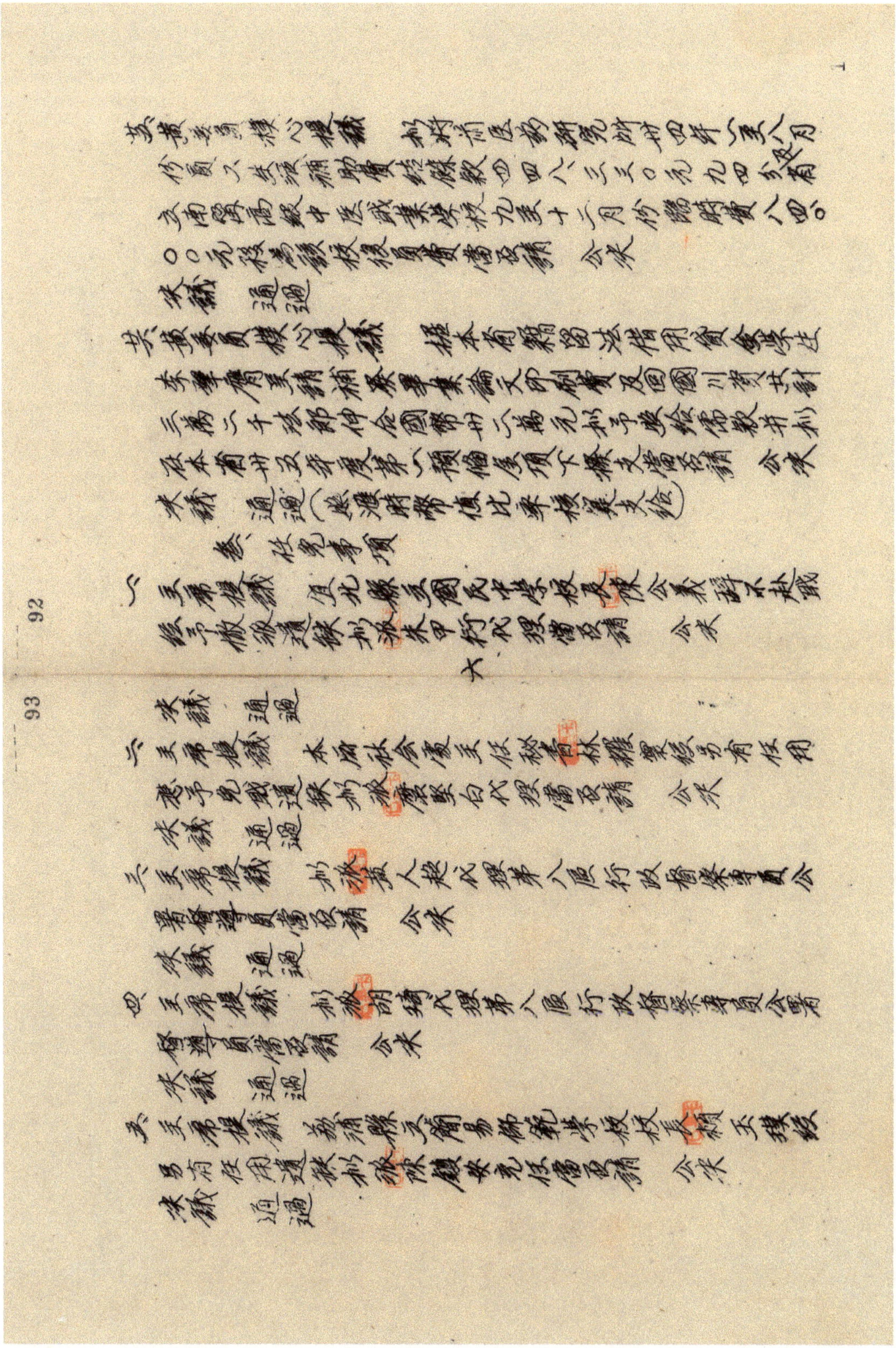

六、主席提議　資源縣立國民中學校長李瑞熙擅離職守擬予免職遺缺并擬任命王照非接充當否請　公決

決議　通過

七、主席提議　新派懷集縣長廖嶽生辭不赴職擬予撤派遺缺并擬調派鍾山縣長姚止戈代理遞遺之缺派何登瀛代理當否請　公決

決議　通過

八、主席提議　本府教育廳督學張八峰另有任用遺缺擬調派省立義利簡易師範學校校長張家成代理遞遺之缺并擬任命鄧賜澤接充當否請　公決

決議　通過

九、主席提議　天保縣立國民中學校長唐勛擬予免職候用遺缺并擬任命鄭廣漢接充當否請　公決

決議　通過

三二六
民秘
609

96 95

省委會第七百九十五次會議不列議程之案

壹、報告事項

一、設計考核委員會報告　准內政部公函以編查保甲戶口列為縣長考績比率並囑從速制定三十五年度縣長考績工作成績百分比總標準等由並經民廳擬定比率特報請

決定

決定　交設計考核委員會擬定縣長考績整個分數標準再提

二、民政廳報告　正式省參議會於四月廿一日召開第一次大會請本府各單位準備提案及工作報告茲將會前事務準備意見報請　決定

決定　再請行政院撥款在未奉撥發前由會計處財政廳設法移借一部份款項以備開支　餘照辦

(一)

三、民政廳報告　關於專署督導經費不敷甚鉅應如何處理特報請　決定

決定　交由民廳另擬各區專署實際需要數目再提

四、田糧管理處報告　准財政部電知暫撥本省三十四年度下半年省級公糧代金數額等由查與行政院核定糧額相差過鉅除電請撥足外特提報告

貳、討論事項

一、陳委員良佐提議　擬訂廣西省鄉鎮長副鄉鎮長罷免規程草案及廣西省鄉鎮長副鄉鎮長罷免規程施行細則草案當否請　公決

決定　交黃委員孫委員陽委員會同審議再提并由黃委員召集社會處法制室應派員列席

97

二、主席提議　據本府統計主任簽請撥支本年度特別預備金七、六〇八、〇〇〇元核作第三四年鑑印刷費不敷之用當否請公決

決定　應專案呈請追加

三、陳委員良佐提議　第二區莫專員籌出發南丹各縣督飭查剷烟苗所需旅費一百六十七萬餘元擬在三五年度特別預備金項下撥支當否請　公決

決定　其他各區亦有同樣需要由民廳另擬辦法、

四、陳委員良佐提議　據第二區專署呈報上年七至十二月辦公費超支(三八九、六二一元)附支出總表請核發歸墊等情應如何辦理請公決

決定　交會計處先行查核所報數目再議

五、陳委員良佐提議　據第二區莫專員簽請設置特種科員一人可否照准請　公決

(二)

98

決定　由該署派員兼任不必專設

六、陳委員良佐提議　據廣西省會警察局呈送該局組織規程到府是否有當合提請　公決

決議　交法制室審查並注意1.市府與警局之關係2.局務會議應定期召開3.員額由民廳調整(另付列編制表)

七、陳委員良佐提議　茲擬訂修正廣西省各縣縣政府組織規程及縣政府編制表草案當否請公決

決定　(一)三十一年公佈之各縣政府組織規程不必修改

(二)通飭各縣照三十一年所頒編制名額裁減四分之一、

(三)各縣府秘書改為主任秘書助理秘書改為秘書

(四)主任秘書改為薦任或委任秘書科長改為委任或薦任待遇、

(五)未設田粮處之縣加設田粮科

六、由民廳主辦以命令行之

八、陳委員良佐提議　擬第二區專署請核發汽油費及司機公餉公粮應以何款開支請　公決

決定　查明已否列入追加預算再提

九、陳委員良佐提議　茲擬定國民大會廣西省代表選舉事務所三十五年度經費預算當否請　公決

決定本案保留

十、陳委員良佐提議　擬徵收三十五年度徵屬優待費其徵收辦法並擬將三十四年度徵屬優待費徵收辦法酌予修正施行當否請　公決

決定三十五年度優待費停征原辦法廢止

十一、關委員宗驊提議廣西省船舶管理處事務職責繁重擬將該處處長改為薦任或簡任待遇秘書科長一律改為薦任職並增加督導員二人以利業務當否請公決

決定　不必更改

(三)

一三

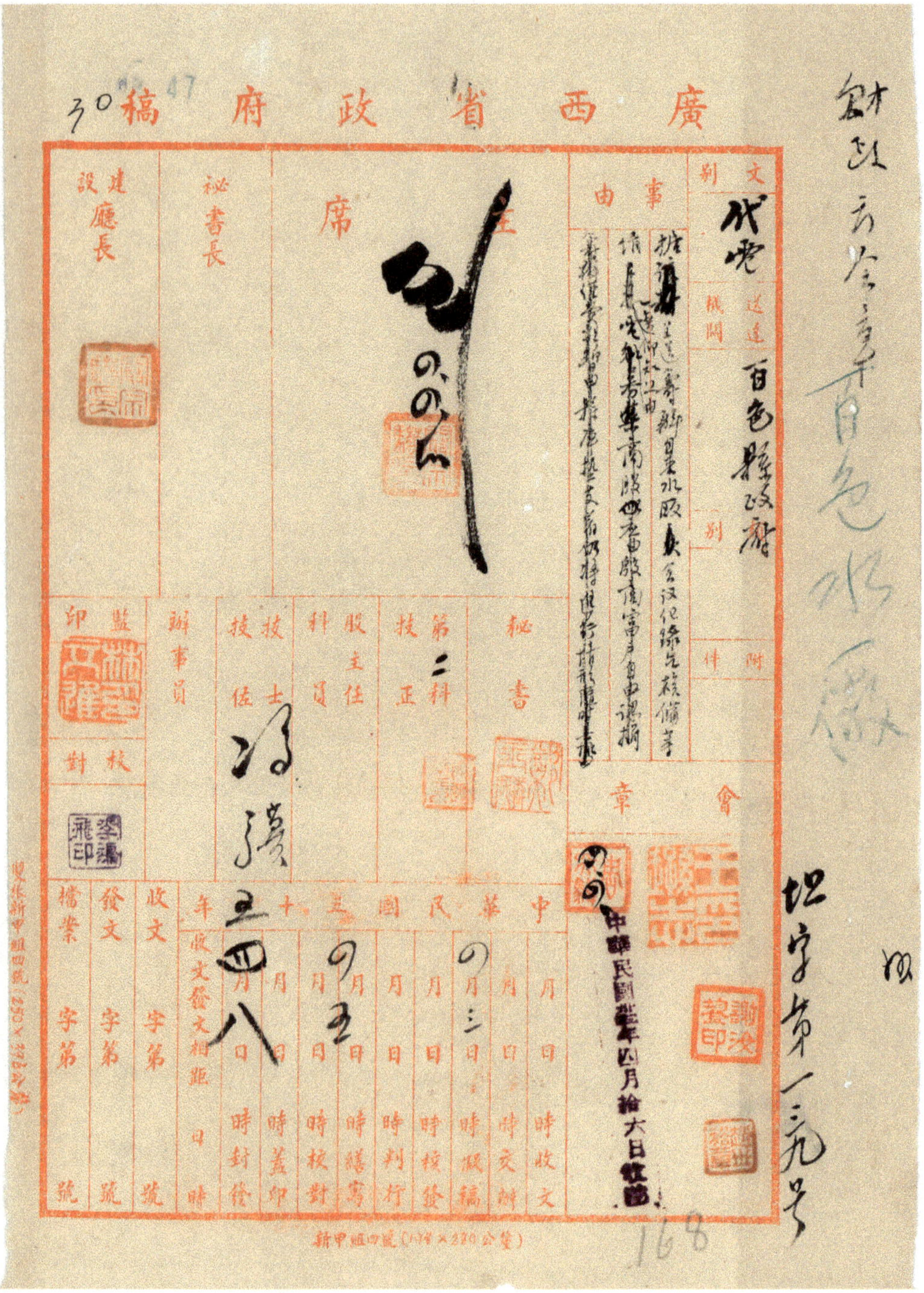
廣西省政府稿
文別 代電
送達機關 百色縣政府
事由
附件
主席
秘書長
建設廳長
會章
秘書
第二科技正
股主任科員
技士技佐
辦事員
監印
校對
中華民國三十五年 月 日
收文 字第 號
發文 字第 號
檔案 字第 號
中華民國卅五年四月拾六日發出

48

代電　建碌字第4938號

百色縣政府覽：據（本府）寅刪建水代電暨附呈送該縣籌辦
自來水廠三次會議錄均悉。查內列各項尚屬相當
惟關於募集商股，似應由殷商富戶自由認股，不應
強制；至籌辦開會經費，在股金未收繳前准暫
由縣庫墊支，其餘各項准予備案，着仍將進行
情形隨時具報。仰知照。主席黃○○印　齊建碌
印

150

新甲組四號（198×280公厘）

事由：電呈籌辦理百色自來水廠經過情形並送創辦會會議錄請核示遵由

卅五年三月十八日到

收文 字第 3679 號

附件

擬辦

決定辦法

核閱蓋章 承辦人蓋章

百色縣政府代電

中華民國三十五年三月十五日

建水字第〇〇三號

桂林廣西省政府鈞鑒案奉鈞府本年二月建磁字第二一四二號丑馬代電飭速將籌辦百色自來水廠經過情形及進度具報等因遵查本案於上年十二月召集本市各機關團體地方紳士開會共同討論並推定委員十一人組成百色自來水廠創辦委員會並推定正副主任委員各股股長廠址地點當羅工程師到縣時經請羅專員會同各委員前往踏勘以本市自由街外百渡公路旁之長蛇嶺較為適合至募集股本用專員與縣長名義召

32

集本市各商店經理分別担認前後進行兩次計簽認者達八十七萬五千元未認各店擬再度舉行認股座談會其已認股各店經通知將所認股本自行繳交本市交通銀行存儲尚有土地房屋亦須認股經將本市稍有價值繁盛之街道房屋按照其土地面積建築材料分為甲乙丙丁戊五級公佈各街並限期繳交股本查各商店與各房屋所認股數因種種關係現均尚未繳交股款顧茲事體大仍應召集各委員開會討論積極設法催收及積極籌辦以觀厥成奉電前因謹將辦理經過情形及創辦會第一、二、三次會議錄隨電抄呈察核示遵百色縣長楊壽松呈寅 刪 建水印

附呈百色自來水廠創辦委員會第一、二、三、等次會議錄各一份

26

籌建百色自來水廠會議錄

時間：三十四年十二月三日下午二時

地點：本府禮堂

列席人員

出席人員 黎希 黃欽如 楊貴芳 周廷英 梁澤民

蒙桂馨 田邕師區代表何甲三 山貨公會黃貴福

葯業公會黃錦澄 黎瑯臣 譚竹泉 關寶臣

董達廷 鄧次昌代 羅福康 鄧達軒 賴星輝

主席 楊壽松 紀錄

行禮如儀

42

主席報告事項

關於本縣籌辦自來水廠事業在省府尚在百色時於六月時候經由建廳會同本府在本府及商會先後開會討論進行但查閱當時所討論籌辦事項多未有具體辦法現在奉　羅專員之提示對於籌設自來水廠問題速即積極進行等因所以本府今日特恭請　羅專員司管區以及召集各機關團體地方士紳開會共同討論進行希望各位地方士紳對於是項事業積極協助俾得早日實現以進增地方民衆福利現在關於以前召開籌辦情形如何請關主席提出報告

關主席報告——過去召開自來水廠對於各鋪之募股問題如依照各行募集則可獲數百萬元之鉅惟當時以物價慘跌遂告暫時終止現是對

於公益事業本會亟應積極協助進行以謀實現

討論事項

(一)兹擬具百色縣自来水廠籌備委員會組織章程草案當否請

公決案

決議：修正通過

(二)本會籌備委員如何推定請　公決案

決議：推定楊壽松　盧存華　關寶臣　黎獨臣　黃貴福

賴星輝　譚竹泉　黃欽如　董達廷　蒙桂馨

黎　希為委員

(三)兹擬具百色自来水廠招股簡章草案當否請　公決案

44

決議：修正通過

楊壽松

十二月三日

24

百色自来水厰創辦會第二次會議錄

時間：三十四年十二月八日下午二時

地點：百色縣政府禮堂

出席人員：葉成　鄧次昌　黄欽如　山貨公會黄貴福

關寶臣　譚竹泉　黎　希　盧明初

羅福康　鄧達軒代　楊壽松

主席　楊壽松　　紀錄　李清寰

行禮如儀

報告事項

(一)關於本縣自来水厰籌辦事宜前經召開會議討論進行並經由縣政府

將籌辦情形呈報　省政府

（二）此項工程頗為浩大以及關係本縣地方公益事業亦極重要希望各位委員共同積極進行研究竟應如何策劃請各位委員貢献意見——略

宣讀上次會議錄

討論事項

一、本會正副主任委員應如何推定請　公決案

決議：推定楊委員壽松為主任委員盧委員存華為副主任委員

二、本會各股股長應如何推定請　公決案

決議：推定關寶臣為財務股股長黎希為總務股股長黃欽如為工務股股長

三、本會各股工作急需推動應否延聘專員負責請　公決案

決議：1、總務股設幹事一人月給薪津弍萬元

2、工務股電請省府派員專任設計

3、財務股暫緩

四、本會經費在股金未收繳前應如何籌措請　公決案

決議：本會經費按月實支實報暫由縣庫墊支月終檢據提會審核

五、查本廠募股簡章草案業經上次會議決議修正通過紀錄在卷惟對於募股事宜究應如何進行請　公決案

決議：1、煙絲行股本五百萬元由本會通知由該會自行募集分三期繳納並限於三月底繳足

40

2. 關於商店認股由本會派委員定期沿門勸募之

3. 關於土地房屋認股由會函請縣府將本市區土地面積房屋、建築材料分別等級列送本會以便辦理

六、本會創辦緣起究應如何推定何人負責撰擬請 公決案

決議：公推譚委員竹泉撰擬

七、本會印信應如何刊發使用請 公決案

決議：由會依據公共機關團體規定刊發使用

楊壽松 十二月八日

22

百色自來水廠創辦會第三次會議錄

時間：三十五年二月六日下午二時

地點：百色縣政府中山室

出席人員　闞寶臣　黎　希　羅梓元　譚竹泉

黄貴福　楊壽松　黎弼臣　董達廷

主席　楊壽松　紀錄　賀元亮

行禮如儀

報告事項

（一）關於本會遲至今日才開第三次會議，一則因本人出發落鄉，二因過舊曆年方延至今天

㈡關於廠址地點當省府派南寧水電廠羅工程師到縣時經會同羅專員去踏勘決定在本市自由街外長蛇嶺為廠址

㈢關於募集股本情形商店認股經請羅專員與各委員沿門勸募及召集各商店經理到專員公署認股前後各商店共認股金國幣八十七萬五千元——畧——宣讀上次會議錄

討論事項

㈠擬具百色自来水廠股份有限公司創辦會收繳股金辦法草案當否請公決案

決議：修正通過

㈡關於土地房屋認股經決議按照房屋土地面積建築材料分甲乙丙丁戊五

級募集在案惟各級應認股若干請　公決案

決議：甲級應認股本五萬元乙級應認股本四萬元丙級應認股本三萬元丁級應認股本五千元戊級應認股本二千元

(三)自來水廠廠址業經羅工程師勘定在長蛇嶺惟廠址範圍内所有之坟墓應通知各坟户遷移請　公決案

決議：由本會公佈收用所有地區範圍内之坟墓由會給與遷移津貼每穴叁千元

(四)本會總務股設幹事員一人月給薪津二萬元經上次會議決議在案現聘賀元亮充任並於上年十二月十一日到職請　追認案

決議：照案通過

36

(五)本會經費業經決議按月寔支寔報並在股金未收繳前暫由縣庫墊支在案茲將十二月一月份經費支出數目請　審核案

決議：照案通過

(六)關於商店認股股額相差太遠究應如何設法籌募請　公決案

決議：定於二月十八日假粵東會館由會召集各未認股商店到來認股

鸿按士

28 45

查百色县自来水厂募股简章已据呈奉府
核准间往募集商股似应由殷商富户自由认
股不加强制至筹办开会经费应在股金未收缴
前可暂由县库垫支相应函复
查照此致
建二科

财三科 四二

46

建二科片　坦字第一三七号

關于此案內列籌募經費辦法是否合法
在股金未收足前准否在縣庫內墊支及
有關財務部份其他各項相應片請
查照簽核意見片覆為荷此片
財政廳

附原件

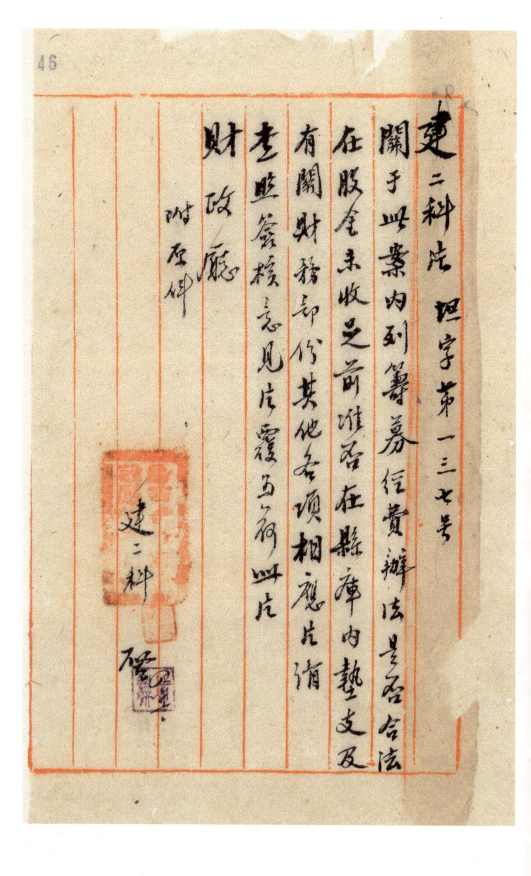

建二科　啓

一四

監察課

緝務課

JUNE 27 1947

17

南寧關三十六年三月份走私報告

概況：

邇來北海一埠對外貿易之重要性已漸次增强，試就該埠與國外交通之船隻而論，其出入口船數月有加增，統計一月份爲十四艘，二月份爲二十艘，三月份爲四十四艘，雖其增加原因或不止一端，亦足證該港吞吐貨量横大，方克容許逐月增多之船隻貿易於是地也。正當商人依聚其間，蔚爲鬧市，固屬正常景象，而不法之徒因亦麇集，利用爲私運貨物之集散地，以課税甚高之香烟、洋酒等貨，其私運入口者尚屬不少，其情形之複雜，杜絶之困難，迭見每月報告，毋須再贅。尚賴該支關各員努力，在不良條件下力圖衝破此惡劣環境，結果使本月緝獲案件比之上月已見增多，管理船隻進出口亦漸臻嚴密，其成績雖去所期目標尚遠，亦足爲將來發頓地步矣。據龍州支關本月報告，當地水口對汛署對防止私運桐油類貨物出口已予協助，現在須驗過海關單發方許放行，故本月中旬以後此類貨物出口後見暢旺，多數商人已遵章來支關辦理保證結售外滙手續申報出口，此種協力其結果誠有助於防止私運。南寧方面暨其餘各支關私運情況平常，無特殊事態足資紀載。

兹將本月與上月緝獲案件臚列於後，用資比較

二月份共一七案，價值國幣一六、三一一、九三〇元

本月份共二一案，價值國幣一七、八五九、五四〇元

（二）港界内碼頭及航行管理情形

（甲）檢查隊工作

18

本月份在南宁關申報出入口船隻統計如下
由梧州來共七艘經檢查者五艘
由欽蘆來共七艘
由龍州來一艘
往梧州共五艘經檢查者三艘
往百色共二艘經檢查者一艘
往龍州一艘
往欽蘆共八艘
本月份在北海支關申報行駛國外之出入口船隻共四十四艘均經嚴密檢查申報行駛國內之出入口商船民船共二三二艘經檢查者二六艘
本月份欽縣支關檢查民船共四四艘
(乙)港界內及河面巡緝次數里程時間統計如下

次數	里程	時間	地點
二六次	三九海浬	五四小時	北海支關

(丙)緝獲案件統計如下

所在地	案宗	價值(國幣)
北海支關	一〇	九、九五三、八九〇元
東興支關	一	四五〇、〇〇〇元

(甲)內一案並犯管理民船航行章程其處罰部份另詳第(三)項(甲)款內
(甲)內四案並犯管理船上鎗口[illegible]章程其處罰部份另詳(戊)款內
(丁)提予注意之案件
本年二月二十五日上午十一時有南山機帆船到北海支關呈遞吉船進口艙單申報自海防入口經關員檢查

19

該船所具經海防中國領事館簽發之航程簿內發見註明該船係於本年二月十四日自海防開出計程四五天便可到達北海現竟延至十一天方見來關申報入口其中情節不無可疑除飭令船主將海防出口艙單呈驗外並派員到船上檢查結果在艙房內檢獲小皮包一個內載有航程日記單一張賬簿及船票簿各一本續據該船代理人亦將海防出口艙單呈繳前來細核一切文件內容證明該船確於本年二月十四日自海防載有蝦米六件（重一七四公斤海關估值國幣八七〇、〇〇〇元）鹹菜五件（重一五〇公斤海關估值國幣八五、五〇〇元）及搭客二名出口復在越屬婆灣地方附載客貨（貨名客數不明）於二月二十三日即駛達北海將其搭客及洋貨先行偷卸上岸故意延遲數日方始申報吉船進口雖據該船駕駛人口供及代理人具呈均諉稱所載貨物回事已在海防起卸同岸附載搭客自帶貨物純由該客等於到達時攜帶登岸搭客等係屬水手兩人及該熟客人該船抵達北海時船機忽告損壞忙於修理致稽延報關等情均不能提出確切反證是該船主實有下列三點違章行為經判處罰款如下

（一）未經呈遞艙口單及向海關領有卸貨准單而擅自起卸貨物應處以貨值二倍之罰金國幣一、八〇〇、〇〇〇元

（二）船隻到達口岸逾二十四小時未向海關呈報進口違犯船隻進出口呈驗單照規則應處罰金國幣五〇〇、〇〇〇元

（三）並無載客執照擅自搭載乘客違犯船舶法應處罰金

20

五〇、〇〇〇元以上三款合共處罰金國幣一、九〇〇、〇〇〇元私擅卸岸之貨物並須照海關估價補完稅款該帆船已准予先行保釋尚未據繳交罰金及稅款故本案仍未完結

(戊)違犯管理船上艙口單章程案件統計如下

船名	國籍	罰款	犯案日期	違犯緝私條例
飛鳳輪船	中	四〇〇、〇〇〇元	三月一日	第十六條及二十九條
海安輪船	中	三〇〇、〇〇〇元	三月二日	第十六條及二十九條
海安輪船	中	四〇〇、〇〇〇元	三月十六日	第十六條及二十九條
廉北電船	中	五〇、〇〇〇元	三月二十日	第十八條及二十九條
山東輪船	英	二〇〇、〇〇〇元	三月二十四日	第十六條

(三)海面巡緝工作

(甲)違犯管理民船航行章程案件統計如下

船名	國籍	罰款	犯案日期	犯案情形
廣發利帆船	中	一〇〇、〇〇〇元	三月二十五日	未經在海關註冊擅行從事國外貿易及擅[illegible]未次日期以後之航程(不明)
新發利帆船	中	五〇、〇〇〇元	三月二十五日	未經在海關註冊擅行從事國內貿易
龍順利民船	中	五八、〇〇〇元	三月二十九日	變更業權不向海關申報擅移發記及重行註冊及內次經過北海均未向海關[illegible]
蘇和利民船	中	七五、〇〇〇元	三月二十九日	未經在海關註冊擅行從事國內貿易
源祥利民船	中	九〇、〇〇〇元	三月二十九日	(一)私擅塗抹海關註冊號數(二)違不呈驗掛號簿及該項過單等件(三)掛號簿登記未次日期以後之航程[illegible]
國內貿易民船三艘 國外貿易民船二艘	中	一四、五〇〇元	三月份	未經在海關註冊擅行經營貿易

(戊)退線緝獲案件

本月十七日據口支所據線人密報有私販一批正挑運大宗貨物由支所後背山徑繞越海關偷運入越南等談

21

當由該支所員警按密報地點前往截緝果在距離該支所五公里之竹山小徑中截獲白土布花生油鴨蛋片糖乳豬等貨一宗價值國幣一〇二九、〇〇〇元押回支所聽候核辦查本案既未結售外匯及向海關申報顯屬意圖私運出口經予以沒收充公處分除花生油等貨品貿易壞先行拍賣外布疋尚未處置

本月十八日北海支關憑線人密報在當地住户内搜獲盟軍軍用紙捲烟一二八〇〇枝價值國幣二八八、〇〇〇元商品舶來紙捲烟五六、〇〇〇枝價值國幣一、〇四五、〇〇〇元（緝獲情形另詳第四項（乙）款内）上項商品紙捲烟並無完税單證軍用紙捲烟係屬禁止運銷物品業經判處沒收充公尚未拍賣完案

（四）陸路巡緝工作

（甲）出巡次數時間里程統計如下

次數	里程	時間	地點
一八	八七公里	三六小時	欽縣支關
三一	八四公里	九一小時	東興支關
五	八公里	七小時	北海支關

（乙）檢查有關場所情形

本月十八日上午八時十五分北海支關據線人密報該市中山東路門牌第五十三號之民房藏匿有漏税香菸當即派出關警隊長率同警兵兩名前往檢查於八時三十五分到達即會同當地保長黄家興入屋搜檢在屋後空菓園内搜出捲烟兩箱復在該屋樓上房間搜出西箱時該户户主蘇發雲亦在場隨同該員警等執行搜檢工作據供稱此次紙捲烟係鬻友人存下準備運往内地銷

售等語但不能提出完稅關單以資證明當即押回支關聽候核辦

(丁)緝獲案件統計如下

所在地	案宗	價值(國幣)
南甯關	七	六、五一五、九五〇元
東興支關	一	九七、二〇〇元
關前隘支所	二	八四二、五〇〇元

(五)內部值勤人員查獲案件

(甲)驗貨估價或巡緝人員查獲之瞞稅案件

本月十四日上午十時三十分北海支關驗貨員驗查江山輪船載運進口之洋貨時有商人華孚行呈遞報單報運豬肉皮乾二百公斤價值國幣三八〇、〇〇〇元入口於查驗後發見該貨實係紅珠皮重六九公斤估價國幣六九〇、〇〇〇元瞞報稅額計國幣二四、〇〇〇元照額五倍處罰鍰國幣一二〇、〇〇〇元業於本月十五日繳款完案

本月十五日有李慶芳民船自梧州載運碎鐵塊一宗抵邕向本關申報入口當日下午二時至四時間本關員役到該民船將貨物逐一覆秤結果所約重量為三、九五〇公斤估值國幣二、五〇四、五〇〇元應繳稅款國幣三一三、〇六三元查核隨運之梧州關簽發關單僅列重量一、五五〇公斤價值國幣五二四、五〇〇元已繳稅款國幣六五、五六三元並有私擅塗改痕迹顯有中途頂冒或瞞報情事經處罰鍰國幣四十萬元並補納稅款於本月二十四日繳款放行完案

(八)當地機關協助緝私情形

23

（乙）其他機關移送處理案件

本月三日上午十一時准南寧警察局明德分局明法字第一〇九號公函將該局巡線報於本年二月二十八日在本市民生路共和路之間向商人李振鄉盤查所攜箱籠所獲私貨DOMINO牌捲烟三十條連同人犯李振鄉悉付清兩名移送來關處辦除將人犯口供紀錄准予保釋外出聽候隨傳隨到外該項捲烟經判處沒收充公處分拍賣完案

據北海支關報告該支關於本月十三日下午接獲線人密報有人私運貨物等情後即派出員警等乘坐關艇前往截緝當駛達北海街尾海面時遙見地角村海面泊有中型漁船二艘並隱約見有小船一艘正由該漁船駛向岸邊並見多人執物奔入村內迨關艇駛至該海灘時只見該漁船其他已杳無蹤跡遂轉往漁船察視見有武裝軍人駐守船上不許關艇駛近經一再解釋後方獲登船察視其中一艘已空無所有其他一艘艙中尚載有洋烟罐頭洋酒髮臘捲烟紙玻璃等貨並據駐船軍人謂該係屬合浦縣水上聯防處第一大隊所轄該項貨物於昨夜在港外海面緝獲等語當即洽商將私貨移交海關核辦或押回海關再辦移送手續均未獲允同時另有持械軍人散伏海灘喝令關艇離去漁船該員役等遂嚴加戒備一面派人往該隊部交涉並乘機向船伕探詢據云小漁船二艘係昨夜被該隊封閉往港外海面巡緝於今晨三時許在小舢板五六艘內截獲貨物數十件繼於上午在港外起卸大部份下午駛回地角又起一部份其餘情形不得而知等語旋據派到隊部交涉之關員回報未獲

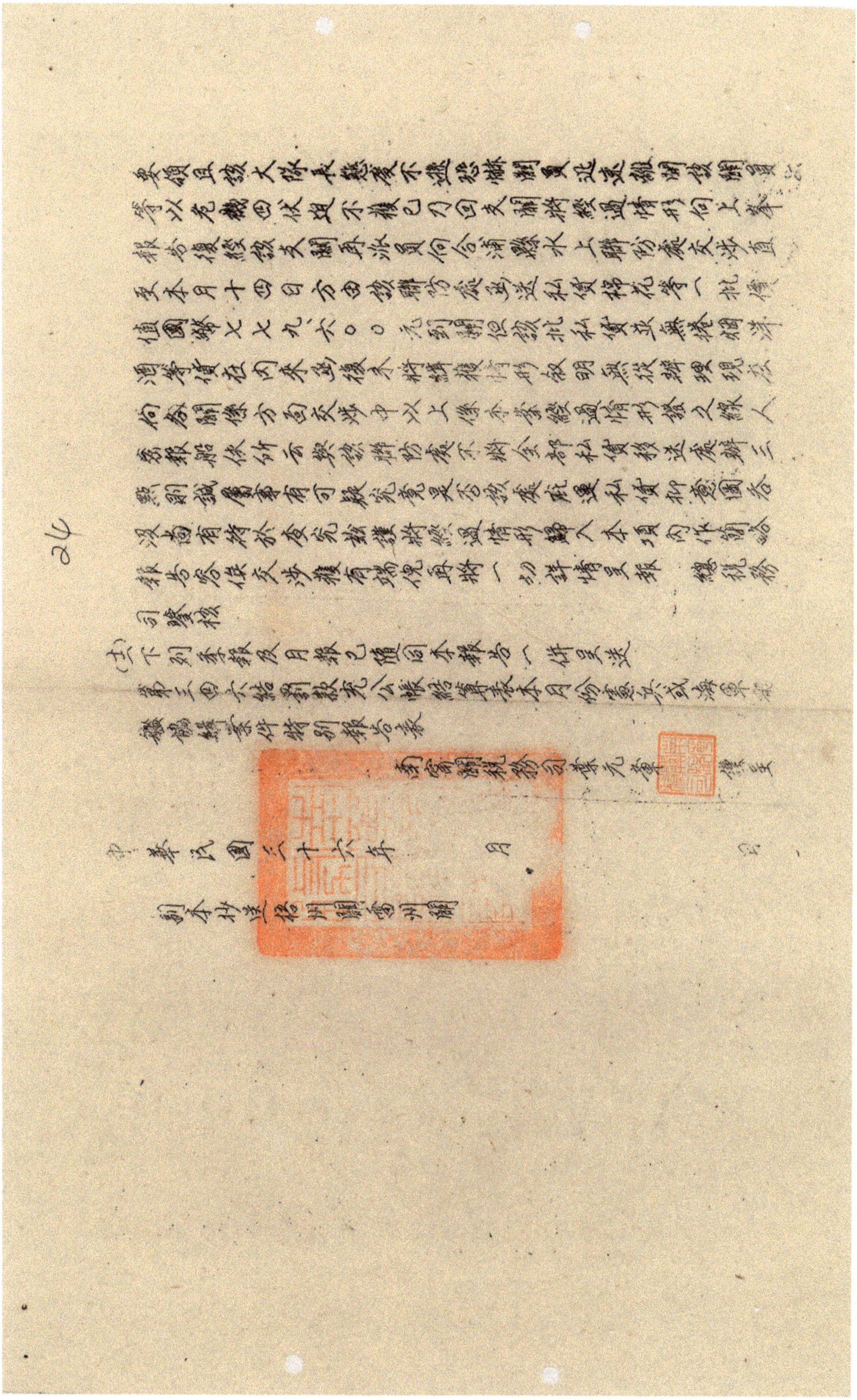
要領且該大隊長態度不遜恐嚇關員迅速離開該關員以
等以危機四伏迫不獲已乃回交關將經過情形向上峯
報告復經該交關再派員向合浦縣水上聯防處交涉直
至本月十四日方由該聯防處函送私貨棉花等一批價
值國幣七七九、六〇〇元到關但該批私貨並無捲烟洋
酒等貨在內來函復未將緝獲情形敘明無從辦理現茲
向各關係方面交涉中以上係本案經過情形暨久緣人
察報船依所云與該聯防處不將全部私貨移送處辦三
點則識屬事有可疑究竟是否該處庇護私貨抑意圖吞
沒尚有待於查究茲謹將經過情形歸入本項內作簡略
報告容俟交涉獲有端倪再將一切詳情呈報　總稅務
司鑒核

（十六）下列季報及月報已隨同本報告一併呈送
第三四六結罰款充公帳結算表本月份憲兵或海軍案
[illegible][illegible]緝案件特別報告表

南寧關稅務司葉元章　謹呈

中華民國三十六年　月　日

副本抄送梧州關雷州關

24

南寧關

民國三十六年第一季（三四六結）罰款充公帳結算表

依照自三十三年一月一日起實施條例分配其罰款或變價所得之案件

（一）一般私運違章漏稅案件

收入項下：罰款總數 =國幣2,595,500.00

充公貨物賣價總數 =〃4,907,897.00

7,503,397.00

減除項下：緝運費用 =〃626,637.15

淨收入 =〃6,876,759.85

淨收入分配如下：

發給海關出力人員奬金之半數 =國幣687,675.99

發給海關出力人員奬金之半數由海關留存部份 =〃687,675.98

發給舉報人奬金 =〃998,736.45

發給舉報人奬金由海關留存部份 =〃1,064,291.51

發給協緝機關奬金 =〃36,037.65

無協緝機關將奬金解繳國庫數 =〃651,638.33

總計（即淨收入百分之六十）國幣4,126,055.91（甲）

其餘淨收入之40/100部份即國幣2,750,703.94元分配如下：

十二份之三解繳國庫數 =國幣687,675.99

十二份之三由海關留存數 =〃687,675.99

十二份之三解交關務署數 =〃687,675.98

十二份之三解交財政部數 =〃687,675.98 = 2,750,703.94（乙）

（甲）（乙）合計 = 國幣6,876,759.85

（二）金融案件

收入項下：中央銀行交來銅元變價款 =國幣83,900.00

減除項下：全部撥還本案墊支緝運費用之部份 =〃83,900.00

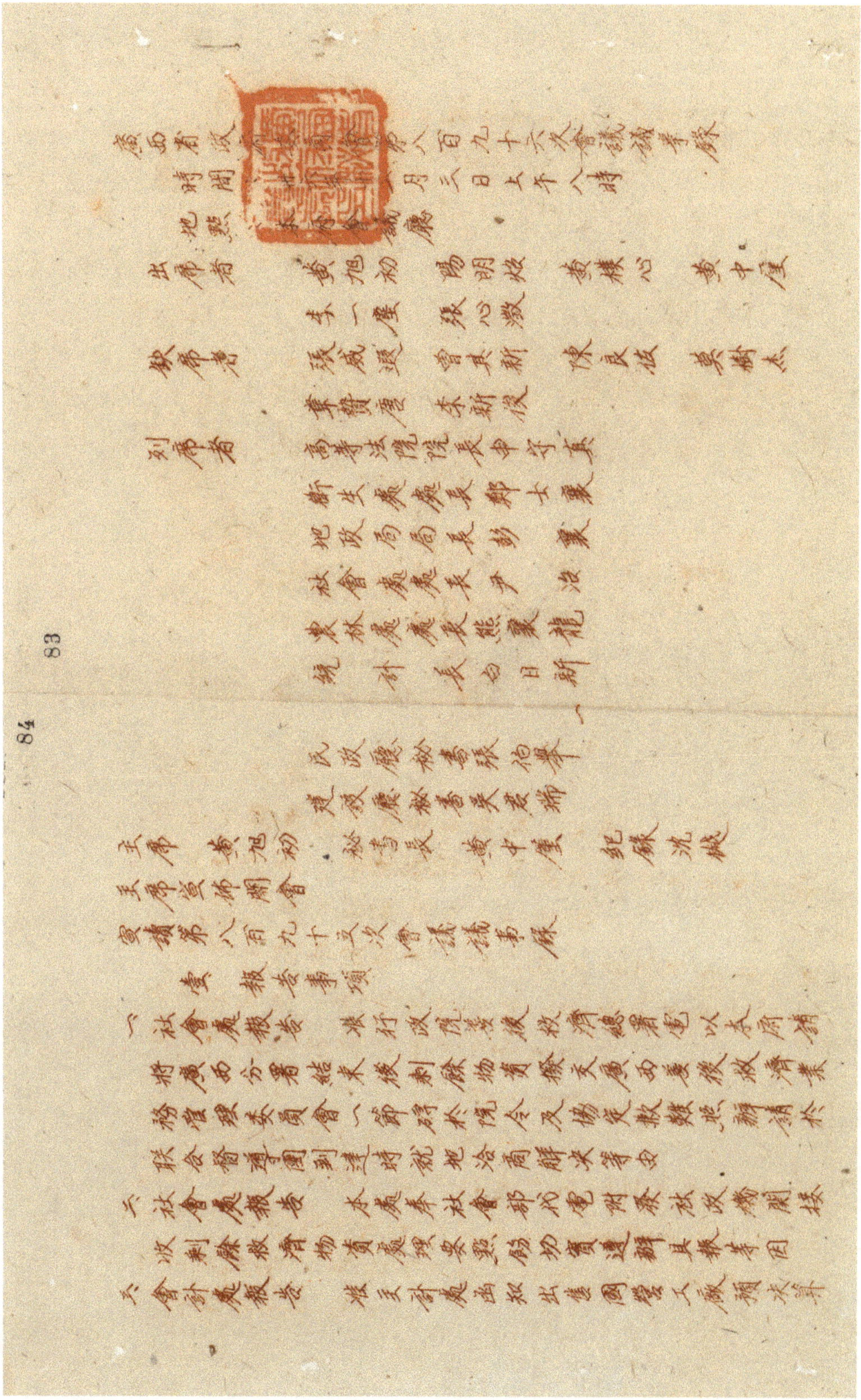

廣西省政府[illegible]第八百九十六次會議議事錄

時間 [illegible]月三日上午八時

地點 本府會議廳

出席者 黃旭初 陽明炤 黃樸心 黃中廑

李一塵 張心澂

缺席者 張威遐 曾其新 陳良佐 莫樹杰

韋贊唐 朱新俊

列席者 高等法院院長申守真

衛生處處長鄭士襄

地政局局長彭襄

社會處處長尹治

農林處處長熊襄龍

統計長白日新

民政廳秘書張伯畢

建設廳秘書吳君瑞

秘書長黃中廑 紀錄沈鐵

主席 黃旭初

主席宣佈開會

宣讀第八百九十五次會議議事錄

壹、報告事項

一、社會處報告 准行政院善後救濟總署電以本府請將廣西分署結束後剩餘物資撥交廣西善後救濟業務督理委員會一節礙於院令及協定歉難照辦請於聯合督導團到達時就地洽商解決等由

二、社會處報告 本處奉社會部代電附發社政機關接收剩餘救濟物資處理要點飭切實遵辦具報等因

三、會計處報告 准主計處函知出售國營工廠預決算

86 85

原頒辦法合提出報告

四、會計處報告　奉行政院令以本省三十六年度總預算書其中因統計室改處或散總不符須將原編數加以調整責由主計處分別改正編列送交法院審議抄發原調整數額表一份飭知照等因

五、民政廳報告　奉行政院訓令中央對各省政府授權辦法實施期限准再延長一年等因

六、民政廳報告　奉行政院令奉主席蔣電知粤桂甘新四省盜匪案件劃歸軍法審判期限自本年十月一日起至卅七年九月底止繼續延長一年等因

七、地政局報告　擬將各縣地政科長改派為政務指導員仍兼辦地政工作當否報請　決定

決定　照辦

二

戊、討論事項

一、黃委員模心提議　擬追減本年度教育復員費原分配省外教育參觀團旅費結餘數一七二六〇五〇〇元作追加省立柳州高級工業職業學校本年度設備費當否

請　公決

決議　通過

二、張委員威遐提議　擬將本會第八五九次通過追減梧州警察局三十五年上半年度失效補助費結餘數作追加該局復員費一案數目更正為八八四七三二九元當否

請　公決

決議　通過

三、張委員威遐提議　擬追減卅五年下半年度行政因糧及用費一百萬元作為追加同時期民政廳行政復員

87

費司當否請　公決

決議　通過

四、張委員威遐提議　擬補助鎮邊縣剿匪經費一千五百萬元款由本年度省行政會議經費項下追減撥用當否請　公決

決議　通過

五、張委員威遐提議　擬追減第四區專員公署本年度生活補助費一千九百六十萬元作追加該署本年度經常費當否請　公決

決議　通過

六、張委員威遐提議　擬補助平治田東果德三縣剿匪經費各五百萬元款由第二預備金項下撥支當否請　公決

三

88

決議　通過

七、張委員威遐提議　第六區專員公署請撥該署修理房屋費一千四百萬元擬在第二預備金項下支給當否請　公決

決議　通過

八、雷委員其新提議　擬追減第三區鹽務管理處本年度生活費結餘款三百萬元作追加該處臨時費以為該處建造竹籬圍牆之用當否請　公決

決議　通過

九、黃委員樸心提議　省立醫學院及藝術專科學校教學人員比照國立廣西大學教學人員待遇支給尚不敷一九四、八〇〇、〇〇〇元擬由第二預備金項下撥支當否請　公決

90 89

決議　通過

十三、主席提議　據會計處簽呈第一區礦務管理處將測量費及機器售價二八、一〇七、六四〇元充作臨時費開支事業經核准應於省總預算分別追加又省總預算歲出經常門教育廳主管款下所列廣西通志館預算數一三、七三六、五〇〇元應予追減另於同門民政廳主管款下添廣西通志館科目追加一三、七三六、五〇〇元等情當否請　公決

決議　通過

十四、主席提議　據會計處簽呈省縣兩級公務員喪葬補助費標準實行已久不切實際應如何改訂請　公決

決議　㈠不論階級按其在職死亡月份之生活費基本及加成數以百分之五十計給

㈡縣級准照改訂

㈢自本年十二月一日起實行　四

十五、陽委員明炤提議　本省管理土產外運擬增加土産等種貨品以裕收入當否請　公決

決議　通過

十六、黄委員樸心提議　擬追減省立醫學院附設高級藥劑科本年度十一及十二月份薪額每月各追減八〇〇元作為追加省立柳州高級工業職業學校同時期薪額之用當否請　公決

決議　通過

十七、黄委員樸心提議　擬追減省立武鳴中學卅五年下半年度生活補助費一、六一三、〇九四元作追加該校同時期復員費當否請　公決

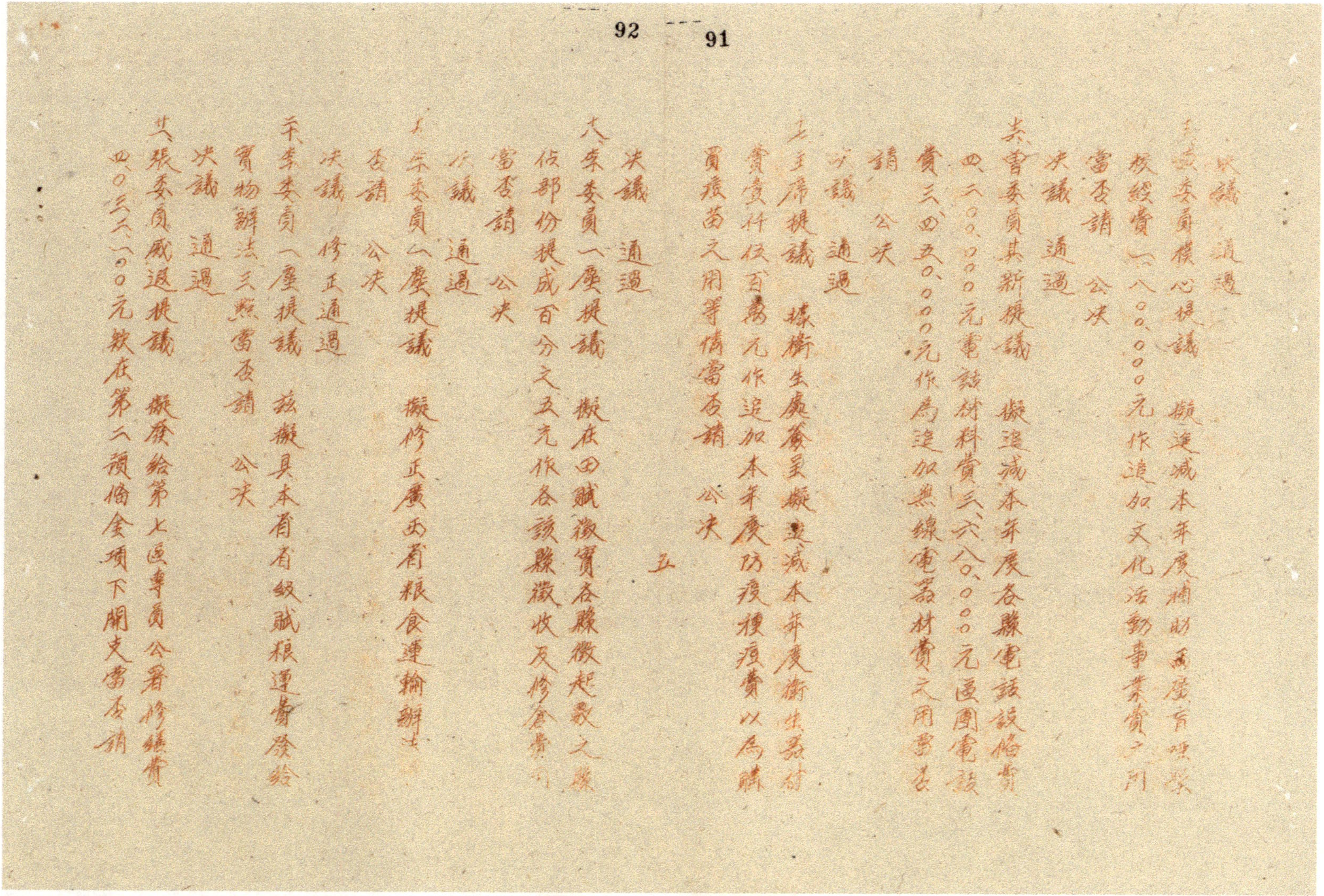
決議　通過
十四、黄委員樸心提議　擬追減本年度補助兩廣育嬰堂
校經費一八〇、〇〇〇元作追加文化活動事業費之用
當否請　公決
決議　通過
十五、曾委員其新提議　擬追減本年度各縣電話設備費
四二〇、〇〇〇元電話材料費三六八〇、〇〇〇元區團電話
費三四五〇、〇〇〇元作為追加無線電器材費之用當否
請　公決
決議　通過
十六、主席提議　據衛生處簽呈擬追減本年度衛生器材
費壹仟伍百萬元作追加本年度防疫種痘費以為購
買痘苗之用等情當否請　公決
五
決議　通過
十七、朱委員一慶提議　擬在田賦徵實各縣徵起數之縣
份部份提成百分之五元作各該縣徵收及修倉費之
當否請　公決
決議　通過
十八、朱委員一慶提議　擬修正廣西省糧食運輸辦法
當否請　公決
決議　修正通過
十九、李委員一慶提議　茲擬具本省省級賦糧運費發給
實物辦法三點當否請　公決
決議　通過
廿、張委員威遐提議　擬發給第七區專員公署修繕費
四〇三八、一〇〇元款在第八預備金項下開支當否請

公決

決議 通過

叁 任免事項

一、主席提議 據教育廳簽呈擬派林守中為橫縣中區區立初級中學校長當否請 公決

決議 通過

二、主席提議 據民政廳簽呈上思縣縣長趙希真應變失措擬予免職遺缺擬派林銳壤代理等情當否請

公決

決議 通過

散會 十八時

六

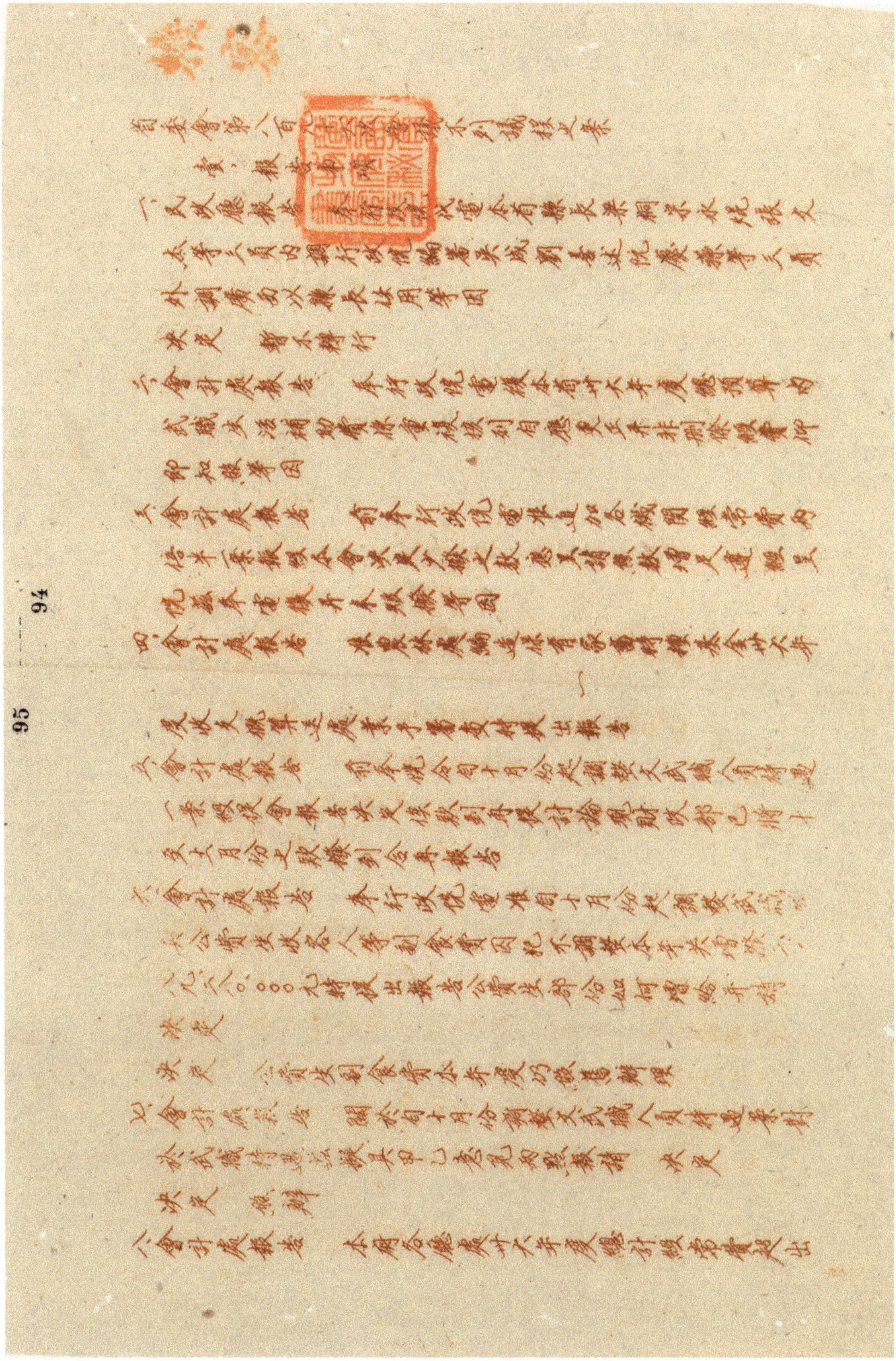

97　96

一八、一七一、五三八四元臨時費超出五四一、六五三、六一八元照數加撥
辦理報請　決定
決定：應將各級單位生活補助費特殊校準先核實并
酌量加以追減手續如仍不敷再提討論
九、會計處報告　奉行政院令頒卅七年度中央及各省市政
府總預算編制辦法并飭將前頒卅七年度中央政府總預
算編審辦法及卅七年度省市政府總預算編審辦法廢
止等因擬訂卅七年度省總預算編制程序案請
決定
決定　(一)編制程序修正通過
(二)電　行政院請准在核定總數內自行審編列
以配合肇固治安之要求
(三)預算審議事宜由設計考核委員會負責

二

十、農林處報告　關於本省農田水利基金案經過本會第八
九四次會議決定原則五點擬具辦法八種報請　決定
決定　(一)各處人員應設專門人員管理擬屬各縣政府不必
另設機構
(二)總督水利協會之職掌增大改為水利保養協會
本部設參事會
(三)仍參照八九四次決定原則另擬再提
十一、省訓練團報告　各縣訓練所工作人員應遴標準應如何
規定報請　決定
決定：應照省府規定辦理
叁、討論事項
一、主席提議　據會計處簽呈省保安司令部駕駛士及修
械工程藝徒等四十四名按國軍八月調整餉項標準計月增
八四六、〇〇〇元本年以五個月計應再追加四八六、〇〇〇元擬准

如數追加數就行政院覆文令田賦增撥餉項每月數目餘額
按月撥支等情當否請　公決
決定　照辦
六、書委員兵新提議　擬准本省無線電總台各課室支付
各領班及所屬各區縣分台支付比照主管長官半數支給
特別辦公費當否請　公決
決定　准照主管人員特別辦公費半數支給名稱應改
為津貼
七、主席提議　據社會處簽呈擬留桂柳邕梧四市縣社會
科并擬將各縣合作助理員合作練習生繳銷仍保留合作
主任指導員職稱等情當否請　公決
決定　不必通令各縣如有此項請求可予核准

一六

第十六集團軍綏靖軍事會議錄

廿九年十月　日

一、會議日程表

二、出席人員姓名表

三、秘書處及初審人員姓名表

四、複審人員姓名表

五、主席訓詞

1.2

2

第十六集團軍防區綏靖軍事會議日程表

時間 / 程序 / 日記		十月一日	十月二日	附記
上午	六時至十二時	開幕典礼 報告	報告 討論	
下午	一時至五時	提案審查	討論	
	七時至九時	提案審查	討論 閉幕典禮	

3

第十六集团军绥靖会议秘书处及各组提案初审人员业务分配表

秘书处

秘书长 谢守恭

秘书 罗季芬

军事组

组长 马鲲鹏

组员 王晶周 孔令贯 卢玉衡 雷伯晏 崔镐

胡家骥 凌其雄

政治组

组长 彭寿彭

组员 秦荫萱 何铿 罗然 陈敦政

绥靖组

组长 谢守恭

1

組員　劉君翼　柯傳瀛　胡　趙　周新民　董如冬

第十六集團軍防區總靖軍事會議各組提案復審人員業務分配表

軍事組

召集人　禹鯤鵬

出席人　黃建元　王晶周　李若仙　陸東海　何趙拔

莫深仁　雷伯晏　孔令貴　胡家駉　凌其雄

李菁

政治組

召集人　陳樹森

出席人　彭壽彭　柯傳瀛　黃羅南　秦蔭萱　靳茂森

楊敏生　韋增廣（不到）　萬維廷　黃新硐

4

9

綏靖組

召集人　李奇

出席人　李紹安　劉君翼　陳俊明　胡超　周新民

王華新　韋兆安　王之徵　蘇學簡　封澤生（以上入綏靖組召集李奇）

雷文煥　莫明　黄英銓

2

第十六集團軍綏靖軍事會議大會出席人員表

姓名	附記
夏威	總司令
鄭昌蕃	總部副參謀長
馬龍鵬	總部參謀處長
彭壽彭	總部副官處長

6

劉君翼	總部軍法處長
王晶周	總部高級參謀
謝升恭	總部參謀處副處長
柯傳瀛	總部參謀處科長
孔令貴	仝　右
秦蔭萱	總部副官處科長
雷伯晏	總部經理處科長
胡　超	總部參議
周新民	總部參謀
胡家驊	仝　右

7

3

凌其雄	總部參謀
黎嘉壯	仝右
董如冬	仝右
羅季芬	總部秘書
易澤蒼	總部政治特派員室秘書
黃冠南	學生軍團長
靳為霖	學生軍團政治主任
黃建元	第八保安區副司令
李奇	第九保安區司令
陳樹森	第十保安區副司令

8

陸秉海　那馬縣々長

莫深仁　果德縣々長

何趋拔　平治縣々長

韋增廣　武鳴縣々長（不到）

李若仙　卅一軍々部參謀處科長

饒任流　一三一師々部參謀

李　菁　第八保安司令部秘書

莫　明　第九保安司令部科長

雷文煥　第十一保安司令部諮議

梁人英　第十保安司令部科員

4

莫長嘯	第十一保安司令部科長
李紹安	第十二保安區副司令
戴新硎	百色縣長
王華新	田陽縣長
蘇學簡	田東縣長
韋兆安	向都縣長
黄英銓	鎮結縣國民團副團長
楊斂生	同正縣長
葛維庭	隆安縣々長
黄之青	萬承縣々長

開幕典禮中

主席訓詞

各位同志

此次綏靖軍事會繼柳州之黨政軍聯席會議而召集，有兩重意義，第一、為對柳州黨政軍聯席會議之持續，並對其決議，共求確切實施之辦法；第二、為適應諸與會同志之迫切的要求，關於第一點，在此不必多所解釋；諸同志在討論提案時，對此將有深切之理解，只就第二點言，本席敢信與會同志心中，對當前局勢與問題，均不免會有如后之感想：

一、歷代祖先所遺留之大好河山，現在正為敵人所割裂與佔據，此為我一代國民之奇恥大辱，吾人必須努力加以洗雪。

二、我四萬五千萬神明華冑，正同在忍受因敵人侵略之直接與間接的痛苦；一部正在敵人鐵蹄之下，飽受敵人之宰割奸淫，職此為我一代國民之奇恥大辱，吾人必須努力加以洗雪。

三、在我神聖抗戰發生前，我桂省政治，確能深入鄉村，而有崇高之地位，在戰後則此種成績，漸見退化，致使愛我之國內人士咸感失望，此為我寔際參加桂省建設工作全體同志之恥辱，必須加以洗雪。

四、在我神聖抗戰發生前，在革命歷史上，桂軍保有鋼軍之榮譽，被公認為紀律優良之善戰軍隊，今則在作戰方面，亦漸見隳墮。間有少數敗類，更有擾害民衆，違犯烟賭禁與掩護走私之行為，此為我武裝同志之恥辱，必須加以洗雪。

五、因以往建設之驚人成績，所謂窮幹苦幹之精神，廉潔之風尚，已被公認為我省公務人員最特出之優点，為舉國所稱道與景仰的，在戰事發生以後，此種優良之工作精神與情緒，亦漸見低落，遂亦不免有違犯或包庇烟賭，庇護走私之行為，以致一切成績，均為減色。此為我公務人員之恥辱，必須加以洗雪。

六、以往因在維持治安，增強自衛力方面之努力，全省舉辦民團，確立義務兵役之基礎，得全國風氣之先，卓著聲譽，但在戰後此種良好制度，已無原來之優良成績，現在征調工作，每見迂緩與困難，此為我全體工作同志之恥辱，必須加以洗雪。

七、桂南戰事發生前，本省健全之行政基層組織，早已樹立，在基層幹部訓練方面，甚著成效，因此共能確信本省民衆，必能表現甚大之力量，今在戰事開展中，吾人固然不能否認大部民衆所貢獻之偉大力量，盡由健全之基層組織得來，但基層幹部，仍不免有少數甘作漢奸，參加偽組織者，此即表示吾人之組織，尚未達到理想的健全之境，此亦為我全體工作同志之恥辱，必須加以洗雪。

以上所舉七項，均為吾人共有之感想，共有之要求，但欲洗雪恥辱，須先有辦法，有力量，更要有完善之辦法，偉大之力量，始能有成功之希望，而完善之辦法與偉大之力量，又須軍事與行政兩方面工作同志之共同努力，切實合作，然後方能獲得。在今日吾人既有共同之目標，與努力之途徑，便應講求如何合作，如何確保聯繫之辦法，此為召集諸同志討論之主旨。其次同志等各有職務，平時相見機會甚少，因之難於協商，藉以獲得相互之了解。在本會議中，諸同志如有所見，已獲得盡量報告，詳密研討之機會，須知惟有互相切磋，舍短取長，然後對於本位職務，可望獲得完善之執行辦法。因一切事務，必須大眾緊密連繫，通力合作，然後有成功之確實把握。若只顧一己之事，不能協力同時並進，成效自亦微小。故對工作必須有一致之步驟，無參差之情形，乃可形成偉大之力量。吾人所要求者，不特在計劃之完善，尤須做到力量之集中，適所列舉，待吾人洗雪之恥辱，須賴吾人羣策羣力去努力，始有洗雪之希望。譬如吾人均知失地必須收復，但祇靠軍事力量，無政治發動所有民眾力量協助，是否便能成功？答案顯然為不能成功。其他一切工作亦何莫不然，一切均須藉軍事與政治二者之力量，相互配合，二者正如輔車相依，缺一不可，否則不止唇亡齒寒，且兩者均將失其存在。

吾人試加研究，可知所謂軍事只為政治之一部，在業務上固自劃分，而事實上政治之一部分武裝起來，即為軍事，此即謂軍事由政治而來，政治為軍事之基礎，為軍事之母，軍事力量賴政治力量之扶植，正如母之與子，須待作育兒子長大有能力後，始轉能保衛其母，同樣若無軍事力量之保衛，則一切政治設施，亦必致流於空虛，無法臻於穩固。

委座抗戰手本中曾言，抗戰（軍隊）所以表現國家之權威，國民（軍人代表）之精神，若此則無軍事力量，即無權威，無主權之可言，而國家之三種要素人民、土地、主權亦將毫無保障，毫無基礎，武力為主權之代表，而主權乃由政治產生，故二者之關係最為密切，猶如母子之間，自有不可分之關係，否則一切均為空泛，由此言之，軍事與政治，必須密切合作，方

三

有所見，便即常提供別方之參考，而收相互砥礪扶助之效。本省過去數年建設之驚人成績，吾人均深切了解，乃由黨政軍之密切聯繫與合作得來。吾人欲將以往之成績，繼續發揚光大，更須加倍強化黨政軍之合作。吾人所處之時代，已非互不相顧而能圖存之時代，亦非少數個別發展即能有充分自保的力量之時代，故吾人當前之課題，即為研究如何獲得軍民之切實合作，如何使黨政軍能同步協調而到達此點。做到然後可以言應付當前之敵人，可以言建設，可以言解除吾人之痛苦。否則在吾人前途者，只有亡國滅種之危險而已。

欲求做到通力合作，第一要相見以誠，不分彼此。在本州聯席會議中，李公曾訓示：「吾人為國家社會服務，切不可自護其短，要有坦白態度，被旁人指出短處，絲毫不顧恤，此乃小人之行為，為害最大。不特如俗語所謂紙不能包火，掩飾終歸無用；而且必致欲蓋彌彰，結果不但自己不能進步，而且因個人之護短，將致影響並妨碍別人之進步因此正合適間所言輔車相依唇亡齒寒之古訓，譬如軍隊不良，作包烟賭，保護走私之違法行為，其結果非只本身不良，不能進步，不能捍衛國家而已，且必致妨碍行政，而不能達到軍事與政治上之最低要求，維護民衆之安寧。在政治方面，亦復如是，若祇如隔岸觀火，獨行其是，不監督與糾正，結果將使本位之工作，亦不能展開，政治軍事相互的受妨碍，更有何希望求得抗戰建國神聖任務之達成，故吾人必須以誠懇坦白之態度，指出別人之缺點，承認自己之缺點，然後乃有進步之希望。

例如自桂南作戰以來，屢次對兵員缺額，均未能充分補充，此在軍隊與行政兩方面均有責任，征調不足，或征送時中途逃亡，行政方面不能辭其責，士兵在編訓以後逃亡，則已為軍隊方面之責任，又如部隊管訓不善，促致逃亡，固為部隊方面之咎，但緝捕逃兵工作，行政方面亦必須協力，若唯徇情縱容，以為與我無關，殆後逃亡日多，受上

四

級機關之督責，始急而圖補救，則此時已是積重難返，無法挽回頹風，而成捕不勝捕，殺不勝殺之現象。在逃兵統計數字上，廿七年度為七萬餘，何等驚人！在捕不勝捕時，政府不得不頒布自新條例，但收效極微，而政府之威信大失，以此例彼，可見一切政軍工作關係之密切，與其影响之大。若在廿三年征兵開始之當時，能積極利用鄉村原有之健全組織，緝捕少數之逃兵，以為懲警，必不致逃風日甚。我國教育不普及，民眾知識水準太低，必須用嚴法以補教之不足，若以為殺之不忍，此不過婦人之仁，何足以語於適應當前嚴重之局面？

再就合作說，凡事只要與本身有關，即為份內之事。如前所言，政治不良，足以妨碍軍事力量，使無法進行維持治安保護民眾之工作，而因此又使軍事不能健全的發展，影响行政，二者相互影响，反覆不已，必致每況愈下。在兵役上，吾人目前主要工作在使民眾明瞭本位之責任，自願應征；同時以法輔其不及，使應征之後，不再逃避，論及逃

廿　18

避應征之原因，固然有一部民衆，知識低下，只見個人利益，以致常常意逃避，但亦有因辦理征編之鄉村長等舞弊，故意不遵照兵役法辦理，徇情受賄，上下其手，應征者不征，不應征者反受征調，民衆已深憤其不平，但又無處可鳴，故只有暫時屈從，嗣後遇有機會便即逃亡，此因行政機構之不健全，發生極惡之影响，自不待言。其次則為我國教育上之缺點，為缺乏實踐之精神，一種事理，心感其切要，口言其切要，但終不能力行，所謂徒託空言，於事何補？以此言普及教育，結果將更不堪設想，就征役言，必致全國俱無一人自願當兵，更何有國家之可言，吾人今日之所謂教育，實際即為資產階級之特種訓練，其特徵即奢侈、短識、作偽，此為我國教育之最大失敗，無庸諱言。

在軍備上言，以兵員為第一，其他裝備等項，不過餘事而已，若無兵員，縱有最精良之武器，亦不能自動擊滅敵人，理至顯然，不但不能殺敵，且將為敵用以擊我。此次抗戰，我國揭櫫軍事第一勝利第一之

五

原則；在精神總動員法案中，亦以國家至上民族至上，意志集中力量集中為前題，所有一切努力，均集中於唯一之目標，而欲求獲得軍事上之勝利，必須政治方面能盡為母之責任，盡力作育與扶植，待軍事力量充分長成後，乃可望轉而盡保護政治之責，俗語所謂養兒待老，積穀防饑，其理正同，若政治、文化、經濟、種種之教養基礎不固，則對於軍事力量，正不能抱有奢望。與會同志中，大部正負此種作育之責，換言之，即負有加強軍事力量之責，而軍隊之訓練與其素質良否，可謂直接受政治上負責者工作努力與否之影响，此種關係，諸與會同志，必須深切加以體認。

再論兵員之補充，若組織既優，辦理又善，自不成問題，但試觀目前補充團隊，雖有早已成立，而員兵仍屬有限，缺額極多，可見征調成績，太不能滿意，自發動抗戰至今，只不過三年有餘，征編已然不足，再歷三年，不知成何狀況，況吾人不特須準備再作戰三年，且若驅逐敵人出我國境之工作一日不成功，抗戰最後勝利之目標一日不達到，吾人仍須繼續支持抗戰到底。若照目前征調情況推斷，真覺不堪設想。吾人既知作戰第一要素爲兵員，無兵員時任何優良裝備，祇足供敵用以屠我，則對當前所見之危機，必須在組織與征編工作方面加倍努力，以挽頹風，務使一般國民不再只顧及個人之利益與快樂，而欲達到此目的，必須一般負責人員屏絕一切不良嗜好，勿圖個人享受，以國家民族利益爲前題，積極倡導，始能有望。否則任何完善計劃，言之無物，終不能收實效。黨政軍服務人員原各負有重要之責任，若猶只圖自私自利，追求個人之享樂，置救國大業於腦後，則一般民衆，原不負有經常之責任，豈不更可任意自爲？似此不特征兵不成功，即征夫征工，亦是徒然。彼輩必各以怠工自求快意，在軍隊方面怠工則必形成無紀律無訓練狀態，作戰時只姑妄戰鬥而已；在行政方面怠工，則一切政務鬆弛，養成因循苟且，得過且過之習慣，怠工若真如此

六

蔓延，則國將不國，焉能望抗戰之勝利？

本席今日所言，極為坦率，至於軍事方面，自有許多缺憾，有負行政方面之努力；而同時對其積極性之協助，亦無限感謝，但對此種努力，仍不免認為不足，例如上述之征伕征兵工作，均有遲緩不切實之現象，不能適合迫切之要求，固然廣西民衆比他省者或勝過多多，但吾人並不能以此為滿足，吾人不應閉門自為比較，應以吾人之敵為目標，與其比較，務須比敵人速勝，始有希望，否則將始終不能獲得勝利，吾人更不可以為已盡最大之努力，而怨尤旁人之責備，應以忠誠之態度，虛心接納批評，力求改進，始能使業務進展，增加神聖抗戰力量，裨助國家之建立。

吾人既知一部門工作不良，足以影响別部門工作之進行，因此在報告中，不特對本身困難與缺點，不應有所掩飾，即對別部門之工作缺點，亦應盡量指出，一方面所以盡見善相勸，見過相規之責任，再則亦可防止本位業務受「不良影响與阻碍」，吾人既非如路人之漠不相關，而是同一目標同一戰綫之鬥士，正應乘此機會，以最懇摯之態度互相砥礪，切磋合作，以求進益。否則不過徒有虛偽與空言，毫無結果，正所謂會而不會，空費寶貴之時間而已。試算本省淪陷之土地已有十餘縣，此為何等之耻辱！若吾人猶不從此努力，淪陷區域自然只有加廣，耻辱更增，試問何以對吾人之祖先，何以對吾人之子孫，更何以對我一代之父老兄弟？

所謂見善相勸，見過相規者，即是檢討過去，勉勵將來。因吾人縱有奮鬥之精神，亦先須有妥善之意見與計劃，始能據以實行，適間所列之一切缺點，原非「從古已然」之現象，吾人必須及時矯正，務使兩江一帶之建設與組織，能在抗戰中盡最大之力量，有良好之榮譽，使舉世刮目相看，始稱滿意。此一目標，希望同志等能加倍努力，不達不止！

本會原曾電請綏省派人指導，未能前來，各部隊方面，亦因敵人已侵入越南，須有適宜之準備，故亦不能來，今到會者以行政方面人員居多，因此尤盼該方面同志，多貢意見，吾人在最高領袖以至本省領袖之下，原屬一體，在同一之戰綫上，吾人只有共同的政綱，始能有偉大之力量，此為本席最迫切之期望，並深願能與同志等共相策勉！

七

14　24

「閉幕典禮中」

主席閉會詞

各位同志：

此次開會，整整經過兩天時間。前次本席到柳州參加黨政軍聯席會議時，每天開會至少總在十小時以上，但是這次會議我們從朝至暮，很少休息，而諸位亦毫無倦容，始終聚精會神的報告及討論。本席覺得諸位此種精神，甚是難得，而且值得欽佩。

此次會議中，諸位均能很誠懇很坦白的將長處短處實情報告，此種態度，極為重要，因為我们每常只知自己有長處，而不知有短處；自己的短處，常是別人發現出來。所謂「以銅為鏡，可見其容；以人為鏡，可見其過」，因此希望大家從此以後，保持誠懇坦白的態度，以與自己有關聯的各方面，互相借鏡，我们的工作，將減少許多困難。

關於傷兵滋事，徵兵、征工，以及維持治安等問題，與抗戰前途，有很

一

大關係。我們對此，若不謹慎將事，影响所及，是不可以言喻的。陳副司令報告關于傷兵問題，他認為傷兵入院之前，即須收繳其所帶全部武器，最是切要。政府亦早已規定此種辦法。但此不過為治標辦法而已。我们仍須在營裁方面，多加努力，才是根本的辦法。至於招兵征工維持治安等事，據各位所報告的，亦無不感覺有問題發生，此當然是意中之事，我们對於此項問題，最怕不能公開盡情暴露出來，只圖瞞上欺下，掩飾缺点，因此愈辦愈不妥。成為「每况愈下」。各位在本議中均無類此缺点。本席甚引以為慰。

凡此種種問題，經过會議討論，成文决案之後，除因與各方面有關，非我们權力所能辦到的，應請長官部綏署省府解決外，至於我们分内應做的，我们須即開始工作。我们不要只在會議中說得好听。如何如何的有辦法，事後却烟消雲散，形成「議而不决，决而不行」的缺点。李主任張長官前次在黔滇康藏粵联席會議中致詞，亦曾以此勉勵我們今後我们要論做什麼事，應該先之以博學審問，繼之以慎思明辯；最後目的，在於實行。觀察家論及世界民族的特点；曾說英國人做了不说，德國人做了才说，日本人说了才做，我们中國人則说了不做，异党人對本党的批評，都是「好話說盡，醜事做盡」。例如說禁烟禁賭，是如何的好；又說廉潔不貪污，更是如何的一種美德。可是規條已定出來了，口號也喊得响，標語更寫得精緻。結果卻沒有那一件事能夠實行。此種弊病，為害最大，因此我们必須覺悟过來，要學到英國人或德國人，最低限度也要與我们的敵人並駕齊驅。

目前倭寇已陷入欲進不能欲退不得的階段。只要我们堅持到最後五分鐘，去爭取最後勝利，日寇必定遭到無法挽回的失敗，但是日寇始終不覺悟，最近還企圖進佔越南。因敵人一方面對越南有土地的野心，以為南進政策的基地；一方面想藉此斷绝我们國際路线，并進而攻佔我雲南，逼我屈服。其實敵人此種企圖，只不过是一種夢想而已。但我们仍千萬不可加以輕視。我们必須以自力更生的精神，從事抗建的工作。換句話說，我们一方面要訓練精兵，以禦暴敵，一方面必須使民衆安居樂業，求生產的增加，以圖自給。今後軍政同志努力的目標，就全在於這兩点方面。

政治原來就是軍事的母親，凡是母親，無不希望她的兒子成為好人。所以如何教養，免致兒子變為壞人，可以說是母親的一種義務。因此如何補充兵源，如何講究裝備，以求軍事的合理化，當然並不是軍事方面的苛求，而政治方面應負的責任。至若如何訓練精兵，以御暴敵，那就是軍事同志應該注意的事情了。但此並非軍政中間，有何界限，互不相聯。因此政治方面同志，如發見軍事方面之錯誤，就應不客氣的糾正。而軍事同志，亦應虛心接受。此正如母親發見兒子有不軌行為，應盡力監督愛護，而兒子亦應誠意接受教訓。同樣我們也必須如此，然後彼此才有進步，才有偉大的力量，去爭取最後的勝利。

二

16 28

總之黨政軍各同志，均應各站在自己的崗位上，互相聯絡，努力工作，以期達到抗戰必勝，建國必成的目的。此為今晚本席在開會時提出的一點意見，希望同志今後以此為目標，互相勉勵，共同努力。